WULIU KUAIJI

物流会计

赵宝芳　郝海翔　主　编
李　鑫　张桂欣　李洛瑶　副主编
刘　琪　参　编

中国财富出版社

图书在版编目（CIP）数据

物流会计 / 赵宝芳，郝海翔主编．—2 版．—北京：中国财富出版社，2024.8
ISBN 978-7-5047-7086-8

Ⅰ．①物…　Ⅱ．①赵…②郝…　Ⅲ．①物流企业—会计—教材　Ⅳ．①F253.7

中国版本图书馆 CIP 数据核字（2019）第 252027 号

策划编辑	黄正丽　李彩琴	责任编辑	敬　东　张　婷	版权编辑	李　洋
责任印制	尚立业	责任校对	孙丽丽	责任发行	董　倩

出版发行	中国财富出版社		
社　　址	北京市丰台区南四环西路 188 号 5 区 20 楼	邮政编码	100070
电　　话	010-52227588 转 2098（发行部）		010-52227588 转 321（总编室）
	010-52227566（24 小时读者服务）		010-52227588 转 305（质检部）
网　　址	http://www.cfpress.com.cn	排　　版	宝蕾元
经　　销	新华书店	印　　刷	宝蕾元仁浩（天津）印刷有限公司
书　　号	ISBN 978-7-5047-7086-8/F·3632		
开　　本	787mm×1092mm　1/16	版　　次	2024 年 9 月第 2 版
印　　张	20.5	印　　次	2024 年 9 月第 1 次印刷
字　　数	461 千字	定　　价	59.80 元

内容简介

本教材依据“三教”（教师、教材、教法）改革文件精神，以党的二十大精神为指引，以立德树人为根本，以物流企业会计工作流程为主线，以物流企业会计岗位需求为出发点，以学生的职业能力和职业精神提升为目标，采取“学生主体、思政引领、项目导向、任务驱动”的教材编写模式，创设了5个教学项目、14个教学任务、12个课程思政点、16节微课，实现了职业教育“四融”“三转”“四对接”。

“四融”，即物流会计岗位工作、课程体系、技能大赛、“1+X”证书的内容有机融合；“三转”，即从以知识体系为基础转向以能力体系为基础、从以学科型为主的传统课程体系转向以任务引领型为主的行动导向课程体系、从教育专家主导教学转向技术专家指导教学；“四对接”，即教材内容与会计职业标准对接、教学过程与物流会计工作过程对接、学历证书与职业资格证书对接、职业教育与终身教育对接。

5个教学项目包括：初识物流会计、学做物流会计、处理好物流企业特殊会计事项、编制物流企业会计报表、完成物流会计职业能力测试。每个项目均包括项目导言、项目目标、项目任务、项目总结4部分。通过任务活动，思想政治元素的挖掘和融入，实现德技双育，学生由学做人做事，到会做人做事，提升人才培养质量和综合职业能力，增强学生爱党报国、敬业奉献的精神。

前 言

为贯彻落实党的二十大精神，本教材在原来《物流会计》教材的基础上，依据《国家职业教育改革实施方案》，注重职业特色，秉承传承创新、立德树人理念，采用校企“双元”合作模式编写了《物流会计（第2版）》教材。

本教材依据“三教”改革文件精神和最新法律法规、会计准则，校企“双元”，找准物流会计课程改革的关键点，摸清物流企业对会计人员知识、能力、素质的要求，对接物流专业标准、会计职业特点、会计岗位需求，融入了课程思政和立德树人的内容，对教材体例、内容等进行了修订。本教材具有如下特点。

1. 编写模式新

采取“思政引领、项目导向、任务驱动”的教材编写模式进行教材总体设计。以党的二十大精神为指引，以立德树人为根本，以物流企业会计工作流程为主线，以提高和培养学生的会计职业道德、职业能力和职业精神为目标，按照会计工作的基本流程，依据学生认知规律，深挖课程思政元素，精心进行教学设计，从认识到实践、从一般到特殊、由简单到复杂，创设了5个教学项目、14个教学任务、12个课程思政点、16节微课实现对学生职业道德、职业能力和职业精神的培养。

2. 编写理念新

教材编写坚持以学生为主体，德技双育。除任务13、14外，教材中的教学任务都附有思政二维码、典型任务引入、典型任务分析、典型任务实施、典型任务总结及谈谈说说讲讲等教学活动。学生通过扫描思政二维码和谈谈说说讲讲等教学活动，可使党的二十大精神入心入脑；通过典型任务的引入、分析、实施、总结等教学活动，可让学生养成工作细致、诚实守信、爱岗敬业、热爱劳动、精益求精、互助友爱、团队协作、坚持准则、不做假账的良好职业道德、职业精神和职业操守，使思政教育如春风化雨、润物无声。

3. 仿真业务新

本教材采用仿真的职业环境、仿真的会计业务、仿真的会计初级职称考试内容、仿真的“1+X”证书考试内容，对接新准则、新税法，让学生在完成典型任务教学活动后，通过工作任务训练、岗课赛证融合测试等，为学生提升综合职业能力，参加会计初级职称考试、“1+X”等证书考试奠定基础，为学生毕业、就业奠定基础。

4. 内容标准新

在教材编写过程中，选取的教学内容对接物流专业教学标准、对接会计职业标准、对接会计人员岗位考核标准、对接“1 + X”证书、对接新会计准则和新税法，实现了教学内容与会计职业标准、教学过程与会计工作过程、学历证书与职业资格证书、职业教育与终身教育对接。提升了教材的针对性、适用性和先进性。

5. 评价方式新

每个教学任务之后都设有学习成绩评价表，采用过程性多主体考核，将具体业务与二十大精神相结合，分别就典型任务完成情况、岗课赛证融合测试情况、谈谈说说讲讲情况，由教师、小组和个人做出客观的评价，以便教师根据评价结果调整教学策略，实现以学生为主体，因材施教，提升教学效果。

本教材由哈尔滨职业技术大学赵宝芳教授、黑龙江职业学院郝海翔老师任主编。哈尔滨职业技术大学李鑫、张桂欣和黑龙江职业学院李洺瑶老师任副主编。新道科技股份有限公司黑龙江分公司经理吴雪凌、哈尔滨职业技术大学会计金融学院院长杨兆辉教授担任主审并帮助进行教材架构设计。教材编写的具体分工如下：郝海翔老师编写任务 1、任务 2；张桂欣老师编写任务 3、任务 8 和任务 9；赵宝芳教授编写任务 4 和任务 5，李洺瑶老师编写任务 6、任务 7；李鑫老师编写任务 10、任务 11、任务 12、任务 13 和任务 14。最后由赵宝芳教授和郝海翔老师统稿。

教材的编写得到了新道科技股份有限公司吴雪凌经理的大力支持和帮助，特别是在教材的架构设计、内容的选取、教材的编写、能力的评价等方面给予了指导和帮助，并提出许多宝贵意见。同时我们也参考了有关教材和图书，在此表示感谢。

本教材是按照“三教”改革文件精神开发的“思政引领、项目导向、任务驱动”的会计类新型教材。虽然在“双高”建设的过程中有过尝试和实践，但由于时间仓促，水平有限，书中难免有疏漏和不足，敬请各位专家同人和广大读者批评指正。（主编电子邮箱：519920456@ qq. com）

编　者

2024 年 6 月

目　录

项目1　初识物流会计

项目导言

在开学的第一节物流会计课课前，教师在课程群中放入两组图片，并提出了两组问题。

第一组图片如图 1.1—图 1.4 所示。

图 1.1

图 1.2

图 1.3

图 1.4

针对图 1.1—图 1.4，提出第一组问题：

（1）这 4 张图片显示的是什么内容？你对图中企业了解多少？请给予概括。

（2）根据这 4 张图，说明物流企业要进行业务经营活动必须具备的条件是什么。

（3）员工入职该企业的基本要求有哪些？

要求：

每个财务小组利用课余时间，通过上网查阅或自学、讨论等方式，回答上述 3 个问题并上传到课程群。第（2）题至少要总结出 5 点，且组与组之间答案最多只能重复 3 点，如重复过多，后上传者重新修改提交答案。第（3）题根据员工入职图中企业的基本要求，请谈一下如何理解品德的内涵。

第二组图片是某物流企业会计账簿的图片，如图 1.5 和图 1.6 所示。

总　账

账户名称：银行存款　　　　第 1 页

2021 年		凭证		摘　要	借　方									贷　方									借或贷	余　额								
月	日	种类	编号		百	十	万	千	百	十	元	角	分	百	十	万	千	百	十	元	角	分		百	十	万	千	百	十	元	角	分
1	1			期初余额																			借	1	1	3	0	5	0	0	0	0
	10	记	01	销售产品			1	5	8	5	0	0	0																			
	10	记	02	收回应收款				1	1	7	0	0	0																			
	10	记	03	偿还应付款												1	3	5	1	0	0	0										
	10	记	04	提现金												1	2	0	0	0	0	0										
	10	记	06	缴所得税													1	5	0	0	0	0	借	1	1	2	0	5	1	0	0	0

图 1.5　某物流企业会计账簿——总账

其他应收款明细分类账

账户名称：张某　　　　第 1 页

2021 年		凭证		摘要	对方科目	借　方									贷　方									借或贷	余　额								
月	日	种类	编号			百	十	万	千	百	十	元	角	分	百	十	万	千	百	十	元	角	分		百	十	万	千	百	十	元	角	分
1	1			期初余额																				借			5	0	5	0	0	0	0
	3	记	5	出差借款	库存现金			2	5	0	0	0	0	0													7	5	5	0	0	0	0
	8	记	7	报账	管理费用												1	5	5	0	0	0	0	借			6	0	0	0	0	0	0

图 1.6　某物流企业会计账簿——其他应收款明细分类账

针对图 1.5 和图 1.6，提出第二组问题：

（1）账页中的“借”和“贷”表示什么意思？

（2）“银行存款”“其他应收款”记录的业务含义是什么？

要求：每个财务小组利用课余时间，通过上网查阅或自学、讨论等方式，完成上述两个问题并将答案上传到课程群。

教师在课程群再一次强调，一定要认真对待每个问题，这些问题就是本项目教学要解决的关键问题，即走进物流企业了解物流会计，包括对会计要素的识别、借贷记账法的具体运用及对会计的认识等知识和技能。

学生在激烈的讨论中期待着这个项目教学活动的开展，希望教师能帮助他们解决其中的有关问题。

1. 终极目标：遵守职业道德、爱岗敬业，正确识别会计要素和编制会计分录。

2. 促成目标：

（1）诚实守信，准确识别会计要素。

（2）爱岗敬业，熟悉借贷记账法。

（3）团队协作，正确运用会计科目编制会计分录。

（4）结合对党的二十大报告的学习，让学生深刻理解“非凡十年：我国现代物流业已进入发展快车道”具体实例，听党话、感党恩、跟党走，为中国物流业的高质量发展做出应有的努力。

1. 走进物流企业，识别会计要素。

2. 进入物流企业会计工作室，熟悉记账方法。

3. 接触物流企业会计人员，熟悉物流企业会计工作。

任务1　走进物流企业识别会计要素

课程思政：
物流行业从业人员
必备的职业道德

1. 典型任务引入

第一节物流会计课，教师把课前“项目导言”中针对图1.1—图1.4提出的问题进行了系统的归纳和整理，本次教学活动共有四个问题需探讨：

（1）学生看到的物流企业的车、库房、货架是否有共同特点？在会计上如何命名？

（2）在工作过程中，物流企业必须给予员工一定的劳动报酬，这些报酬在会计中如何命名？物流企业的资金通过哪些渠道获得？具体表现形式有哪些？

（3）物流企业为了生存及实现其价值，主要业务活动有哪些？这些业务活动的具体表现形式是什么？

（4）通过教学活动，对上述三个问题涉及的会计要素进行归纳和总结，其关系如何？

2. **典型任务分析**

要实现企业的价值，必须进行相应的经营活动，拥有设备、厂房、货币资金等一定的资产。其中，货币资金一部分是所有者投入的，表现为实收资本（股本），另一部分是企业借入的或欠有关单位或个人的借款、应付账款等，表现为负债。这些表明企业在一定时点的财务状况。

物流企业在经营活动过程中，必须为客户提供一定的业务服务，实现业务收入，同时也会发生一定的费用，比如，人员的工资、车辆的油费、其他相关费用（如管理费用）等，用收入减去费用就形成了物流企业的利润或亏损。这些表明了物流企业在一定时期内的经营成果。会计要素关系如图 1.7 所示。

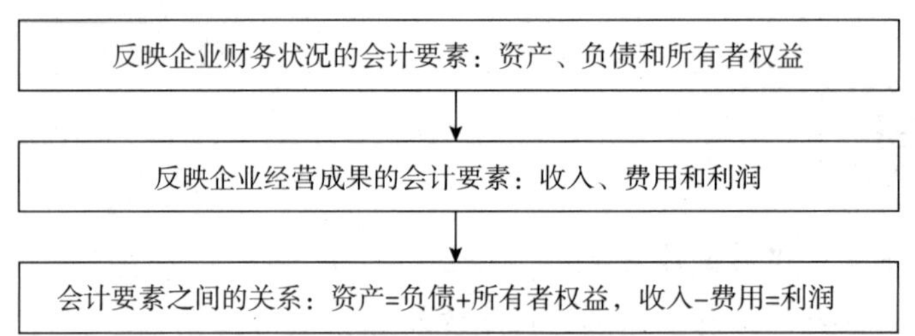

图 1.7　会计要素关系

3. **典型任务实施**

典型任务实施过程见表 1.1。

表 1.1　典型任务实施过程

序号	实施步骤	使用的资源	实施结果
1	识别会计要素	课件、案例	能正确识别会计要素
2	熟悉会计等式	课件、案例	能正确运用会计等式

4. **典型任务总结**

学生通过教学活动，完成典型任务分析与总结，填写表 1.2。

表 1.2　典型任务分析总结

问题	答案
(1)	
(2)	
(3)	
(4)	

任务知识和技能

1.1　认识物流企业工作过程

1.1.1　物流及物流企业

物流有广义物流和狭义物流之分。

广义物流是指现代物流，即指物品从供应地向接收地的实体流动过程，它根据实际需要，将运输、储存、装卸、搬运、包装、流通加工、配送、信息处理等基本功能实施有机结合。物品包括原材料、半成品、成品和商品。现代物流具有地域广、环节多、系统性强的特点。

狭义物流仅指物品的空间运动过程。

物流企业是指依法设立的，独立于生产领域之外，专门从事与物品流通有关的各种经济活动的企业，依法进行自主经营、自负盈亏、自我发展、自我约束的股份有限公司、有限责任公司、合伙企业或个人独资企业。具体来讲，物流企业以物体的流动为主体功能，同时伴随着商品流、资金流和信息流。物流企业覆盖了现代运输业、仓储业、批发业、连锁商业和外贸业，具有地域大、环节多、系统性强的特点。

1.1.2　了解物流企业业务流程具体环节

物流企业的业务流程包括运输、仓储、装卸、搬运、包装、流通加工和配送等多个环节。如图 1.8 所示。

1. 运输环节

运输是物流企业的主体，在现代物流企业中占主体地位。它是指用特定的设备和工具，将物品从一个地点运向另一个地点的物流活动。根据运输工具的不同，可分为铁路运输、公路运输、水上运输、航空运输等。

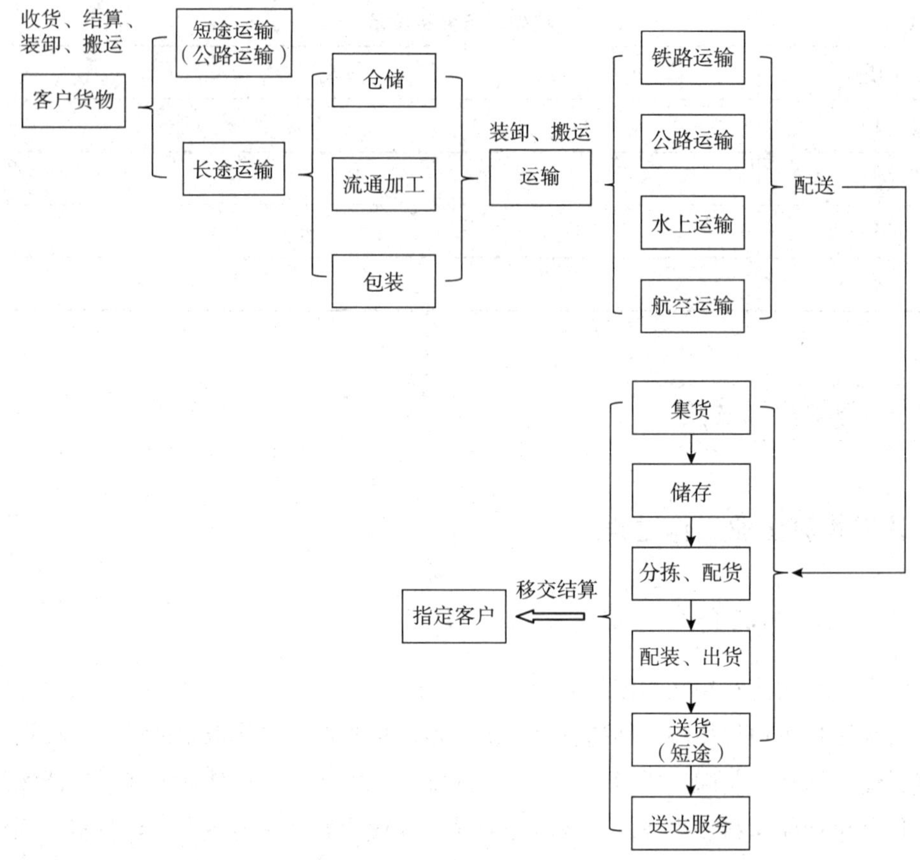

图 1.8　物流企业业务流程

2. **仓储环节**

仓储环节是利用仓库等保护、管理、储藏物品的物流活动。仓储是物流企业的又一重要活动，具有物资保护、调节供需、调配运能、实现配送、节约物资等功能，是衔接生产和消费的必须环节。

3. **装卸、搬运环节**

装卸是指物品在指定地点以人力或机械装入运输设备或卸下的活动，是指在同一场所，对物品进行以水平移动为主的物流作业。实际上装卸和搬运不可分开，两者是一起发生的。在物流过程中，装卸活动往往不断重复出现，出现的频率高于其他物流活动，其速度决定物流的速度，其费用在物流成本中所占比重较高，同时还可能产生破损、散失、损耗等费用。

4. **包装环节**

包装是指在物品流通过程中，为保护商品、方便运输、促进销售，而采用容器、材料和辅助物，并施加一定技术方法的操作活动。

5. **流通加工环节**

商品流通加工是指商品从生产地向使用地转移过程中，为了促进销售、维护商品质量、实现物流的高效率，所采用的使商品发生形状和物理变化的一系列包装、分割、计量、分拣、刷标志、拴标签、组装等简单作业的总称。流通加工可以弥补生产过程的不足，更有效地满足客户和企业的需要，使产品供需双方更好地衔接。

6. 配送环节

物流企业按照用户订单或配送协议进行配货，通过科学统筹规划，选择合理的运输路线与运输方式，在用户指定的时间内，将符合要求的货物送达指定地点的一种方式。

从物流来讲，配送几乎包含了所有的物流功能要素，是物流的一个缩影，一般包括装卸、包装、保管、运输，通过这一系列的活动，将货物送达目的地。

无论上述哪一个环节，都需要会计人员的参与，每个环节都需要确认收入，核算费用、成本，计算税费和利润。

1.2 识别会计要素

会计要素是对会计对象按经济特征所作的最基本分类，是会计核算对象的具体化。根据《企业会计准则》的规定，企业的会计要素包括六类，即资产、负债、所有者权益、收入、费用和利润。前三项会计要素是反映企业财务状况的会计要素，构成了资产负债表的基本框架；后三项会计要素是反映企业经营成果的会计要素，构成了利润表的基本框架。

1.2.1 资产

物流企业从事经营活动必须具备一定的财产物资，这些财产物资表现为企业的货币资金、厂房场地、运输设备、工具器具等，这些即为企业的资产，它们是物流企业从事生产经营活动的物质基础。除上述货币资金、厂房场地、运输设备等外，资产还包括不具有物质形态但有助于经营活动进行的专利权、商标权、特许权等无形资产，以及对其他企业的投资。因此，资产是企业过去的交易或者事项形成的、由企业拥有或者控制的、预期会给企业带来经济利益的资源。

1. 资产的特征

（1）资产能够直接或间接地给企业带来经济利益

经济利益是指直接或间接流入企业的现金或现金等价物。资产定义中所指的“预期会给企业带来经济利益”，是指通过企业的日常活动或非日常活动可直接或者间接导致现金和现金等价物流入企业，或可以减少现金或现金等价物流出企业。例如，因老化而被企业淘汰不再使用的机器设备，不能作为企业的资产，原因是它不能给企业带来经济利益。

（2）资产是企业拥有的，或者即使不是企业拥有，但也是企业控制的

资产定义中所指的“由企业拥有或者控制”，是指企业享有某项资产的所有权，或者虽然不享有某项资产的所有权，但该资产也能被企业所控制。企业拥有资产，就是企业拥有资产的所有权，企业可以按照自己的意愿使用或处置资产，从中获取经济利益。企业控制资产，是指某些资产虽然不为企业所拥有，但是企业能够支配这些资产，而且能够从该资产中获得经济利益。换句话说，如果企业不拥有也不控制某项资产，则不能将该资产确认为企业的资产。例如，企业有两栋库房 A 和 B，其中 A 库房系企业自有，B 库房系企业经营租赁获得，目前两库房均投入使用。则 A 库房可以作为企业的资产，B 库房不可以作为企业的资产。原因：A 库房被企业拥有，从而可为企业带来经济利益；而 B 库房既不被企业拥有也不能被企业控制，因此不能作为企业的资产。

（3）资产是企业过去的交易或事项形成的

资产定义中所指的“企业过去的交易或者事项”，包括购买、生产、建造行为或其他交易或者事项。资产必须是现时的资产，而不是预期的资产。只有过去发生的交易或事项才能使企业的资产发生增减变化，不能根据正在谈判或计划中的交易来确认资产。这是因为未来交易或事项以及未发生的交易或事项形成的资产不属于现时资产。例如，企业计划在未来的 20×3 年年底购买一台大型装卸设备，7 月与销售方签订了购买合同，但实际购买行为发生在 12 月，则该企业不能在 7 月将该大型装卸设备确认为企业的资产。原因是资产是由过去的交易或事项形成的，未来发生的交易或事项或计划中的交易或事项形成的资产不属于现时资产。

2. 资产的确认条件

将某一项资源确认为资产，除必须符合资产的定义之外，还应同时满足以下两个条件。

（1）与该资源相关的经济利益很可能流入企业

能为企业带来经济利益是资产的一个重要特征。但由于现行环境有许多不确定的经济因素，与资产相关的经济利益能否流入企业具有很大的不确定性。只有当与该资产相关的经济利益流入企业的可能性超过 50% 时，才可确认为资产。

（2）该资源的成本或者价值能够可靠地计量

只有当有关资产的成本或价值能够可靠计量时，资产才能予以确认。因为企业要取得资产需要付出成本，只有当实际发生的成本能够可靠计量时，才符合资产的确认条件；否则，由于成本无法计量，其资产也就无法确认。

3. 资产的分类

资产按其流动性大小或变现能力的强弱，可划分为流动资产和非流动资产。

（1）流动资产

资产满足下列条件之一的，应当归类为流动资产：①预计可在一个正常营业周期中变

现、出售或耗用；②主要为交易目的而持有；③预计在资产负债表日起一年内（含一年）变现；④在资产负债表日起一年内，交换其他资产或清偿负债的能力不受限制的现金或现金等价物。

通常情况下，物流企业的流动资产主要包括库存现金、银行存款、交易性金融资产、应收账款、应收票据、预付账款、应收利息、应收股利、其他应收款、库存商品、周转材料、合同资产及持有待售资产等。

（2）非流动资产

资产中除流动资产以外的资产均为非流动资产。非流动资产主要包括长期股权投资、固定资产、在建工程、工程物资、无形资产及递延所得税资产等。

1.2.2　负债

负债是企业过去的交易或事项形成的，履行该义务预期会导致经济利益流出企业的现时义务。现时义务是指企业在现行条件下已承担的义务，未来发生的交易或者事项形成的义务不属于现时义务，属于潜在义务，不应当确认为负债。

1. 负债的特征

（1）负债是企业承担的现时义务

现时义务是企业不可推卸的责任，它是企业需要偿还的当前债务。现时义务包括法定义务和推定义务两种。法定义务通常是指企业在经济管理和经济协调中，依照经济法律、法规的规定必须履行的责任和义务。例如，甲企业与乙银行签订借款合同，因此甲企业依照法律的规定，到期归还乙银行的借款，就属于法定义务；再如，企业按税法的规定必须交纳的各种税费也属于法定义务。推定义务通常是指根据企业多年来的习惯做法、公开的承诺或者公开的政策而导致企业将承担的责任。例如，企业对售出的商品承担售后“三包”服务发生的费用，在商品销售时可属推定义务。

（2）负债的清偿预期会导致经济利益流出企业

无论负债以何种形式出现，作为一种现时义务，最终的履行预期会导致经济利益流出企业。负债的偿还方式很多，或以现金偿还，或以实物资产偿还，或以提供的劳务偿还，或将负债转为资本，或举借新债偿还旧债等，但不论哪种清偿方式，预期都会导致经济利益流出企业。

（3）负债是由企业过去发生的交易或事项形成的

只有过去发生的交易或事项才能增加或减少企业的负债，而不能根据谈判中的交易或计划中的经济业务事项来确认负债。例如，应付账款是因为企业采用信用方式购买商品或接受劳务而形成的，在购买商品或接受劳务发生之前，相应的应付账款是不存在的。再如，银行借款是因为企业接受了银行贷款而形成的，如果企业没有接受贷款，只有贷款计划，是不会发生银行借款这项负债的。

2. **负债的确认条件**

将某一项现时义务确认为负债，除必须符合负债的定义外，还应同时满足以下两个条件。

（1）与该义务相关的经济利益很可能流出企业

导致经济利益流出企业是负债的一个重要特征。但由于现行环境有许多不确定的经济因素，特别是与推定义务相关的经济利益流出通常需要大量的估计，因此与负债相关的经济利益能否流出企业具有很大的不确定性。只有当与该负债相关的经济利益流出企业的可能性超过50%，才可确认为负债。

（2）未来流出企业的经济利益能够可靠地计量

负债确认在考虑上述条件外，还应考虑与负债有关的流出企业的经济利益金额是否能够可靠计量。只有当其金额能够可靠计量时，才符合负债的确认条件，否则，该负债不能确认。

3. **负债的分类**

负债按其流动性的大小或偿还期限的长短，分为流动负债和非流动负债。

（1）流动负债

负债满足下列条件之一的，应当归类为流动负债：①预计在一个正常营业周期中清偿；②主要为交易目的而持有；③预计在资产负债表日起一年内（含一年）清偿；④企业无权自主地将清偿推迟至资产负债表日后一年以上。

流动负债主要包括应付票据、应付账款、短期借款、预收账款、应付职工薪酬、应付股利、应交税费、其他应付款、持有待售负债和一年内到期的非流动负债等。

（2）非流动负债

除流动负债以外的其他负债都属于非流动负债，如应付债券、租赁负债、长期借款和长期应付款等。

1.2.3 所有者权益

所有者权益是指企业资产扣除负债后由所有者享有的剩余权益。公司的所有者权益又称为股东权益。对于任何企业而言，其资金来源不外乎有两种渠道：一是向债权人借入，形成企业的负债；另一种是所有者投入，形成企业的所有者权益。

1. **所有者权益的特征**

①除非发生减资、清算、分派现金股利或购入库存股，企业不需要偿还所有者权益。

②企业清算时，只有在清偿所有的负债后，所有者权益才返还给所有者。

③所有者凭借所有者权益能够参与企业的利润分配。

所有者权益在性质上体现为所有者对企业资产的剩余权益，在数量上体现为资产减去负债的差额，即：资产 - 负债 = 所有者权益。

2. 所有者权益的构成

所有者权益来源包括所有者投入的资本、其他综合收益、留存收益三大部分。

(1) 所有者投入的资本

包括实收资本（股本）和资本公积两部分。

实收资本：是投资者按照企业章程或合同、协议的约定，实际投入企业并依法进行注册的资本。投资者投入企业的资本或股本包括实物资产、货币等。

资本公积：包括企业收到的投资者出资超过其在注册资本中或股本中所占份额的部分，即资本溢价或股本溢价，以及其他资本公积等。

(2) 其他综合收益

是指企业根据会计准则规定未在当期损益中确认的各项利得和损失。利得是指由企业非日常活动所形成的、会导致所有者权益增加的、与所有者投入资本无关的经济利益的流入。损失是指由企业非日常活动所发生的、会导致所有者权益减少的、与向所有者利润分配无关的经济利益的流出。如购入的可供出售金融资产，当公允价大于账面价时，公允价大于账面价的差额是没有直接获得的货币收入的潜在收益，将其计入其他综合收益，即为直接计入所有者权益的利得，否则为损失。

(3) 留存收益

是企业从历年实现的利润中提取或形成的留存于企业的内部积累，包括盈余公积和未分配利润。盈余公积是指企业按税后利润的一定比例提取的法定盈余公积，以及按投资人确定的比例从税后利润中计提的任意盈余公积。未分配利润是企业历年结存的尚未分配的利润。

3. 所有者权益的确认条件

所有者权益的确认条件和计量，主要依赖于资产和负债的确认和计量。例如，企业接受投资者投入的资产，如果该资产符合资产的确认条件，就应该符合所有者权益的确认条件。当资产的入账价值能够可靠计量，则所有者权益的金额也就可以确定。

1.2.4 收入

收入是指企业在日常活动中形成的、会导致所有者权益增加的、与所有者投入资本无关的经济利益的总流入。

1. 收入的特征

①收入是从企业的日常活动或与日常活动相关的活动中产生的，而不是从偶发的交易或事项中产生的。

②收入可能表现为企业资产的增加，或负债的减少，或两者兼而有之。

③收入会导致企业所有者权益的增加。

④收入只包括本企业经济利益的总流入，该流入不包括所有者投入的资本和为第三方

或客户代收的款项。

【会计业务】 物流企业出售和出租固定资产、无形资产和快递服务业务，所带来的经济利益流入，是否均属于收入？

【业务解析】 出售固定资产、无形资产所带来的经济利益流入不属于收入，因为它不是物流企业日常活动引起的。它是计入当期损益的利得。

出租固定资产、无形资产所带来的经济利益流入属于收入，虽然此项活动不是企业的日常活动，但与日常活动相关。

快递服务业务带来的经济利益流入属于收入，因为它是企业的日常活动。

2. 收入的确认条件

企业的收入来源各不相同，其特征也不相同，但收入的确认条件相同。即企业与客户之间的合同，必须同时满足下列五个条件，并且在客户取得相关商品控制权时企业应确认为收入。所谓取得相关商品控制权，是指企业能够主导该商品的使用并从中获得几乎全部的经济利益。

①合同各方已批准该合同并承诺将履行各自义务；②该合同明确了合同各方与所转让商品或提供劳务相关的权利和义务；③该合同有明确的与所转让商品或提供劳务相关的支付条款；④该合同具有商业实质，即履行该合同将改变企业未来现金流量的风险、时间分布或金额；⑤企业因向客户转让商品或提供劳务而有权取得的对价很可能收回。

3. 收入的分类

收入按经营业务的主次，可分为主营业务收入和其他业务收入。

（1）主营业务收入

是企业日常活动中主要经营活动获得的收入，如物流企业提供物流服务取得的收入，工商企业销售商品形成的收入，房地产开发企业销售房产取得的收入，运输企业提供运输服务取得的收入。

（2）其他业务收入

是主营业务以外的其他日常活动所取得的收入，如制造企业销售材料，物流企业出租运输车辆、库房等取得的租金收入。

1.2.5 费用

费用是指企业在日常活动中发生的、会导致所有者权益减少的、与向所有者分配利润无关的经济利益总流出。

1. 费用的特征

①费用是企业在日常活动中发生的，而不是在偶发的交易或事项中发生的。

②费用可能表现为资产的减少，或负债的增加，或两者兼而有之。

③费用会导致所有者权益的减少，与利润分配无关的经济利益总流出。

2. 费用的确认条件

费用的确认除了符合费用定义，还应至少同时符合以下三个条件：

①与费用相关的经济利益很可能流出企业，即经济利益流出企业的可能性达到50%以上。

②经济利益流出企业的结果会导致资产的减少或负债的增加。

③经济利益的流出额能够可靠地计量。

3. 费用的分类

按照费用与收入的关系，费用可分为营业成本和期间费用。

（1）营业成本

营业成本是指销售商品或提供劳务的成本。营业成本按照其销售的商品或提供的劳务在企业日常活动中所处的地位，可分为主营业务成本和其他业务成本。

（2）期间费用

期间费用包括管理费用、销售费用和财务费用。管理费用是企业行政管理部门为组织和管理生产经营活动而发生的各种费用；销售费用是企业在销售商品过程中发生的以及专设销售机构的各项经费；财务费用是企业筹集生产经营所需资金而发生的费用。

1.2.6 利润

1. 利润的特征

利润是指企业在一定会计期间的经营成果。利润包括收入减去费用后的净额，以及直接计入当期利润的利得和损失等。其收入减去费用后的净额表现为企业的营业利润，反映的是企业日常活动的业绩；直接计入当期利润的利得和损失反映的是企业非日常活动的业绩，主要是指应当计入当期损益、会导致所有者权益发生增减变动的、与所有者投入资本或者向所有者分配利润无关的利得或者损失，如处置固定资产、无形资产的收入或支出，即为直接计入当期利润的利得或损失，具体表现为营业外收入和营业外支出。

利润由营业利润、利润总额和净利润三部分构成。

2. 利润的确认条件

利润反映的是收入减去费用、利得减去损失后的净额。因此利润的确认主要依赖于收入和费用、利得和损失的确认，其金额的确定也主要取决于收入、费用、利得和损失的金额。

上述的资产、负债、所有者权益，收入、费用和利润的划分，是对会计对象按经济特征所做的最基本分类，是会计核算对象的具体化，称为会计要素。

任务训练1：根据上述“识别会计要素”教学活动，在25分钟内，根据物流企业交易或事项涉及的会计要素进行识别，指出会计要素的类别，并将名称写在后边的括号中。

(1) 企业库存现金。（　　）

(2) 购入营运用的轮胎。（　　）

(3) 企业的库房。（　　）

(4) 尚未支付给职工的工资。（　　）

(5) 投资者的投资。（　　）

(6) 企业的运输设备。（　　）

(7) 企业购入的商标权。（　　）

(8) 提供运输服务尚未收到的款项。（　　）

(9) 从银行借入的两年期借款。（　　）

(10) 出差人员预借的差旅费。（　　）

(11) 应向国家缴纳的税金。（　　）

(12) 物流企业提供物流服务取得的收入。（　　）

(13) 公司因扩大业务支付的业务广告费。（　　）

(14) 公司在生产经营期间需负担的借款利息。（　　）

(15) 公司发生的一定数额的业务招待费。（　　）

(16) 公司收到客户预付的商品款。（　　）

(17) 企业在银行的存款。（　　）

1.3　熟悉会计等式

1.3.1　资产、负债和所有者权益的关系

企业为了实现其经营目标，需要拥有一定数量的资产。企业的资产，要么来源于债权人，要么来源于投资人的投资及其增值。无论是债权人还是投资者，对企业的资产都拥有索偿权，这种索偿权在会计上称为权益。其中，属于债权人的部分，称为债权人权益，表现为负债；属于投资人的部分，称为所有者权益。资产和权益之间是相互依存的关系。没有资产，就没有有效的权益。在数量上，企业的资产总额必然等于权益总额。资产和权益之间的这种数量上的平衡关系，可用下面的等式表示：

资产 = 权益 = 债权人权益 + 所有者权益

上式称为会计基本等式，也叫会计恒等式、第一会计等式。它直接反映了资产负债表中资产、负债及所有者权益三要素之间的内在联系和数量关系，概括出了企业在一定时点上的财务状况，是复式记账和编制资产负债表的依据。需要注意的是，根据有关法律的规定，债权人对企业资产的要求权优于投资人，即负债优于所有者权益。所以，在会计基本

等式中，二者的位置不得颠倒。

需要说明的是，这种数量关系只是三者之间在数量上的一种抽象关系，并不表示负债、所有者权益与特定的、具体的资产项目存在对应的关系，资产一旦进入企业，应成为受资企业这个特定会计主体可以支配的资产，不再是出资者的资产。

1.3.2　收入、费用和利润的关系

企业经营的目的是获取收入、实现盈利。因此，企业的各项资产经过一定时期的运营，将发生一定的耗费，生产出特定种类和数量的产品，产品销售后获得货币收入，通过收入与费用的比较，可以反映出一定时期内的盈利水平，确定实现的利润。此时会计要素中的收入、费用和利润三项要素之间的关系如下：

收入 - 费用 = 利润

这一等式称为第二会计等式，是资金运动的动态表现，是编制利润表的依据。

收入减去费用等于利润，利润归属于所有者权益。若企业赚得利润，将使所有者权益增加，相应的资产也会增加；若企业发生经营亏损，将使所有者权益减少，相应的资产也会减少。也就是说，企业实现的利润归所有者所有，企业发生的亏损也由所有者负担。因此，第三个会计等式如下：

资产 = 负债 + 所有者权益 + （收入 - 费用）

综上所述，会计等式是各会计要素之间的关系表达式，是复式记账、试算平衡及编制会计报表的理论依据。它反映了企业的财务状况和经营成果，揭示了企业各会计要素之间的内在联系。

1.3.3　交易或事项对会计等式的影响

在实际工作中，物流企业每天实际发生许多交易或事项，但无论交易或事项怎样变动或怎样复杂，都不会破坏资产与权益的平衡关系，会计等式永远恒等。

【案例】华夏物流有限责任公司在20×4年1月1日的资产、负债和所有者权益的状况见表1.3。

表1.3　　资产负债表（一）

华夏物流有限责任公司　　20×4年1月1日　　单位：万元

资产		负债及所有者权益	
库存现金	1	短期借款	25
银行存款	174	应付职工薪酬	20
应收账款	10	应付股利	15
周转材料	15	实收资本	200
固定资产（净值）	200	资本公积	140
资产总额	400	负债及所有者权益总额	400

企业发生的交易或事项，引起各项资产、负债和所有者权益的增减变动，归纳起来无外乎以下四种情况。

1. **资产项目和权益项目同时增加**

【会计业务】20×4 年 1 月 10 日，该企业收到投资者投入的固定资产 15 万元。

【业务解析】该项交易的发生使企业的固定资产增加 15 万元；同时也使实收资本增加 15 万元。前者是资产项目，后者是所有者权益项目，资产与权益同时增加 15 万元，资产与权益仍保持平衡。具体见表 1.4。

表 1.4　资产负债表（二）

华夏物流有限责任公司　20×4 年 1 月 10 日　单位：万元

资产		负债及所有者权益	
库存现金	1	短期借款	25
银行存款	174	应付职工薪酬	20
应收账款	10	应付股利	15
周转材料	15	实收资本	215
固定资产（净值）	215	资本公积	140
资产总额	415	负债及所有者权益总额	415

2. **资产项目和负债项目同时减少**

【会计业务】该企业 1 月 15 日用银行存款 10 万元支付应付股利。

【业务解析】该项交易的发生使该企业的银行存款减少 10 万元，同时使该企业的应付股利也减少 10 万元。前者是资产项目，后者是负债项目，资产和负债同时减少了 10 万元。具体见表 1.5。

表 1.5　资产负债表（三）

华夏物流有限责任公司　20×4 年 1 月 15 日　单位：万元

资产		负债及所有者权益	
库存现金	1	短期借款	25
银行存款	164	应付职工薪酬	20
应收账款	10	应付股利	5
周转材料	15	实收资本	215
固定资产（净值）	215	资本公积	140
资产总额	405	负债及所有者权益总额	405

3. **资产项目之间有增有减**

【会计业务】该企业1月20日从银行提现金2万元备用。

【业务解析】该项交易的发生使企业的银行存款减少2万元，同时使公司的库存现金增加2万元。二者都是资产项目，一增一减，增减金额相等，不会引起资产总额变动，未涉及权益项目，所以资产和权益仍保持平衡。具体见表1.6。

表1.6　　资产负债表（四）

华夏物流有限责任公司　　20×4年1月20日　　单位：万元

资产		负债及所有者权益	
库存现金	3	短期借款	25
银行存款	162	应付职工薪酬	20
应收账款	10	应付股利	5
周转材料	15	实收资本	215
固定资产（净值）	215	资本公积	140
资产总额	405	负债及所有者权益总额	405

4. **权益项目之间有增有减**

【会计业务】该企业1月30日将资本公积40万元转增资本。

【业务解析】这项交易的发生使企业的实收资本增加40万元，资本公积减少40万元。二者都是权益项目，一增一减，增减金额相等，不会引起权益总额的变动，未涉及资产总额项目，所以资产和权益仍保持平衡。具体见表1.7。

表1.7　　资产负债表（五）

华夏物流有限责任公司　　20×4年1月30日　　单位：万元

资产		负债及所有者权益	
库存现金	3	短期借款	25
银行存款	162	应付职工薪酬	20
应收账款	10	应付股利	5
周转材料	15	实收资本	255
固定资产（净值）	215	资本公积	100
资产总额	405	负债及所有者权益总额	405

该企业发生的上述四项交易或事项，代表着四种不同的交易或事项的类型。从中可以看出，不论哪一项交易或事项发生后，均未破坏资产与负债、所有者权益总额的平衡关系。会计等式揭示了会计对象各要素之间的内在联系。在实际工作中，企业每天实际发生

的交易或事项要复杂得多，但无论交易或事项怎样变动，都不会破坏资产与权益的平衡关系，会计等式永远恒等。

任务训练2：根据上述“熟悉会计等式”的教学活动，在45分钟内，按要求完成下列会计工作任务。

1. 宏达物流有限责任公司20×3年11月30日有关资产与权益情况见表1.8。

表1.8 **资产权益表**

宏达物流有限责任公司 20×3年11月30日 单位：元

项目	金额
出纳员金库的现金	3 000
企业在工商银行的存款	200 000
库存的轮胎	110 000
因提供物流服务应收回的账款	100 000
收到为其提供服务的客户未到期的应收票据一张	80 000
应收职工的水电费垫付款	8 000
物流企业的办公房屋、提供物流服务的机器设备	1 914 000
投资者投入的资本金	860 000
预收物流服务客户的服务费	1 000 000
向银行借入期限为6年的借款	100 000
企业应付住房公积金管理部门的住房公积金	60 000
已宣布但尚未支付给投资者的股利	215 000
2个月到期应兑付销货单位的票据	264 000
应交未交的所得税	56 000
购入随时变现的股票	180 000
欠职工的工资	40 000

2. 宏达物流有限责任公司20×3年12月发生了以下交易和事项：

(1) 收到投资者投入设备一台，价值60 000元。 (　　)

(2) 从银行借入200 000元五年期借款，存入银行。 (　　)

(3) 从银行提取现金40 000元，支付职工困难补助。 (　　)

(4) 用现金向职工发放困难补助40 000元。 (　　)

(5) 应收票据80 000元到期兑现，存入银行。 (　　)

(6) 用银行存款50 000元归还长期借款。 (　　)

(7) 用银行存款60 000元缴纳住房公积金。 (　　)

（8）用银行存款16 000元缴纳所得税。（　　）

（9）购入包装用材料一批，价款9 000元，材料已入库但款未付。（　　）

（10）用银行存款支付投资者股利20 000元。（　　）

（11）职工出差借差旅费2 000元，用现金支付。（　　）

（12）投资者依法撤回投资100 000元，用银行存款支付。（　　）

（13）支付职工困难补助50 000元，用银行存款支付。（　　）

（14）企业购入设备一台，价值20 000元，用银行存款支付。（　　）

（15）收回前欠物流服务款100 000元，存入银行。（　　）

要求：

（1）根据表1.8的资料，填列表1.9，并利用会计等式进行试算平衡。

表1.9　　**资产负债表（一）**

宏达物流有限责任公司　　20×3年12月1日　　单位：元

资产	负债及所有者权益
资产总额	负债及所有者权益总额

（2）根据宏达物流有限责任公司20×3年12月发生的交易或事项，逐项分析上述交易或事项发生后对资产、负债及所有者权益三个要素增减变动的影响（填在相应的括号内），将其变动情况及结果填入表1.10，并利用会计等式进行试算平衡。

表1.10　　**资产负债表（二）**

宏达物流有限责任公司　　20×3年12月31日　　单位：元

资产	负债及所有者权益
资产总额	负债及所有者权益总额

岗课赛证融合测试

要求：请学生在25分钟内独立完成下列测试。

一、单项选择题（将正确答案的字母填在括号内）

1.（　　）是对会计对象按经济特征所做的最基本分类，是会计核算对象的具体化。

A. 会计要素　　B. 会计等式　　C. 会计科目　　D. 会计账户

2. 下列会计要素中，反映企业财务状况的会计要素是（　　）。

A. 收入　　B. 费用　　C. 利润　　D. 负债

3. 下列会计要素中，反映企业经营成果的会计要素是（　　）。

A. 资产　　B. 收入　　C. 负债　　D. 所有者权益

4. 下列项目中不属于所有者权益的是（　　）。

A. 营业外收入　　B. 实收资本　　C. 资本公积　　D. 未分配利润

5. 下列符合企业资产定义的是（　　）。

A. 企业盘亏的固定资产

B. 企业购入的商标权

C. 企业拥有的已经被淘汰的专利技术

D. 企业拥有的已霉烂变质的原材料

6. 下列项目中不属于流动负债的是（　　）。

A. 企业购买货物应支付的货款

B. 企业销售货物预先收取的货款

C. 企业向银行借入的期限为五年的借款

D. 企业应付职工的工资、福利费

7. 下列项目中不属于收入的有（　　）。

A. 企业提供物流服务形成的收入

B. 企业出售报废固定资产形成的收入

C. 企业销售库存材料形成的收入

D. 企业销售包装物形成的收入

8. 下列项目中不属于费用的是（　　）。

A. 企业管理部门的办公费

B. 企业发生的业务招待费

C. 企业处置固定资产的净损失

D. 企业银行贷款的手续费

9. 下列交易或事项中不可能发生的业务是（　　）。

A. 资产与负债同增，增加的金额相等

B. 资产与权益同减，减少的金额相等

C. 负债和所有者权益一增一减，增减的金额相等

D. 资产和负债一增一减，增减的金额相等

10. 下列属于流动资产的是（　　）。

A. 仓库中的原材料　　B. 机器设备

C. 商标权　　D. 三年期借款

二、多项选择题（下列各题均有两个或两个以上的正确答案，请将正确答案的字母填在括号内）

1. 下列项目中反映企业财务状况的会计要素有（　　）。

A. 收入　　B. 资产　　C. 负债　　D. 所有者权益

2. 下列项目中反映企业经营成果的会计要素有（　　）。

A. 收入　　B. 费用　　C. 利润　　D. 负债

3. 下列项目中属于收入核算内容的有（　　）。

A. 企业提供劳务获得的收益

B. 企业出售固定资产取得的利得

C. 企业让渡资产使用权获得的收益

D. 企业转让商标权获得的收益

4. 当企业的一项资产增加时，下列各项目中说法正确的是（　　）。

A. 另一项资产减少相同的金额　　B. 一项负债增加相同的金额

C. 一项所有者权益增加相同的金额　　D. 一项负债减少相同的金额

5. 当企业的一项资产减少时，下列说法中正确的有（　　）。

A. 另一项资产增加相同的金额　　B. 一项负债增加相同的金额

C. 一项所有者权益增加相同的金额　　D. 一项负债减少相同的金额

三、判断题（正确的在括号中画“√”，错误的在括号中画“×”）

1. 资产是企业由于过去的交易或事项形成的并由企业拥有且控制的经济资源。（　　）

2. 不能根据正在谈判中的交易或计划中的交易或事项来确认资产。（　　）

3. 应收账款和预收账款都是企业的流动资产。（　　）

4. 应付票据、应付账款、短期借款和预付账款都是企业的流动负债。（　　）

5. 任何经济业务发生后，均会引起资产和权益同时发生增减变化，但资产和权益在数量上始终相等。（　　）

谈谈说说讲讲。结合党的二十大报告和任务1教学，谈谈“这十年，我国物流服务能力显著提升，由物流大国向物流强国迈进”的具体事实。

任务1　学习成绩评价表

班级____　　姓名____　　任务名称____　　任务学习时间____　　任务组长____

评价项	评价内容及关键点	评价标准	评价者与评分比重			任务得分		项目得分
			教师评价（30%）	本人评价（30%）	组员评价（40%）	每项分值	任务总分值	
任务1	典型任务完成情况 任务训练1完成情况 任务训练2完成情况 岗课赛证融合测试情况 谈谈说说讲讲情况							

任务2　进入物流企业会计工作室，熟悉记账方法

课程思政：

天下难事，必作于易；
天下大事，必作于细

1. 典型任务引入

任务1教学活动结束后，教师又把学生带到物流会计工作室上课。在物流会计工作室，学生看到了许多账簿，在每本账簿里看到最多的是“会计科目”“借”“贷”及有关的数字。于是学生又向教师提出了许多问题，教师把学生提出的问题（包括第一次课前看到的第二组照片）进行了归纳。概括起来有以下四个方面的问题。

（1）会计账簿上的账户名称是哪来的，会计要素、会计科目和账户三者的关系如何？

（2）借和贷表示什么意思？

（3）会计账簿中记录的数据是如何形成的？

（4）如何计算账簿中的余额？

于是教师围绕学生提出的问题展开了教学活动并进行总结，学生找到了正确的答案，为后续学习和从事物流会计工作奠定了坚实的基础。

2. 典型任务分析

学生要做好会计工作，必须熟悉会计科目、会计账户及借贷记账法。对企业发生的常

规业务能正确地编制会计分录。学习任务如图 2. 1 所示。

认知会计科目、账户及借贷记账法 → 开设账户，熟悉常规业务的账务处理

图 2. 1　学习任务

3. 典型任务实施

典型任务实施过程见表 2. 1。

表 2. 1　典型任务实施过程

序号	实施步骤	使用的资源	实施结果
1	认知会计科目及账户	案例、账簿	熟知物流企业常用的会计科目及账户的结构
2	认知借贷记账法	案例	会运用借贷记账法
3	熟悉物流企业常规业务的财务处理	案例	能正确编制常规业务的会计分录

4. 典型任务总结

学生通过学习活动，完成典型任务分析并加以总结，见表 2. 2。

表 2. 2　典型任务分析总结表

问题	答案
(1)	
(2)	
(3)	
(4)	

任务知识和技能

2. 1　认知会计科目及账户

2. 1. 1　会计科目

企业在生产经营过程中所发生的交易或事项繁多，为了科学地对这些交易或事项进行会计核算和实施会计监督，并向企业内部和外部有关方面提供所需要的会计信息，就必须对这些种类繁多的交易或事项进行科学的分类。前面学过的会计要素虽然也是对这些交易

或事项的分类，但分类过于粗略，难以满足会计信息使用者全面了解企业财务状况和经营成果的需要。因此，为了全面、系统、分类地核算和监督各项交易或事项的发生情况，就必须对会计要素做进一步的分类，会计科目就是由此产生的。

会计科目是进行会计核算和提供会计信息的基本单元。例如，物流企业为了进行经营活动，就必须拥有一定数量的运输车辆和库房等。可将这些运输车辆和库房归为一类，设置“固定资产”科目；又如，物流企业为了满足经营的需要，要存有一定数量的现金，可设置“库存现金”科目；等等。企业为了进行会计核算，必须设置会计科目，会计科目的设置必须遵循一定的原则，并根据不同的类别进行划分。

1. 会计科目的设置原则

企业必须根据《企业会计准则》和行业会计制度的统一规定设置和使用会计科目，会计科目的设置一般应遵循下列基本原则：

第一，合法性原则。为了保证会计信息的可比性，企业所设置的会计科目应当符合有关会计法规的规定，特别是《企业会计准则——应用指南》中对会计科目的规定。在不影响对外提供统一财务报表的前提下，企业可以根据实际情况自行增设、减少或合并某些会计科目。比如物流企业因其业务主要是提供物流服务，因此不需设置“生物性生物资产”“生物性生物资产累计折旧”和“劳务成本”等科目。

第二，相关性原则。会计科目的设置，应当为有关各方提供所需的会计信息服务，满足对外报告与对内管理的要求。要充分考虑会计信息使用者对企业会计信息的需求，以提高会计信息的相关性，满足相关各方的信息需求。比如“应收账款”账户不仅要设置总分类账户，还要根据应收账款管理的需要按应收账款单位设置相应的明细分类账户。

第三，独立性和稳定性原则。会计科目都应当具有明确的含义，体现特定的经济内容。不同会计科目所反映的经济内容要有严格的界限，其核算的内容应当具有独立性，不能相互混淆；同时，为了便于将不同时期的会计资料进行对比分析，会计科目应当保持相对稳定，以便在一定时期内综合汇总，和其他不同时期进行对比分析。

第四，全面性原则。会计科目必须能全面地反映会计核算对象的内容，因此会计科目的设置应当能够覆盖企业的全部交易或事项，即所有的交易或事项都必须有相应的会计科目来归集与核算。

根据财政部最新颁布的《企业会计准则》，企业常用的会计科目如表 2.3 所示。财政部对会计科目进行统一编码，为企业填制会计凭证、登记会计账簿、分析会计账目、采用会计软件系统核算提供统一的口径。物流企业必须在企业常用的会计科目内选择和使用会计科目。

表 2.3 **企业常用会计科目一览表**

分类	科目代码	科目名称	类别	分类	科目代码	科目名称	类别
资产类	1001	库存现金	流动资产	负债类	2211	应付职工薪酬	流动负债
	1002	银行存款			2221	应交税费	
	1012	其他货币资金			2231	其他应付款	
	1101	交易性金融资产			2232	应付利息	
	1121	应收票据			2241	应付股利	
	1122	应收账款			2314	受托代销商品款	
	1123	预付账款			2401	递延收益	
	1131	应收股利			2501	长期借款	非流动负债
	1132	应收利息			2502	应付债券	
	1221	其他应收款			2701	长期应付款	
	1231	坏账准备			2702	未确认融资费用	
	1321	受托代销商品			2711	专项应付款	
	1401	材料采购			2801	预计负债	流动负债
	1402	在途物资			2901	递延所得税负债	非流动负债
	1403	原材料		共同类	3101	衍生工具	共同类
	1404	材料成本差异			3201	套期工具	
	1405	库存商品			3202	被套期项目	
	1406	发出商品		所有者权益类	4001	实收资本	所有者权益类
	1407	商品进销差价			4002	资本公积	
	1408	委托加工物资			4003	其他综合收益	
	1411	周转材料			4101	盈余公积	
	1471	存货跌价准备			4103	本年利润	
	1473	合同资产			4104	利润分配	
	1501	债权投资	非流动资产		4201	库存股	
	1503	其他债权投资		成本类	5001	生产成本	制造成本
	1504	其他权益工具投资			5101	制造费用	
	1511	长期股权投资			5201	劳务成本	劳动成本
	1512	长期股权投资减值准备			5301	研发支出	研发成本
	1521	投资性房地产			5401	工程施工	工程施工成本
	1531	长期应收款			5402	工程结算	
	1532	未实现融资收益			5403	机械作业	

续　表

分类	科目代码	科目名称	类别	分类	科目代码	科目名称	类别
资产类	1601	固定资产	非流动资产	损益类	6001	主营业务收入	收益类
	1602	累计折旧			6051	其他业务收入	
	1603	固定资产减值准备			6101	公允价值变动收益	
	1604	在建工程			6111	投资收益	
	1605	工程物资			6115	资产处置损益	
	1606	固定资产清理			6117	其他收益	
	1701	无形资产			6301	营业外收入	
	1702	累计摊销			6401	主营业务成本	损失费用类
	1703	无形资产减值准备			6402	其他业务成本	
	1711	商誉			6403	税金及附加	
	1801	长期待摊费用			6601	销售费用	
	1811	递延所得税资产			6602	管理费用	
	1901	待处理财产损益			6603	财务费用	
负债类	2001	短期借款	流动负债		6701	资产减值损失	
	2205	合同负债			6702	信用减值损失	
	2201	应付票据			6711	营业外支出	
	2202	应付账款			6801	所得税费用	
	2203	预收账款			6901	以前年度损益调整	收益或费用

2. 会计科目的分类

为了在会计核算中正确地使用会计科目，必须对会计科目进行分类。

第一，按所反映的经济内容分类。会计科目按其所反映的经济内容不同，一般可分为资产类科目、负债类科目、共同类科目、所有者权益类科目、成本类科目和损益类科目。会计科目通过按经济内容分类，可以明确各个会计单位应当设置和运用哪些科目，建立适应企业经济管理需要的会计科目体系。

第二，按所提供指标的详细程度分类。会计科目按其所提供指标的详细程度不同，可分为总分类科目（一级科目）和明细分类科目，明细分类科目又可分为二级科目（子目）和三级科目（细目）。

总分类科目又称总账科目，是对会计要素的具体内容进行总括分类的会计科目，它反映的是各项经济业务的总括情况。表 2.3 所列示的会计科目均为总分类科目。

二级科目又称子目，是指对一级科目所反映的经济内容进行较为详细分类的会计科目。例如，物流企业中的“应交税费”科目属于一级科目。为了详细核算反映应交税费的缴纳情况，在“应交税费”一级科目下又设置了“应交所得税”及“应交增值税”等二级科目。

三级科目又称细目，是指对二级科目所反映的经济内容做进一步详细分类的会计科目。

会计科目按其所提供指标的详细程度分类，有助于相关各方了解会计科目所反映的具体经济内容。它们之间的关系是前者统驭后者，后者从属于前者。但需要说明的是，并不是所有的一级科目都要下设二级科目和三级科目，企业可以根据管理的实际需要来设置总账科目和明细分类科目。如“应交税费”总账科目下又设二级科目“应交增值税”，“应交增值税”科目下又设三级科目“进项税额”和“销项税额”。即该会计科目设置为“应交税费——应交增值税——进项税额”。

2.1.2 账户

1. 账户的概念

为了全面、系统地核算和监督企业交易或事项的发生情况，我们在会计要素的基础上设置了会计科目，但是会计科目的设置仅能表示所反映的会计要素的内容，而交易或事项发生后引起的各项会计要素的增减变动情况不能在会计科目中反映或加以说明。因此，企业必须根据已经设置的会计科目在账簿中开设账户，对发生的交易或事项在相应的账户中进行记录，这样能够序时和连续地反映交易或事项的发生所引起的各会计要素的增减变动情况，提供日常管理中的核算资料。

账户是指根据会计科目开设的，具有一定结构的，用来系统和连续地记录各项交易或事项的发生情况，能反映会计要素增减变动及其结果的一种工具。企业必须依据会计科目开设账户，有什么会计科目就开设什么账户。

2. 账户的基本结构

账户是用来记录会计要素具体内容的增减变动情况及结果的载体，必须有一定的结构。企业的各项交易或事项发生后，会引起会计要素的相应变化。从数量上看，这种变化不外乎会计要素的增加或减少两种情况。因此，账户的结构也相应地划分为两个基本部分：一部分记录会计要素的增加，另一部分记录会计要素的减少。同时，为了反映增减变化的结果，还应设置余额部分。在实际工作中，账户根据企业核算、管理及提供会计信息的需要，具有多种格式，但一般应包括以下内容：

（1）账户的名称（会计科目）。

（2）日期和凭证号数（记账凭证的日期）。

（3）摘要（经济业务的简要描述）。

（4）增加和减少的金额。

（5）余额。

账户的基本格式见表 2. 4。

表 2. 4　　账户的基本格式

账户名称

年		凭证		摘要	左方（增加额或减少额）	右方（减少额或增加额）	余额
月	日	种类	编号				

从账户的基本格式可以看出，账户的左右两方分别登记增加额和减少额。若左方记录增加额，则右方记录减少额；反之，若左方记录减少额，则右方记录增加额。对于每一个具体的账户而言，哪一方记录增加额，哪一方记录减少额，取决于所采用的记账方法和账户所记录的交易或事项的具体内容。账户的余额一般在记录增加额的一方。

设置账户以后，应当按交易或事项发生的先后顺序进行登记。一定会计期间内所登记的增加额称为本期增加发生额，一定会计期间内所登记的减少额称为本期减少发生额，本期期初余额加上本期增加发生额和本期减少发生额相抵后的余额称为本期的期末余额。本期的期末余额即为下一期的期初余额，这样账户中记录的金额就包括本期期初余额、本期增加发生额、本期减少发生额和期末余额四项内容，它们之间的关系如下：

本期期末余额 = 本期期初余额 + 本期增加发生额 - 本期减少发生额

在教学中，为了方便起见，通常将上述账户的基本结构简化为 T 形账户，如图 2. 2 所示。

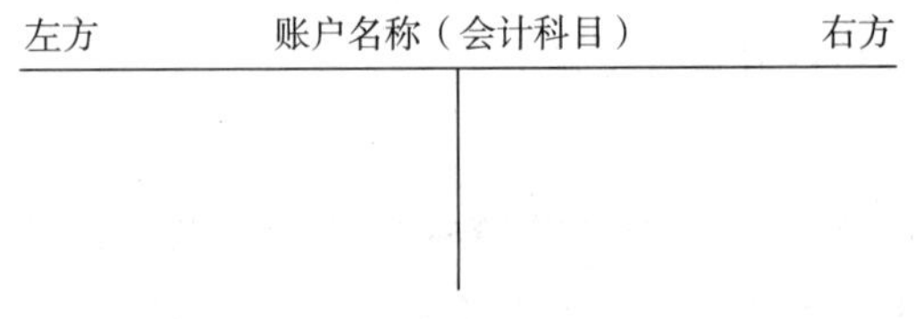

图 2. 2　T 形账户的基本结构

3. **账户的分类**

为了全面、系统地核算和监督各项交易或事项的发生情况，我们根据会计科目在账簿中开设了相对应的账户。一个账户只能对某项交易或事项中的某一方面的会计数据进行记录，一般不能用其他账户来替代。每个账户都有区别于其他账户的特征，为了更好地掌握和运用这些账户，就有必要对账户进行分类。

第一，账户按经济内容分类。账户的分类标准有很多，可以按账户的经济内容分类，也可以按账户的用途和结构及详细程度分类，但最基本的分类方法是按账户的经济内容分类。

企业发生的交易或事项所反映的经济内容实质上就是六大会计要素的变动情况，即资

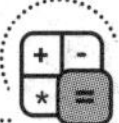

产、负债、所有者权益、收入、费用和利润的变动情况。六大会计要素进一步划分为会计科目（会计科目分为六大类），因此账户按经济内容相应地可划分为资产类账户、负债类账户、所有者权益类账户、成本类账户、损益类账户和共同类账户六大类。

①资产类账户。资产类账户是用来反映企业资产的增减变动及其余额情况的账户。资产类账户按资产流动性的不同可分为流动资产账户和非流动资产账户。反映流动资产的账户主要有“库存现金”“银行存款”“应收账款”“原材料”等账户；反映非流动资产的账户主要有“长期股权投资”“固定资产”“无形资产”等账户。

②负债类账户。负债类账户是用来反映企业负债的增减变动及其余额情况的账户。由于负债按偿还期限的长短分为流动负债和非流动负债，所以负债类账户也相应地分为流动负债账户和非流动负债账户。反映流动负债的账户主要有“短期借款”“应付票据”“应付账款”“应付职工薪酬”等账户；反映非流动负债的账户主要有“长期借款”“应付债券”“长期应付款”等账户。

③所有者权益类账户。所有者权益类账户是用来反映企业所有者权益的增减变动及其余额情况的账户。所有者权益类账户按所有者权益的不同来源和构成，可分为反映投资者投入资本的账户、反映留存收益的账户、反映企业利润实现情况的账户和反映利润分配情况的账户。反映投资者投入资本的账户主要有“实收资本（或股本）”和“资本公积”账户；反映留存收益的账户主要有“盈余公积”和“未分配利润”账户；反映利润实现情况的账户主要有“本年利润”账户；反映利润分配情况的账户主要有“利润分配”账户。

④成本类账户。成本类账户是用来归集生产费用，并据以计算产品生产成本及劳务成本的账户。制造企业一般有“生产成本”“制造费用”“劳务成本”等成本类账户。

⑤损益类账户。损益类账户是用来反映同利润的形成有直接关系的各项收入和各项费用的账户。反映收入的账户主要有“主营业务收入”“其他业务收入”“营业外收入”“投资收益”等账户；反映费用的账户主要有“主营业务成本”“其他业务成本”“税金及附加”“管理费用”“销售费用”“财务费用”等账户。

⑥共同类账户。共同类账户是核算资产、负债的双重性质的账户，按共同类账户的余额方向分为反映资产的账户和负债的账户。当账户的期末余额在借方时，反映的是资产账户；当账户的期末余额在贷方时，反映的是负债账户。

第二，账户按提供指标的详尽程度分类。账户按提供指标的详尽程度，可分为总分类账户和明细分类账户。总分类账户是根据总分类科目开设的，它提供的是总括的核算指标，一般只用货币计量；明细分类账户是根据明细分类科目开设的，是对经济业务的具体内容进行明细核算、提供详细核算资料的账户。明细分类账户还可细分为二级明细分类账户和三级明细分类账户。如“应交税费”是总分类账户，“应交增值税”“应交所得税”则是其二级明细分类账户。

会计科目与账户是既有联系又有区别的两个概念。它们的联系在于，会计科目是设置账户的依据，是账户的名称；账户是会计科目的具体运用，即会计科目所反映的经济内容就是账户所要登记的内容。它们的区别在于，会计科目只是对会计要素具体内容的分类，本身没有结构，也无法提供任何数据；而账户通过对会计对象进行连续、系统地记录，能具体地反映会计要素的增减变动及结余情况，且有一定的结构和格式。因此，账户比会计科目的内容更为丰富。

任务训练1：通过“认知会计科目及账户”的教学活动，请在10分钟内按要求完成表2.5的填写任务，在对应类别上打“√”。

表2.5　　大明有限责任公司会计科目分类表

内容	资产类	负债类	所有者权益类	损益类
库存的现金5 000元				
建设银行的存款1 000 000元				
仓库中的甲材料40 000元				
储存用库房2 000 000元				
5年期的借款100 000元				
尚未支付的材料货款20 000元				
投资者投入的资本200 000元				
库存待售的产品1 000元				
职工出差借旅费60 000元				
出售产品取得的收入30 000元				
行政管理部门的办公费500元				
广告费用3 000元				
利息费用1 000元				
固定资产折旧费800元				
购入运输用车500 000元				
应付职工的工资40 000元				
尚未收回的销货款20 000元				
商标权50 000元				
应上缴国家的税金20 000元				
6个月后到期的银行借款40 000元				

2.2　认知借贷记账法

开设账户后，为全面、系统地反映会计要素的增减变动及结余情况，还必须采用一定的记账方法，将发生的交易或事项记录到账户中。记账方法就是依据一定的记账原理、记账符号和记账规则，采用一定的计量单位和记账符号，利用文字和数字记录交易或事项的发生及完成情况的一种专门方法。按记录的方式不同，记账方法可分为单式记账法和复式记账法两种。

单式记账法是一种较为简单的记账方法。它对一项交易或事项，只在一个账户中进行记录，反映交易或事项的一个方面。一般只反映现金和银行存款的收付、债权债务的产生及偿还情况，而对于各项费用的发生或财产物资的耗用则不予记录。例如，用银行存款购买固定资产，则只在“银行存款”账户中记录银行存款的减少额，对于固定资产的增加额则不予记录。因此，单式记账法是一种不完整的记账方法，不能全面反映交易或事项的来龙去脉，也不便于检查账户记录的正确性。在实际工作中，只有物流企业的出纳人员在登记“银行存款日记账”和“现金日记账”时采用。

复式记账法是对企业发生的每一项交易或事项都以相等的金额，同时在两个或两个以上相互联系的账户中进行登记的记账方法。这种记账方法，对发生的每一项交易或事项都做双重记录，能够清晰地反映资金变动的来龙去脉，便于随时检查账户记录的正确性和完整性。例如，用银行存款购买固定资产，不仅要在“银行存款”账户中记录银行存款的减少额，还要在“固定资产”账户中记录固定资产的增加额。

复式记账法有增减记账法、收付记账法和借贷记账法三种。根据我国《企业会计准则》和《政府会计准则——基本准则》的规定，企事业单位的会计核算一律采用借贷记账法。

2.2.1 借贷记账法的记账符号

借贷记账法以“借”和“贷”作为记账符号，此时的“借”和“贷”已经脱离了其字面意义，只是一种表示记账方向的记账符号。至于是借方表示增加或减少，还是贷方表示增加或减少，只有针对某一特定的会计账户时才能确定，即由会计科目的类别决定。

2.2.2 借贷记账法的账户结构

由于账户的性质不同，其借方或贷方登记增减的具体内容也不同。

1. 资产类账户的结构

用来记录各项资产增减变动情况的账户称为资产类账户。资产类账户的借方登记资产的增加额（借方发生额）；贷方登记资产的减少额（贷方发生额）。资产类账户若有余额，通常在借方，表示资产的结余数。资产类账户的结构如图2.3所示。

借 资产类账户	贷
期初余额	
本期增加额 （本期借方发生额）	本期减少额 （本期贷方发生额）
期末余额	

图2.3 资产类账户结构

资产类账户的期末余额可用下式表示：

资产类账户期末余额 = 期初余额（借方）+本期增加额（本期借方发生额）－本期减少额（本期贷方发生额）

2. **负债及所有者权益类账户的结构**

用来记录各项负债增减变动情况的账户称为负债类账户；用来记录所有者权益增减变动情况的账户称为所有者权益类账户。负债及所有者权益类账户的借方登记减少额（借方发生额）；贷方登记增加额（贷方发生额）。账户若有余额，通常在贷方，表示负债及所有者权益的结余数。负债及所有者权益类账户的结构如图 2.4 所示。

借	负债及所有者权益类账户　　　　贷
	期初余额
本期减少额 （本期借方发生额）	本期增加额 （本期贷方发生额）
	期末余额

图 2.4　负债及所有者权益类账户结构

负债及所有者权益类账户的期末余额可用下式表示：

负债及所有者权益类账户期末余额 = 期初余额（贷方）+本期增加额（本期贷方发生额）－本期减少额（本期借方发生额）

3. **成本类账户的结构**

成本类账户是用来归集生产费用，据以计算产品生产成本及劳务成本的账户。该类账户的结构及期末余额的计算公式与资产类账户基本相同。

4. **损益类账户的结构**

损益类账户是用来反映同利润形成有直接关系的各项收入和各项费用的账户。

第一，收入类账户的结构。收入类账户的结构与负债及所有者权益类账户的结构基本相同，即贷方登记增加额，借方登记减少额，但由于会计期末要将收入类账户的余额结转到“本年利润”账户，所以该类账户期末没有余额。收入类账户的结构如图 2.5 所示。

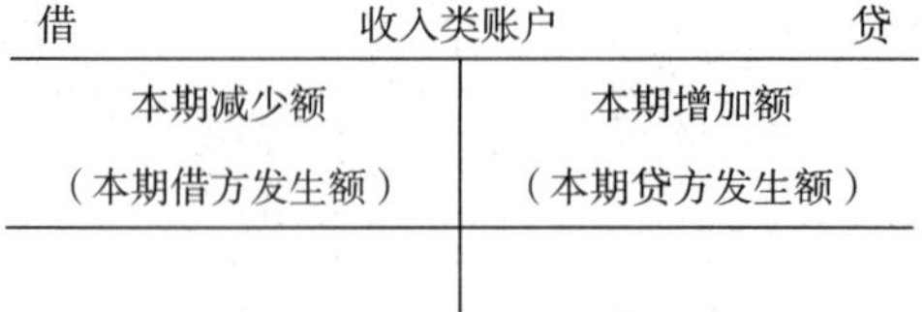

借	收入类账户　　　　贷
本期减少额 （本期借方发生额）	本期增加额 （本期贷方发生额）

图 2.5　收入类账户结构

第二，费用类账户的结构。费用类账户的结构与资产类账户的结构基本相同，即借方登记增加额，贷方登记减少额，但由于会计期末要将费用类账户的余额结转到“本年利润”账户，所以该类账户期末没有余额。费用类账户的结构如图 2.6 所示。

借　　费用类账户	贷
本期增加额 （本期借方发生额）	本期减少额 （本期贷方发生额）

图 2.6　费用类账户结构

综上所述，在借贷记账法下，将全部账户的结构归纳见表 2.6。

表 2.6　各类账户结构对比表

账户类别		借方	贷方	余额方向
资产类账户		增加额	减少额	借方
负债及所有者权益类账户		减少额	增加额	贷方
成本类账户		增加额	减少额	借方
损益类账户	收入类账户	减少额	增加额	无余额
	费用类账户	增加额	减少额	无余额

2.2.3　借贷记账法的记账规则

借贷记账法的记账规则是“有借必有贷，借贷必相等”。根据复式记账的原理，对发生的每项交易或事项，都要以相等的金额同时在两个或两个以上相互联系的账户中进行登记。登记时既要记入有关账户的借方，也要记入有关账户的贷方，并且记入账户借方的金额与记入账户贷方的金额必须相等，即“有借必有贷，借贷必相等”。

2.2.4　对应账户和会计分录

1. 对应账户

一笔交易或事项发生后，会涉及两个或两个以上的账户，这两个或两个以上的账户之间就形成了应借、应贷的相互关系，这种关系称为账户的对应关系，存在对应关系的账户就称为对应账户。通过运用账户之间的对应关系进行记录，就能够全面、清晰地反映出交易或事项的来龙去脉。

2. 会计分录

会计上设置的账户很多，发生的交易或事项又十分频繁，为了准确地反映账户的对应关系和登记的金额，在每笔交易或事项正式入账前，必须编制会计分录。会计分录是对发生的每笔交易或事项指出其应登记的账户名称、记账方向与记账金额的一种记录。每笔会计分录必须包括账户名称、记账方向和记账金额三个要素。

运用借贷记账法编制会计分录时，通常按以下步骤进行：

（1）确定交易或事项所涉及的账户名称及性质。

（2）确定这些账户的金额是增加还是减少。

（3）根据账户的性质和结构，确定应记入账户的借方还是贷方。

（4）确定应记入账户的金额。

需注意的是，编写会计分录时，先写借后写贷，借贷应分行，贷方比借方文字和数字均退后一格；另外，会计分录中的金额单位均省略。

根据交易或事项编制的会计分录，如果只涉及一个借方账户和一个贷方账户，这样的会计分录叫作简单分录。实际上，有些交易或事项会涉及三个或三个以上的账户，这种涉及三个或三个以上账户的会计分录叫作复合分录。企业可以根据业务的需要编制一借多贷或一贷多借的会计分录，特殊的经济业务也可以根据需要编制多借多贷的会计分录。

根据 1.3.3 一节中的案例，华夏物流有限责任公司 20×4 年 1 月发生的 4 笔交易或事项，编制的会计分录如下。

（1）借：固定资产　　150 000
　　　贷：实收资本　　　150 000

（2）借：应付股利　　100 000
　　　贷：银行存款　　　100 000

（3）借：库存现金　　20 000
　　　贷：银行存款　　　20 000

（4）借：资本公积　　400 000
　　　贷：实收资本　　　400 000

登记的 T 形账户如图 2.7 所示。

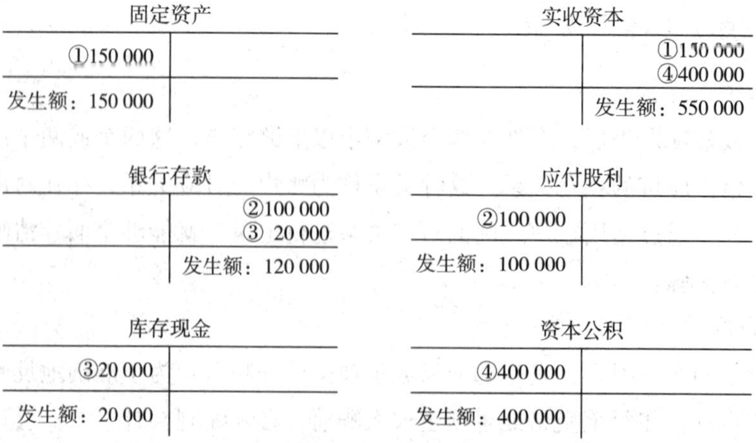

固定资产	
①150 000	
发生额：150 000	

实收资本	
	①150 000 ④400 000
	发生额：550 000

银行存款	
	②100 000 ③ 20 000
	发生额：120 000

应付股利	
②100 000	
发生额：100 000	

库存现金	
③20 000	
发生额：20 000	

资本公积	
④400 000	
发生额：400 000	

图 2.7　根据发生的交易或事项登记的 T 形账户

2.2.5 账户的试算平衡

企业日常发生的每笔交易或事项都要记入相关账户，并且在记录过程中都要遵循“有借必有贷，借贷必相等”的规则，那么一定会计期间内的全部交易或事项都登记入账后，全部账户的本期借方发生额合计和全部账户的本期贷方发生额合计必然相等。同理，全部账户的期末借方余额合计和全部账户的期末贷方余额合计也必然相等。但是，在记录交易或事项的过程中，由于各种原因，可能产生这样或那样的差错，致使上述借贷金额不等。因此在一定时期内（如一个月）有必要对所有账户中的记录进行检查和验证，这种检查和验证的方法就是试算平衡。试算平衡是指以会计等式和借贷记账法的记账规则为依据，检查所有账户记录是否正确的一种方法，具体包括发生额试算平衡法和余额试算平衡法两种。

1. 发生额试算平衡法

发生额试算平衡法是指通过检查所有账户的借贷方发生额是否相等，来检验本期账户记录是否正确的一种方法。

全部账户本期借方发生额合计 = 全部账户本期贷方发生额合计

2. 余额试算平衡法

余额试算平衡法是指通过检查所有账户的借贷方余额合计是否相等，来检验账户的期初结转和期末结计是否正确的一种方法。借贷方余额包括期初余额和期末余额两部分内容。

其试算平衡的公式如下：

全部账户期初（末）借方余额合计 = 全部账户期初（末）贷方余额合计

在实际工作中，这两种试算平衡的方法是通过编制“发生额及余额试算平衡表”进行运用的。

根据表 1.4 的资料和图 2.7 的有关资料，编制的发生额及余额试算平衡表见表 2.7。

表 2.7　　发生额与余额试算平衡表

20×3 年 1 月 31 日　　单位：万元

账户名称	期初余额		本期发生额		期末余额	
	借方	贷方	借方	贷方	借方	贷方
库存现金	1	—	2	—	3	—
银行存款	174	—	—	12	162	—
应收账款	10	—	—	—	10	—
周转材料	15	—	—	—	15	—
固定资产	215	—	15	—	230	—
短期借款	—	25	—	—	—	25

续 表

账户名称	期初余额		本期发生额		期末余额	
	借方	贷方	借方	贷方	借方	贷方
应付职工薪酬	—	20	—	—	—	20
应付股利	—	15	10	—	—	5
实收资本	—	215	—	55	—	270
资本公积	—	140	40	—	—	100
合计	415	415	67	67	420	420

应当说明的是，利用试算平衡表来检查账户记录是否正确时，如果借贷不平衡，则可以肯定账户记录或计算存在错误，应查找原因，并予以更正；如果借贷平衡，也不能肯定账户记录没有错误，因为有些记账错误并不影响借贷双方的平衡关系，比如漏记或重记某项交易或事项，应借应贷的账户用错或互相颠倒，借贷双方都错记了相同的金额，等等。因此，企业应做好日常的复核工作，以保证账户记录的准确无误。

任务训练2：根据“认知借贷记账法”教学活动，请在10分钟内完成表2.8的填列任务。

表2.8 **甲物流有限责任公司有关账户资料表** 单位：元

账户名称	期初余额		本期发生额		借或贷	期末余额
	借方	贷方	借方	贷方		
银行存款	300 000	—	—	280 000	—	520 000
固定资产	—	—	250 000	35 000	—	300 000
原材料	50 000	—	60 000	—	—	20 000
短期借款	—	20 000	40 000	30 000	—	—
应付账款	—	7 000	6 000	—	—	8 000
实收资本	—	—	40 000	100 000	—	80 000
资本公积	—	70 000	—	120 000	—	80 000

任务训练3：根据“认知借贷记账法”教学活动，请在15分钟时间内，完成某物流企业20×3年2月发生交易或事项会计分录的编写任务，并填入表2.9。

（1）接受投资者投资100 000元，存入银行。

（2）从银行提取现金5 000元。

（3）购入原材料一批，价款40 000元，材料已验收入库，货款尚未支付。

（4）购进机器设备一台，价款150 000元，货款以银行存款支付。

（5）向银行借入5年期借款200 000元，存入银行。

（6）收到A公司前欠运费30 000元，存入银行。

（7）以银行存款20 000元偿还短期借款。

（8）以库存现金500元支付管理费用。

（9）以银行存款40 000元偿还前欠货款。

表2.9　　某物流企业会计分录

序号	摘要	会计分录

任务训练4：根据“认知借贷记账法”教学活动，请在20分钟时间内，完成甲物流企业20×4年2月发生交易或事项会计分录的编写、T形账户登记及试算平衡工作任务，并填入表2.11和表2.12、图2.8。

1. 甲物流企业20×4年2月全部总分类账户的期初余额见表2.10。

表2.10　　甲物流企业总分类账户期初余额　　单位：元

账户名称	借方余额	账户名称	贷方余额
库存现金	5 000	短期借款	100 000
银行存款	800 000	应付账款	80 000
原材料	55 000	实收资本	1 680 000
固定资产	1 000 000	—	—
合计	1 860 000	合计	1 860 000

甲物流企业2月发生如下交易或事项：

（1）20×4年2月10日，甲物流企业以银行存款50 000元归还已到期的短期借款。

（2）甲物流企业以银行存款500 000元购入机器设备一台。

（3）甲物流企业购买材料一批，价款为40 000元，以银行存款支付30 000元，剩余的10 000元一个月以后支付。

要求：

（1）根据表2.10所给的资料开设如下T形账户（如图2.8所示）。

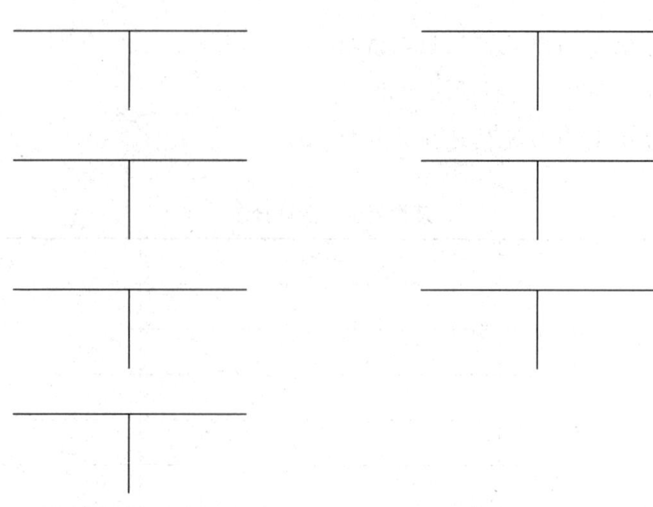

图 2.8　甲物流企业开设的 T 形账户

（2）根据甲物流企业发生的交易或事项，编制相应的会计分录填入表 2.11 中，并将编制的会计分录登记在图 2.8 中的 T 形账户中。

表 2.11　　甲物流企业编制的会计分录

序号	摘要	会计分录

2. 根据表 2.11 及图 2.8 的有关资料，编制发生额及余额试算平衡表（见表 2.12）。

表 2.12　　发生额及余额试算平衡表

年　月　日　　单位：元

账户名称	期初余额		本期发生额		期末余额	
	借方	贷方	借方	贷方	借方	贷方

2.3　熟悉物流企业常规业务的账务处理

2.3.1　资金筹集的账务处理

物流企业作为独立核算、自负盈亏的经济实体，必须拥有进行经营活动的资金，有了资金才能购买固定资产等开展业务活动。企业进行业务活动所需要的资金，其筹资渠道主要有两个：一是投资者投入，二是向债权人借入。

1. 投入资本的账务处理

投资者投入企业的资本，不同类型的企业有不同的叫法，股份有限公司称其为“股本”，除股份有限公司之外的一般企业称其为“实收资本”。实收资本是投资者在注册资本范围内实际投入企业的资本。投资者按其投入企业的资本金份额，对企业行使决策表决权，参与企业的经营决策，分享企业的经营利润，承担企业的经营亏损。

【案例2.1】宏生物流有限责任公司由李某、张某、刘某共同出资500万元组建，在20×4年年初筹建期间发生了如下投资业务：

（1）收到李某、张某、刘某三人出资，分别为100万元、170万元和100万元，款项收存银行。

（2）收到李某投入特许使用权一项，投资合同约定其价值为80万元，假定合同约定价值与公允价值相符。

（3）收到刘某投入运输汽车一辆，其合同约定价值为50万元，合同约定的价值与公允价值相符。

（4）经营一年后，企业需要扩大规模。经批准公司注册资本增加至550万元，同意张某加入，投入资金100万元，占原注册资本的10%。收到款项存入银行。

【案例分析与账务处理】上述四项交易或事项均属于投入资本业务，涉及的会计科目均有“实收资本”（均增加），但又有所不同。

（1）投入的是银行存款（增加）。

借：银行存款　　370
　　贷：实收资本——李某　　100
　　　　　　　　——张某　　170
　　　　　　　　——刘某　　100

（2）投入的是无形资产（增加）。

借：无形资产　　80
　　贷：实收资本——李某　　80

（3）投入的是固定资产（增加）。

借：固定资产　　　　　　　　　　　　　　　　　50

　　贷：实收资本——刘某　　　　　　　　　　　　50

（4）追加投资。

涉及的科目有“资本公积”（增加）。注册资本份额内的部分为“实收资本”，超出份额的部分为“资本公积”。

借：银行存款　　　　　　　　　　　　　　　　　100

　　贷：实收资本——张某　　　　　　　　　　　　50

　　　　资本公积　　　　　　　　　　　　　　　　50

【案例总结】通过上述的四项交易或事项，投资者投入资本账务处理时经常使用的账户总结如下。

①“实收资本”账户。

性质：所有者权益类账户。

核算内容：核算和监督投资者投入资本的增减变动及结余情况。

结构：贷方登记投资者投入企业的资本以及按规定用资本公积金、盈余公积金转增资本的金额；借方登记因减资退还的资本金；余额在贷方，表示企业实际收到的资本金额。

明细分类账设置：本账户应按投资者的姓名或种类设置明细账户，进行明细分类核算。

②“资本公积”账户。

性质：所有者权益类账户。

核算内容：核算和监督企业资本公积的增减变动及结余情况，包括投资额超过其注册资本的部分。

结构：贷方登记资本公积的形成数；借方登记资本公积转增资本数；余额在贷方，表示资本公积的结存数。

明细分类账设置：本账户按资本公积的项目设明细分类账，进行明细分类核算。

③“银行存款”账户。

性质：资产类账户。

核算内容：核算企业银行存款的增减变动及结余情况。

结构：借方登记银行存款的增加额；贷方登记银行存款的减少额；余额在借方，表示银行存款的实有数额。

明细分类账设置：本账户不设明细账，但应按开户银行及银行存款的种类设置银行存款日记账。

④“固定资产”账户。

性质：资产类账户。

核算内容：核算和监督企业固定资产原价的增减变动及结余情况。

结构：借方登记增加的固定资产原价；贷方登记减少的固定资产原价；余额在借方，表示企业现有固定资产的原价。

明细分类账设置：按固定资产类别、使用部门和每项固定资产进行明细分类核算。

⑤“无形资产”账户。

性质：资产类账户。

核算内容：核算和监督企业无形资产的增减变动及结余情况。

结构：借方登记无形资产的增加额；贷方登记无形资产的减少额；余额在借方，表示无形资产的实有数额。

明细分类账设置：本账户按无形资产的项目设明细分类账，进行明细分类核算。

2. 借入资金的账务处理

物流企业为了进行经营活动，除了要吸收投资人的投资，还需要向银行或非银行金融机构借款。企业的借款按偿还期限的长短，分为短期借款和长期借款。短期借款主要用于企业经营的周转，偿还期限在1年以内，形成流动负债；长期借款主要用于增添大型设备、购置房地产及进行技术改造等，偿还期限在1年以上（不含1年），形成长期负债。

【案例2.2】宏生物流有限责任公司发生如下借入资金的交易或事项：

（1）企业向银行借入经营资金100 000元，年利率6%，期限6个月，款项已存入银行。

（2）企业向银行借入长期借款1 000 000元，用于改造一条集装、卸、包装于一体的生产线，年利率5%，期限3年，款项已存入银行。

（3）企业以银行存款归还到期的短期借款100 000元，并支付利息500元。

（4）企业于年末计提长期借款的利息30 000元，该长期借款用于经营活动。

（5）用银行存款偿还银行长期借款本金400 000元，利息50 000元，其中本月利息10 000元。

【案例分析与账务处理】上述五项交易或事项均属于借入资金或偿还资金的业务，偿还期限在1年内（含）的借款，使用的会计科目是“短期借款”；偿还期限在1年以上的借款，使用的会计科目是“长期借款”。

（1）借入的还款期限1年内的借款，属短期借款（增加）。

借：银行存款　　100 000

　　贷：短期借款　　100 000

（2）借入的还款期限3年的借款，属长期借款（增加）。

借：银行存款　　1 000 000

　　贷：长期借款　　1 000 000

（3）归还短期借款（减少）并支付短期借款利息（财务费用增加）。

借：短期存款　　　　　　　　　　　　　100 000

　　财务费用　　　　　　　　　　　　　　　500

　　贷：银行存款　　　　　　　　　　　　100 500

（4）计提长期借款利息，一方面增加“财务费用”，另一方面增加“应付利息”。长期借款计提的利息费用在进行账务处理时是有区别的：属于筹建期间的利息费用记入“管理费用”，属于生产经营期间的利息费用记入“财务费用”；长期借款用于购建固定资产的，在固定资产达到预定可使用状态前发生的利息费用，记入“在建工程”，固定资产达到预定可使用状态后发生的利息费用记入“财务费用”；研发期间发生的利息费用记入“研发支出”。

借：财务费用　　　　　　　　　　　　　30 000

　　贷：应付利息　　　　　　　　　　　　30 000

（5）偿还长期借款使长期借款减少，支付利息对于已计提的利息部分减少应付利息，当月未计提的利息部分增加财务费用，同时减少银行存款。

借：长期借款　　　　　　　　　　　　　400 000

　　应付利息　　　　　　　　　　　　　　40 000

　　财务费用　　　　　　　　　　　　　　10 000

　　贷：银行存款　　　　　　　　　　　　450 000

【案例总结】通过上述五项交易或事项，借入款项在进行账务处理时经常使用的账户总结如下：

①“短期借款”账户。

性质：负债类账户。

核算内容：核算和监督企业借入期限在 1 年内（含 1 年）借款的借入和归还情况。

结构：贷方登记取得的短期借款数额；借方登记已归还的短期借款数额；余额在贷方，表示尚未归还的短期借款数额。

明细分类账设置：本账户按短期借款的种类、贷款银行设置明细分类账户进行明细分类核算。

②“长期借款”账户。

性质：负债类账户。

核算内容：核算和监督企业向银行等金融机构借入的期限在 1 年以上的各种借款的借入及归还情况。

结构：贷方登记取得长期借款数额；借方登记偿还的长期借款数额；余额在贷方，表示尚未归还的长期借款数额。

明细分类账设置：本账户按长期借款的种类和借款来源机构名称设明细分类账，进行明细分类核算。

③“财务费用”账户。

性质：损益类账户。

核算内容：核算和监督企业为筹集生产经营所需资金等而发生的费用，包括利息支出（减利息收入）及银行相关的手续费等。

结构：借方登记发生的利息支出、汇兑损失及相关的手续费；贷方登记利息收入、汇兑收益及期末结转数；期末本账户余额应转入“本年利润”账户，结转后本账户无余额。

明细分类账设置：本账户应按费用项目设置明细分类账，进行明细分类核算。

④“应付利息”账户。

性质：负债类账户。

核算内容：企业按照合同应支付的利息，包括分期付息到期还本的长期借款及企业债券应支付的利息。

结构：贷方登记长期借款的应计利息；借方登记偿还的长期借款利息；余额在贷方，表示尚未归还的长期借款利息。

明细分类账设置：本账户按应付利息企业名称设置明细分类账，进行明细分类核算。

任务训练5：通过“资金筹集的账务处理”的教学活动，请在10分钟内完成如下会计分录的编写任务。

某物流企业20×4年3月发生如下资金筹集的交易或事项：

（1）3日，国家投入资金100 000元，款项已存至银行。

（2）5日，收到A公司投入生产设备一台，评估作价200 000元。

（3）6日，向银行借入临时借款150 000元，期限3个月，存入银行。

（4）8日，因建造库房向银行借入500 000元，期限3年，存入银行。

（5）10日，收到B公司投入专利权一项，评估作价300 000元。

（6）15日，以银行存款归还到期的短期借款100 000元，并支付利息4 500元，其中当月利息1 500元。

（7）17日，企业投资者共三人：甲、乙、丙，分别投资500 000元。现有丁投资者愿意加入该企业，经协商企业将注册资本增加到2 000 000元，丁出资700 000元取得25%的股份。收到丁投资者的转账支票一张，号码29093693，存入银行。

2.3.2 货币资金及应收款项的账务处理

1. 货币资金的账务处理

（1）现金的账务处理

我国会计上所说的现金仅指狭义的现金，一般为存放在企业会计部门并由出纳员保管的现金，包括库存的人民币现金和外币现金。企业的一切现金收支，均须取得或填制合法的原始凭证，并由会计主管或其他指定专人进行认真审核，审核后才能据此办理现金收付、填制记账凭证。

【案例2.3】某物流企业20×4年4月发生如下现金业务：

（1）从开户银行提取现金20 000元以备日常业务用。

（2）企业管理部门职工张某预借差旅费800元，以现金付讫。

（3）职工张某出差归来，报销差旅费680元，交回剩余现金120元。

（4）以现金支付职工困难补助5 000元。

【案例分析与账务处理】

企业库存现金增加时，借记“库存现金”账户，贷记有关科目；企业库存现金减少时，借记有关科目，贷记“库存现金”账户。

①借：库存现金　　20 000
　　贷：银行存款　　20 000

②借：其他应收款——张某　　800
　　贷：库存现金　　800

③借：库存现金　　120
　　管理费用　　680
　　贷：其他应收款——张某　　800

④借：应付职工薪酬　　5 000
　　贷：库存现金　　5 000

【案例总结】通过上述四项交易或事项，凡涉及现金的业务都必须使用“库存现金”账户。

性质：资产类账户。

核算内容：核算库存现金的增减变动及结余情况。

结构：借方登记现金的增加数，贷方登记现金的减少数，期末余额在借方，反映企业实际持有的库存现金数额。

明细分类账设置：企业除了进行总分类核算，还需根据现金的币种进行现金的序时核算。

（2）银行存款的账务处理

银行存款是指企业存放在银行或其他金融机构的货币资金。

为了总括地反映企业银行存款的增加、减少和结存情况，企业应设置“银行存款”账户。企业除了进行银行存款的总分类核算，还需依据银行存款开设的账户进行银行存款的序时核算。

【案例2.4】某物流企业20×4年4月发生如下银行存款业务：

（1）某物流企业将现金2 000元存入银行。

（2）某物流企业用银行存款支付职工工资205 000元。

【案例分析与账务处理】

企业银行存款增加时，借记“银行存款”账户，贷记有关科目；企业银行存款减少时，借记有关科目，贷记“银行存款”账户。

①借：银行存款　　　　　2 000

　　贷：库存现金　　　　　2 000

②借：应付职工薪酬　　　205 000

　　贷：银行存款　　　　　205 000

【案例总结】通过上述两项交易或事项，涉及银行存款的业务使用的是“银行存款”账户。

性质：资产类账户。

核算内容：核算银行存款的增减变动及结余情况。

结构：借方登记银行存款的增加数，贷方登记银行存款的减少数，期末余额在借方，反映企业实际持有的银行存款数额。

明细分类账设置：企业除了进行总分类核算，还需根据银行存款账户的开设情况进行银行存款的序时核算，有几个银行账户，就开设几个序时日记账。

2. 应收款项的账务处理

（1）应收账款的账务处理

就一般企业而言，应收账款是指因销售产品、材料或提供劳务等业务，应向购货及接受劳务的单位和个人收取的款项。对于物流企业而言，主要是以赊销方式提供运输、储存、装卸、配送等物流服务应收取的款项。应收账款应按实际发生额入账，在有折扣的情况下，还应考虑商业折扣和现金折扣等因素。

①商业折扣。指物流企业根据市场供需情况，或针对不同的客户，在物流服务项目的标价上给予的扣除。即需要的物流服务越多，价格越低。在存在商业折扣的情况下，企业应收账款应按扣除商业折扣后的实际售价入账，即净价法。

发生应收账款行为按扣除商业折扣后的净额：

借：应收账款

　　贷：主营业务收入

　　　　应交税费——应交增值税（销项税额）

收回应收账款时：

借：银行存款

　　贷：应收账款

②现金折扣。指物流企业为了鼓励客户在规定期限内尽早偿付欠款而给予客户的折扣优惠。现金折扣一般用“折扣率/付款期限”来表示。如2/10、1/20、N/30，分别表示10

天内付款，可按欠款的2%给予折扣，记入财务费用；10～20天内付款，可按欠款的1%给予折扣，记入“财务费用”；最长付款期限为30天，20～30天内付款则不给予折扣。在存在现金折扣的情况下，其应收账款入账金额的确定有总价法和净价法两种。总价法是将未扣减现金折扣前的金额作为实际价款，据以确认应收账款的入账价值。也就是说应收账款按发票价格入账，不考虑可能发生的现金折扣。净价法是把扣减现金折扣后的金额作为实际价款，据以确认应收账款的入账价值。也就是说应收账款按发票价格扣除最大现金折扣后的余额入账。

目前我国对应收账款产生的现金折扣采用的是总价法，把实际发生的现金折扣视为融资的理财费用，计入发生当期的损益，即财务费用。

【案例2.5】某物流企业20×4年4月发生的应收账款业务如下：

（1）5日向客户提供运输服务，开具的运输增值税专用发票注明的不含税价款是50 000元，增值税税率为9%，款项尚未收到。由于该客户需要的物流服务较多，因此应享受10%的商业折扣。

（2）该物流公司现金折扣的条件为2/10，1/20，N/30，现金折扣含增值税。如果该物流公司在10天内付款、第15天付款和第28天付款，其账务处理如何？

【案例分析与账务处理】

①在存在商业折扣的情况下，应收账款应按扣除商业折扣后的净额进行账务处理。

借：应收账款　　49 050

　　贷：主营业务收入　　45 000

　　　　应交税费——应交增值税（销项税额）　　4 050

②存在现金折扣的情况下，应采用总价法入账，提前付款所发生的现金折扣金额作为“财务费用”处理。

若10天内付款：

借：银行存款　　48 069

　　财务费用　　981

　　贷：应收账款　　49 050

若第15天付款（20天内付款）：

借：银行存款　　48 559.50

　　财务费用　　490.50

　　贷：应收账款　　49 050

若第28天付款（30天内付款）：

借：银行存款　　49 050

　　贷：应收账款　　49 050

【案例总结】企业应收账款业务使用的账户如下：

①“应收账款”账户。

性质：资产类账户。

核算内容：核算和监督物流企业以赊销方式提供运输、储存、装卸、配送等劳务应收取的款项。

结构：借方登记应收账款的增加；贷方登记应收账款的减少；余额在借方，表示尚未收回的应收账款。

明细分类账设置：本账户按接受劳务或服务的单位设置明细分类账进行核算。

不单独设置“预收账款”的企业，预收账款可在本账户核算。

②“主营业务收入”账户。

性质：损益类账户。

核算内容：核算和监督物流企业在提供运输、储存、装卸、配送等日常活动中所形成的收入。

结构：贷方登记企业实现的主营业务收入；借方登记期末转入“本年利润”账户的数额；期末结转后本账户无余额。

明细分类账设置：本账户按主营业务的种类设置明细分类账，进行明细分类核算。

③“应交税费”账户。

性质：负债类账户。

核算内容：核算和监督物流企业应交的各种税费。

结构：借方登记因物流活动形成的进项税额或交纳的税费，贷方登记物流活动应交的各项税费或销项税，余额一般在贷方，表示应交未交的各项税费。

明细分类账设置：本账户应按应交税费的种类设置明细项目或明细分类账进行明细分类核算。

（2）应收票据的账务处理

应收票据是指物流企业在正常经营过程中，由于为客户提供运输、储存、装卸、配送等物流服务等而收到的商业汇票。

取得应收票据时：

借：应收票据

　　贷：主营业务收入

　　　　应交税费——应交增值税（销项）

应收票据到期兑现时：

借：银行存款

　　贷：应收票据

【案例2.6】某物流公司20×4年4月10日对甲客户提供运输服务，增值税发票的含税价是54 500元，增值税税率为9%，收到一张6个月到期的无息商业汇票。

【案例分析与账务处理】

①物流公司收到商业汇票时：

借：应收票据　　　　　　　　　　　　　54 500

　　贷：主营业务收入　　　　　　　　　　　50 000

　　　　应交税费——应交增值税（销项税额）　4 500

②6 个月后，应收票据到期，客户将款项 54 500 元如数转给物流公司开户银行：

借：银行存款　　　　　　　　　　　　　54 500

　　贷：应收票据　　　　　　　　　　　　54 500

③若 6 个月应收票据到期，接受运输服务的客户无力支付票款：

借：应收账款——甲公司　　　　　　　　54 500

　　贷：应收票据　　　　　　　　　　　　54 500

【案例总结】 企业应收票据业务使用的是“应收票据”账户：

性质：资产类账户。

核算内容：核算和监督物流企业应收票据的取得、兑现及结余等情况。

结构：借方登记取得的应收票据的价值，贷方登记兑现的应收票据的价值，期末余额在借方，反映企业尚未兑现应收票据的价值。

明细分类账设置：企业应设置应收票据备查簿，核算和监督应收票据的取得及兑现情况。

（3）其他应收款的账务处理

其他应收款是指企业除应收票据、应收账款、预付账款、应收股利和应收利息以外的其他各种应收、暂付款项。具体包括：

①应收的各种赔款、罚款；

②应收出租包装物租金；

③应向职工收取的各种垫付款项；

④备用金（向企业各职能科室、车间等拨付的备用金）；

⑤存出保证金，如租入包装物支付的押金；

⑥预付账款转入；

⑦其他各种应收、暂付款项。

发生其他应收款的账务处理：

借：其他应收款

　　贷：银行存款

企业收回其他应收款时：

借：银行存款（管理费用）

　　贷：其他应收款

【案例2.7】 瑞雪物流公司20×4年4月发生如下其他应收款业务：

（1）租入包装物一批，以银行存款支付押金1 500元。

（2）包装物按期退回，瑞雪物流公司收到出租方退回的押金1 500元，存入银行。

（3）瑞雪物流公司以银行存款替职工张静垫付水电费800元。

（4）月末发放工资时，瑞雪物流公司从张静工资中扣回代垫水电费。

【案例分析与账务处理】

瑞雪物流公司发生的上述四项业务均涉及“其他应收款”账户。

①借：其他应收款——存出保证金　　1 500
　　贷：银行存款　　1 500

②借：银行存款　　1 500
　　贷：其他应收款——存出保证金　　1 500

③借：其他应收款——张静　　800
　　贷：银行存款　　800

④借：应付职工薪酬——工资　　800
　　贷：其他应收款——张静　　800

【案例总结】 企业其他应收款业务使用的是“其他应收款”账户：

性质：资产类账户。

核算内容：核算除应收票据、应收账款、预付账款等以外的其他各种应收、暂付款项。

结构：借方登记企业应收的各种其他应收款，贷方登记已收到的及转出的其他应收款，余额在借方，表示尚未收到的其他应收款。

明细分类账设置：本账户按其他应收款的单位和个人设置明细分类账，进行明细分类核算。

任务训练6：通过“货币资金及应收款项的账务处理”教学活动，按要求在15分钟内完成如下会计分录的编写任务。

（1）20×4年2月2日，瑞丰物流公司为B公司运输商品一批，不含税价款24 000元，增值税税率为9%，由于B公司是瑞丰物流公司的老客户，瑞丰公司给予10%的商业折扣。

（2）20×4年2月15日，瑞丰物流公司收回B公司运输款。

（3）20×4年2月20日，瑞丰物流公司为A公司运输商品一批，不含税价款总计60 000元，增值税税率为9%，运费未付，付款条件为2/10、1/20、N/30。

（4）20×4年3月12日，瑞丰物流公司收到A公司转账支票一张，要求结付货款。

（5）20×4年3月15日，瑞丰物流公司为客户提供配送服务，应收配送费不含税价为20 000元，增值税税率为6%，收到一张6个月到期的商业汇票。

（6）上述商业汇票到期无法兑付，将其转为应收账款。

（7）20×4 年 3 月 20 日，职工李某借差旅费 6 000 元，王某借差旅费 5 000 元，企业支付现金。

（8）20×4 年 3 月 27 日李某出差归来，报销差旅费 5 800 元。余款退回现金。

（9）20×4 年 3 月 29 日王某出差归来报差旅费 5 500 元。不足部分企业补付现金。

（10）20×4 年 4 月 1 日，运输一队队长张某借差旅费 2 000 元，汽车司机刘某借差旅费 3 000 元。企业用现金支付。

（11）20×4 年 4 月 10 日，运输一队队长张某报差旅费 1 800 元。

（12）20×4 年 4 月 11 日，汽车司机刘某报差旅费 3 300 元。

2.3.3 采购及领用原材料的账务处理

物流企业按原材料在经营过程中的作用不同，可分为以下四类：

①燃料。指物流企业的车辆、船舶在运输过程中用来燃烧形成动力的各种能源。包括固体燃料、液体燃料和气体燃料。如煤、汽油、柴油、天然气、煤气等。

②轮胎。指物流企业购入车辆和装卸设备使用的轮胎外胎。

③包装材料。物流企业在提供物流服务的过程中直接耗用，为保护物流服务对象（客户的货物）或者提高物流服务效率而使用的各种钢材、木材、塑料、泡沫保温箱等包装材料。

④其他材料。指物流企业除燃料和轮胎外的营业耗用材料和各种日常管理耗用材料。包括轴承、离合器片、离合器压板、轮胎内胎、垫带、油漆、机油、液压油等。

1. 采购原材料的账务处理

物流企业原材料的计价一般采用实际成本法，其采购成本包括买价和采购费用。如果是小规模纳税人企业，其采购成本还包括增值税；如果是一般纳税人企业，其采购成本不包括增值税。

采购费用包括运杂费、运输途中的合理损耗、装卸费、包装费、进口关税和进口消费税等。

（1）收料、付款同时进行的账务处理

【案例 2.8】宏生物流有限责任公司采购修理用配件一批，增值税发票上列明买价 20 000元，增值税 2 600 元，开出 6 个月期限的商业汇票一张转给销货单位，修理配件验收入库。根据付款凭证、发票及入库单等有关凭证，其相关的账务处理如下：

【案例分析与账务处理】此项业务是收料、付款同时进行。收料入库时先记入“原材料”账户的借方（根据材料入库单）和“应交税费——应交增值税（进项税额）”账户的借方（根据增值税发票），同时，还要根据结算方式，记入“应付票据”账户的贷方（根据应付票据复印件）。即

借：原材料——配件　　　　　　　　　　20 000

　　应交税费——应交增值税（进项税额）　　2 600

贷：应付票据　　　　　　　　　　　22 600

上述商业汇票到期，用银行存款承兑货款22 600元。

借：应付票据　　　　　　　　　　22 600

贷：银行存款　　　　　　　　　　22 600

（2）付款在前，收料在后的账务处理

【案例2.9】宏生物流有限责任公司向外地海河公司采购油泵万向节转动轴50根，每根不含税价200元，增值税税率为13%，结算凭证已到。但因宏生物流有限责任公司资金暂时困难货款尚未支付，采购物资尚在运输途中。

【案例分析与账务处理】此项业务是付款在前，收料在后。此种方式多数是物流企业异地采购各种材料，采购时结算凭证已到，但材料尚在运输途中。其业务处理为先记入“在途物资”账户，入库时，再记入“原材料”账户。即

付款时：

借：在途物资

应交税费——应交增值税（进项税额）

贷：银行存款

入库时：

借：原材料

贷：在途物资

在【案例2.9】中，根据发票等相关凭证其相关的账务处理如下：

借：在途物资——油泵万向节转动轴　　　　　　10 000

应交税费——应交增值税（进项税额）　　　　1 300

贷：应付账款——海河公司　　　　　　　　　11 300

10日后，上述采购的油泵万向节转动轴已到，办理了相关的入库验收手续，并支付前欠货款。根据入库单及付款凭证，相关的账务处理如下：

油泵万向节转动轴入库：

借：原材料——油泵万向节转动轴　　　　　　10 000

贷：在途物资——油泵万向节转动轴　　　　　10 000

支付前欠货款：

借：应付账款——海河公司　　　　　　11 300

贷：银行存款　　　　　　　　　　　11 300

（3）预付账款购入材料的账务处理

【案例2.10】宏生物流有限责任公司采购轮胎一批，不含增值税货款总额为50 000元，增值税税率为13%，按照合同规定预付货款的40%作为订金，其余款项在材料验收入库后补付。

【案例分析与账务处理】 此项业务是预付账款购入材料的账务处理。

①企业预付货款或补付货款时：

借：预付账款

　　贷：银行存款

②收到预定物资时：

借：原材料

　　应交税费——应交增值税（进项税额）

　　贷：预付账款

③退回多付的货款时：

借：银行存款

　　贷：预付账款

④若预付账款不符合预付账款性质，或者因供货单位破产、撤销等原因已无望再收到所购货物时，应将原记入“预付账款”的金额转入“其他应收款”。即

借：其他应收款——预付账款转入

　　贷：预付账款

预付账款业务不多的企业，也可不设置“预付账款”账户，将预付的货款记入“应付账款”账户的借方。“应付账款”账户期末如有借方余额则为预付账款。“预付账款”账户如有贷方余额也可理解为应付账款。

则【案例 2.10】根据发票等相关凭证其相关的账务处理如下：

①预付账款时：

借：预付账款　　20 000

　　贷：银行存款　　20 000

②材料验收入库并取得增值税发票时：

借：原材料——轮胎　　50 000

　　应交税费——应交增值税（进项税额）　　6 500

　　贷：预付账款　　56 500

③补付剩余款项时：

借：预付账款　　36 500

　　贷：银行存款　　36 500

【案例总结】 通过上述采购材料的交易或事项，在进行账务处理时经常使用的账户总结如下：

①“在途物资”账户。

性质：资产类账户。

核算内容：核算物流企业已采购但尚未验收入库的存货的采购成本。

结构：借方登记已采购存货的成本，贷方登记已验收入库存货的成本，余额一般在借方，表示已采购但尚未验收入库的存货成本。

明细分类账设置：应按存货的品种和采购单位设置明细分类账进行明细分类核算。

②“原材料”账户。

性质：资产类账户。

核算内容：核算物流企业采购材料的实际成本。

结构：借方登记入库原材料的成本，贷方登记领用原材料的成本，余额一般在借方，表示库存原材料的成本。

明细分类账设置：应按原材料的种类、品种、规格设置明细分类账进行明细核算。

③“应付账款”账户。

性质：负债类账户。

核算内容：核算和监督企业因购买材料、商品和接受劳务供应等而应付给供应单位的款项。

结构：贷方登记因购买材料、商品和接受劳务供应等而发生的应付未付的款项；借方登记偿还的应付款项；余额在贷方，表示尚未偿还的应付款项。

明细分类账设置：本账户按应付款单位设置明细分类账，进行明细分类核算。

④“应付票据”账户。

性质：负债类账户。

核算内容：核算和监督企业因购买材料、商品和接受劳务供应等而开出、尚未承兑的商业汇票，包括银行承兑汇票和商业承兑汇票。

结构：贷方登记开出、承兑的商业汇票；借方登记到期兑付或转出的商业汇票；余额在贷方，表示尚未到期的商业汇票。

明细分类账设置：企业应设置“应付票据备查簿”，详细登记每一应付票据的种类、号数、签发日期、到期日等相关资料。应付票据到期结清时，应当在备查簿内逐笔注销。

⑤“预付账款”账户。

性质：资产类账户。

核算内容：核算和监督企业因购买材料、商品或接受劳务按购货合同的规定预付给供应单位的款项。

结构：借方登记因购货而预付或补付给供应单位的款项，贷方登记所购材料、商品或接受劳务供应的金额及退回多付的款项，期末余额在借方表示企业实际预付的款项，期末余额在贷方表示企业尚未支付的款项。

明细分类账设置：按预付款单位设置明细分类账，进行明细分类核算。

2. 领用营运燃料的账务处理

在现代物流企业中，燃料是物流企业运输过程中消耗量最大的一种材料。因而加强燃料的核算与管理，对降低物流企业的消耗，提高经济效益极为重要。

燃料按用途进行分类，可分为营运耗用燃料和非营运耗用燃料两种。

营运耗用燃料是指营运车辆在营业过程中直接耗用的燃料。非营运耗用燃料是指非营运车辆耗用的燃料和营运车辆在保修、试车过程中耗用的燃料。非营运耗用燃料其核算程序和核算方法与一般材料耗用的程序和方法相同，故在此不再专门介绍，在此主要介绍营运耗用燃料的核算和管理。

（1）燃料的管理

营运耗用燃料的管理分为车存燃料管理和车耗燃料管理两方面。

①车存燃料管理。车存燃料是指营运车辆投产后，接受任务出车前储存于车辆油箱内的燃料。车存燃料的管理方法有两种，即满油箱制和实地盘存制。

满油箱制是指投入运营的车（船），在每次加油时必须充满油箱。月末根据领油凭证计算出车（船）耗用数额从而考核车（船）的耗用情况。

实地盘存制是指每辆投入运营的车（船）根据实际需要领料加油，月末经过盘存油箱的实存数量后，计算出当月实际耗油数量。

②车耗燃料管理。车耗燃料的管理可采用定额油票、行车路单套写领油收据、行车路单贴附燃料领用凭证，以及行车路单领油记录和行车燃料领发记录表等方法。

- 定额油票。印有固定数额的领油凭证。由车队按月发给驾驶员，月末收回未用部分。车辆领油时，由驾驶员将油票交给油库发油人，作为油库结算发出燃料和与加油单位进行结算的依据。月末根据发出的定额油票数额扣去收回定额油票数额，作为车耗燃料的数额。这种方法方便驾驶员在本物流企业或本企业约定的其他单位油库加油，但每次加油不一定加满油箱，因此实行满油箱制的企业不宜采用。

- 行车路单套写领油收据。指在行车路单中固定印制两联套写领油收据。车辆领油时，由发油人把领油数量套写在路单的收据上，一联留在路单上作为车耗燃料的依据；另一联则撕下，作为油库发出燃料的依据。这种方式可在行车路单中约定的任何油库加油。此种方式不论企业是否实行满油箱制均可使用。

- 行车路单贴附燃料领用凭证。指采用专门印制的一式三联的燃料领用凭证。领油时，由发油人填制。其中一联留油库作为发出燃料的凭证，一联寄回车队作为油库与企业结算油款的依据，一联贴附在行车路单上作为车耗燃料的依据。此种方式不论企业是否实行满油箱制均可使用。

- 行车路单领油记录和行车燃料领发记录表。行车路单领油记录是指车辆领油时，由驾驶员将行车路单交给发油人，由发油人在路单中的领油记录栏填写数量并签字。行车燃料领发记录表是指车辆领油时，由发油人在油库设置的“行车燃料领发登记表”

中填写领油数量，并交给驾驶员签章。通过上述两方记录，保证了发油数量的正确性。此种方法比较简便，适用于在物流企业内部加油或联油企业加油并实行满油箱制的企业。

（2）领用燃料的账务处理

物流企业若实行满油箱制，在月初、月末充满油箱的情况下，车辆当月加油的累计数就是当月燃料实耗数量；若采用行车路单方式核算油耗，根据行车路单领油记录核实的油库燃料领发登记表，可结算出当月的燃料实耗数。物流企业若采用盘存制，本月行车耗用燃料数应根据下列公式计算求得：

本月行车实耗燃料数量 = 月初车存燃料数量 + 本月领用燃料数量 - 月末车存燃料数量

根据耗用燃料的价款、用途，以及上述方法计算出的耗用燃料数量，可进行相应账务处理：借记“主营业务成本——运输支出”（运输耗用）、“其他业务成本”（销售）、“管理费用”（管理部门耗用）等账户，贷记“原材料——燃料”。

①若物流企业车队对燃料核算采用盘存制，其相关的业务处理如下：

外购燃料时：

借：原材料——燃料（库存）

　　应交税费——应交增值税（进项税额）

　　贷：银行存款

领用时：

借：原材料——燃料（车存）

　　贷：原材料——燃料（库存）

实际耗用时：

借：主营业务成本

　　贷：原材料——燃料（车存）

②若物流企业车队对燃料不采用盘存制，其相关的业务处理如下：

外购燃料时：

借：原材料——燃料

　　应交税费——应交增值税（进项税额）

　　贷：银行存款

实际耗用时：

借：主营业务成本

　　贷：原材料——燃料

【案例 2. 11】宏生物流有限责任公司车队燃料实行满油箱制，20 ×4 年 2 月，燃料发出形成的汇总表如表 2. 13 所示。

表 2.13　　燃料发出汇总表

20×4 年 2 月　　单位：元

领用单位或用途	实际成本
货运一队	80 000
货运二队	90 000
公司交通车队	6 000
对外销售	14 000

【案例分析与账务处理】若该物流企业车队对燃料不采用盘存制，发出燃料时，直接减少“原材料——燃料”，若该物流企业车队对燃料采用盘存制，发出燃料时，由“库存”变成“车存”。

①根据燃料发出汇总表，若该物流企业车队对燃料不采用盘存制，其账务处理如下：

借：主营业务成本——运输支出——货运一队　　80 000
　　　　　　　　　　　　　　——货运二队　　90 000
　　管理费用　　6 000
　　其他业务成本　　14 000
　　贷：原材料——燃料　　190 000

②根据燃料发出汇总表，若该物流企业车队对燃料采用盘存制，其账务处理如下：

借：原材料——燃料（一队车存）　　80 000
　　原材料——燃料（二队车存）　　90 000
　　管理费用　　6 000
　　其他业务成本　　14 000
　　贷：原材料——燃料（库存）　　190 000

【案例总结】

物流企业为了核算车存燃料和车耗燃料的耗用及结存情况，除了在原材料账户下设置“原材料——燃料”明细账户，还需设置如下三个账户：

①“主营业务成本”账户。

性质：损益类账户。

核算内容：核算物流企业因提供物流服务等主营业务而发生的成本。

结构：借方登记发生的主营业务成本，贷方登记会计期末转入本年利润的数额，结转后本账户期末无余额。

明细分类账设置：本账户应按提供的物流服务种类设置明细分类账进行明细分类核算。

②“其他业务成本”账户。

性质：损益类账户。

核算内容：核算物流企业除主营业务以外的其他业务发生的成本，包括出售材料的成本、出租固定资产的折旧、无形资产摊销成本、出租包装物的成本或摊销额等。

结构：借方登记因其他业务发生的成本，贷方登记会计期末转入本年利润的数额，结转后本账户期末无余额。

明细分类账设置：本账户应按其他业务的种类设置明细分类账进行明细核算。

③“管理费用”账户。

性质：损益类账户。

核算内容：核算物流企业为组织管理企业经营活动所发生的各种费用，包括公司管理部门人员的职工薪酬、办公费、差旅费及管理部门的折旧费等。

结构：借方登记管理费用的发生数，贷方登记会计期末转入本年利润的数额，结转后本账户期末无余额。

明细分类账设置：本账户按管理费用的项目设置明细分类账项目进行明细核算。

3. 领用营运轮胎的账务处理

轮胎是物流企业营运车辆的重要组成部分，轮胎的寿命、维修技术水平的高低，直接关系到物流企业车辆的安全行驶、运输成本的高低。因此物流企业应加强轮胎的管理与核算。

由于轮胎的价值较高，数量较多，价值周转方式也特殊，因而要专设“原材料——轮胎”账户进行核算。

由于轮胎购入的核算与原材料相同，故在此不再重述。下面仅就轮胎的领用、发出的账务处理进行介绍。

物流企业在营运过程中，对于轮胎的领用、发出，可采用以下两种方法进行核算：

①一次摊销法。它是指轮胎在领用时一次全额摊销其全部价值的方法。如果采用一次摊销法核算，只需设置“原材料——轮胎”账户即可。领用时，借记“主营业务成本——运输支出”账户，贷记“原材料——轮胎”账户；报废轮胎退库时按其残值，借记“原材料——轮胎”账户，贷记“主营业务成本——运输支出”账户；发生轮胎翻新费用，借记“主营业务成本——运输支出”账户，贷记“银行存款”等账户。

【案例2.12】宏生物流有限责任公司一车队对于领用的轮胎采用一次推销法。本月领用新轮胎成本为8 000元。其账务处理如下：

【案例分析与账务处理】该物流公司对于轮胎的核算采用了一次摊销法，因此领用新轮胎时，将其价值一次记入“主营业务成本”账户。其业务处理如下：

借：主营业务成本——运输支出（一车队）　　8 000

　　贷：原材料——轮胎　　8 000

②按行驶里程摊提轮胎费用。此种方法是在新车开始运行后，按外胎实际行驶里程与预计行驶总里程的比例计算本会计期间摊销轮胎费用的一种方法。其相关计算公式如下：

$$外胎摊提率=\frac{外胎成本-预计残值}{预计行驶总里程}\times 1\ 000$$

某厂牌车辆外胎摊提额（元）=［（该厂牌车辆车千米×车装胎数）/1 000］×外胎摊提率

上述公式中，外胎摊提率以元/千胎·千米为单位。其相关的业务处理如下：

采用外胎行驶里程摊提法进行外胎核算时，设置“原材料——轮胎——库存”“原材料——轮胎——在用”和“原材料——轮胎——摊销”三个明细账户。购入外胎时，借记“原材料——轮胎——库存”“应交税费——应交增值税（进项税额）”账户，贷记“银行存款”账户；领用时，借记“原材料——轮胎——在用”账户，贷记“原材料——轮胎——库存”账户；按行驶里程摊销时，借记“主营业务成本——运输支出”账户，贷记“原材料——轮胎——摊销”账户。轮胎报废验收入库时，借记“原材料——其他材料”“原材料——轮胎——摊销”等账户，贷记“原材料——轮胎——在用”账户，摊销与报废外胎形成的差额借或贷记“主营业务成本——运输支出”账户。

【案例2.13】宏生物流有限责任公司新购入桦林195/55/R16 85V型号外胎每只成本900元，残值45元，每只外胎预计可行驶里程定额为90 000千米，计算该外胎的摊提率。

【案例分析与账务处理】计算时，注意是千胎·千米，不考虑外胎翻新的情况，则：

$$外胎摊提率=\frac{外胎成本-预计残值}{预计行驶总里程}\times 1\ 000$$

$$=(900-45)/90\ 000\times 1\ 000=9.5\text{（元/千胎·千米）}$$

【案例2.14】宏生物流有限责任公司20×4年2月发生如下经济业务：用银行存款购入轮胎50条，增值税发票注明，该轮胎的不含税单价为950元，增值税税率为13%，领用轮胎10条，外胎摊提率为6.00元/千胎·千米，本月该轮胎行驶20 000千米，其中领用轮胎有5条报废，已摊销4 500元，收回残料200元，完成相关的账务处理。

【案例分析与账务处理】该企业轮胎费用采用的是按行驶里程摊提法，注意轮胎（库存、在用和摊销）的明细账户使用。

购入轮胎：

借：原材料——轮胎——库存　　47 500
　　应交税费——应交增值税（进项税额）　　6 175
　　贷：银行存款　　53 675

领用轮胎：

借：原材料——轮胎——在用　　9 500
　　贷：原材料——轮胎——库存　　9 500

计提摊提额：

外胎摊提额（元）=［（该厂牌车辆车千米×车装胎数）/1 000］×外胎摊提率

=20 000/1 000×6=120（元）

借：主营业务成本——运输支出　　120
　　贷：原材料——轮胎——摊销　　120

轮胎报废：

借：原材料——废胎　　200
　　主营业务成本——运输支出　　50
　　原材料——轮胎——摊销　　4 500
　　贷：原材料——轮胎——在用　　4 750

【案例总结】领用轮胎的业务处理，一定要注意企业轮胎领用和发出的方法是一次摊销法，还是按行驶里程摊销法。如果是一次摊销法，其业务处理：借记“主营业务成本”等相关账户，贷记“原材料——轮胎”。如果是按行驶里程摊销法，其业务处理：购胎时，借记“原材料——轮胎——在库”“应交税费——应交增值税（进项税额）”，贷记“银行存款”等；如果领用，借记“原材料——轮胎——在用”，贷记“原材料——轮胎——在库”；记提摊提费时，借记“主营业务成本——运输支出”，贷记“原材料——轮胎——摊销”；轮胎报废时，借记“原材料——废胎”“主营业务成本——运输支出”“原材料——轮胎——摊销”，贷记“原材料——轮胎——在用”。

任务训练7：通过“采购及领用原材料的账务处理”教学行动，请按要求在10分钟的时间内完成申恒物流公司20×4年3月有关业务会计分录的编写工作。

（1）5日购入修理用材料一批，不含税买价为20 000元，增值税税率为13%，以支票支付，材料验收入库。

（2）8日购入前转动轴40根，每根不含税单价为250元，增值税税率为13%，开出6个月期限的商业汇票一张，材料验收入库。

（3）10日向外地购入后转动轴40根，每根不含税单价220元，增值税税率为13%；途中运费不含税价格为300元，增值税税率为9%，货款尚未支付，后转动轴在途中尚未入库。

（4）15日向外地购入的后转动轴入库。

（5）20日货运一队领用修理用材料8 000元，货运二队领用修理用材料10 000元。

（6）30日公司购入A燃料，不含税价格为80 000元，增值税税率为13%；A燃料采取满油箱制，当月货运一队领用20 000元，货运二队领用30 000元，公司管理部门领用5 000元，对外销售8 000元。请写出采购和领用的会计分录。

（7）30日公司B燃料采取盘存制。上月末货运一队存油7 000升，二队存油9 000升。月末盘点：货运一队存油4 000升，货运二队存油10 000升，本月货运一队、货运二队、对外销售、公司管理部门分别领用40 000升、50 000升、3 000升、2 000升，燃料成本为7元/升。请写出领用的会计分录。

（8）30日用银行存款购入轮胎40条，增值税发票注明该轮胎的不含税单价为950元，增值税税率为13%，领用轮胎10条，轮胎费用摊提率为6.00元/千胎·千米，本月该轮胎行驶20 000千米，其中领用轮胎有5条报废，已摊销4 500元，收回残料200元。请完成购入、领用、计提、报废的账务处理。

2.3.4 周转材料领用的账务处理

周转材料是指使用期限较短、单位价值较低，能多次使用而不改变其原有实物形态的各种用具和物品。它与固定资产一样，也属于劳动资料，但其价值较低、使用期限较短、容易损坏，在管理与核算上通常作为存货。

1. 包装物领用的账务处理

包装物是指物流企业在经营过程中为包装物品而储备的各种包装容器，如桶、箱、瓶、坛、袋等。包装费可能发生在不同的物流环节，具体包括：

（1）与包装收入配比单独计价的包装物；

（2）与包装收入不能配比不收取费用的包装物；

（3）直接出售的包装物。

物流企业购入包装物，可以按照材料购入的有关方法进行账务处理。其领用的账务处理主要取决于包装物领用用途。

【案例2.15】宏生物流有限责任公司20×4年2月发生如下有关包装物领用的交易和事项：

（1）为保证运输货物的安全，领用单独计价的包装物纸箱120个，共计2 400元；

（2）对商品进行运输前分类包装和运输包装，领取包装材料2 500元，该包装材料不收取任何费用；

（3）向顾客出售包装材料的不含税收入为2 000元，增值税税率为13%，包装材料的成本为1 500元。包装材料价款存入银行。

【案例分析与账务处理】

①包装费用的发生与取得的包装收入相关联，其包装费用应记入“主营业务成本”账户。

借：主营业务成本——运输支出（包装费）　2 400

　　贷：周转材料——包装箱　　2 400

②由于该公司的包装材料不向客户收取费用，其包装费应记入“销售费用”。

借：销售费用——包装费　2 500

　　贷：周转材料——包装箱　2 500

③单独出售的包装材料，收入记入“其他业务收入”，成本记入“其他业务成本”。

借：其他业务成本——包装材料　1 500

　　贷：周转材料——包装箱　　1 500

同时：

借：银行存款　　　　　　　　　　　　　　2 260

　　贷：其他业务收入　　　　　　　　　　　　2 000

　　　　应交税费——应交增值税（销项税额）　260

【案例总结】

物流企业为了核算包装材料的使用及结存情况，还需设置以下三个账户：

①“周转材料——包装材料”账户。

性质：资产类账户。

核算内容：核算物流企业包装材料的采购、领用及结存情况。

结构：借方登记包装材料的购入入库数额，贷方登记包装材料的领用情况，期末余额在借方，表示包装材料的库存情况。

明细分类账设置：本账户按库存包装材料的种类设置明细分类账。

②“销售费用”账户。

性质：损益类账户。

核算内容：核算物流企业在提供物流服务过程中发生的各项销售费用。

结构：借方登记销售费用的发生数，贷方登记期末将销售费用的发生数全额转入“本年利润”的数额，结转后该账户无余额。

明细分类账设置：该账户应按销售费用的项目设明细分类账进行明细分类核算。

③“其他业务收入”账户。

性质：损益类账户。

核算内容：核算和监督企业除主营业务收入以外的其他业务取得的收入，如包装材料的销售收入，固定资产、无形资产的出租收入等。

结构：贷方登记企业取得的“其他业务收入”；借方登记转入“本年利润”账户的数额；本账户期末结转后无余额。

明细分类账设置：本账户应按其他业务的种类设置明细账户，进行明细分类核算。

2. 低值易耗品领用的账务处理

（1）低值易耗品分类

低值易耗品是指单位价值较低，使用年限较短，不能作为固定资产管理的各种用具。

根据其用途不同，将低值易耗品分为以下几类：

①一般用具，指物流各部门用的工具、模具、卡具、刀具和装备工具等；

②修理用工具，指物流企业进行汽车保养、修理用的专用工具和简易设备等；

③随车附属品，指物流企业随车携带的物品，如篷布、绳索、千斤顶、防滑链条及其他工具等；

④劳动保护用品，指为了安全生产发给工人作为劳动保护用的工作服、工作鞋和各种

防护用品等；

⑤管理用具，指管理工作中使用的各种家具、器具、自行车、打印机、办公用具等；

⑥其他指不属于以上各类的低值易耗品。

（2）低值易耗品摊销方法及账务处理

低值易耗品的核算同材料一致，物流企业购入并已验收入库的低值易耗品可以按照材料购入的有关方法进行账务处理。下面主要介绍低值易耗品领用的账务处理。

低值易耗品被领用后，其摊销方法主要有一次摊销法和五五摊销法。

①一次摊销法。一次摊销法是指低值易耗品在领用时，将其价值一次全部记入当期费用（成本）的一种摊销方法。

如果企业低值易耗品的核算采用的是一次摊销法，其周转材料明细分类账只需设置“周转材料——低值易耗品（××物品）”。

领用时按其用途将其价值全部计入有关的成本、费用账户，即借记“主营业务成本——运输支出”“主营业务成本——装卸支出”“主营业务成本——堆存支出”“管理费用”“其他业务成本”等账户，贷记“周转材料——低值易耗品（××物品）”等账户。

报废时，将低值易耗品的残料价值冲减当月因领用低值易耗品而发生的成本、费用，即借记“原材料”等账户，贷记“主营业务成本——运输支出”“主营业务成本——装卸支出”“主营业务成本——堆存支出”“管理费用”“其他业务成本”等账户。

此种方法简便易行，但成本、费用负担不均衡，且由于摊销时就注销其账面价值，成为账外财产，不利于实物的管理与控制，容易丢失。因此此种方法仅适用于价值低廉的低值易耗品的摊销。

【案例2.16】 宏生物流有限责任公司20×4年2月货运车队领用工具一批，其成本为1 000元，使用3个月后报废，残料价值80元。采用一次摊销法摊销。其账务处理如下：

【案例分析与账务处理】

领用工具时，将低值易耗品的价值按其领用的具体情况，全部转入“主营业务成本”等账户。

借：主营业务成本——运输支出　　　　1 000

　　贷：周转材料——低值易耗品——工具　　　　1 000

工具报废时，直接冲减相关账户。

借：原材料——废料　　　　80

　　贷：主营业务成本——运输支出　　　　80

②五五摊销法。五五摊销法是指低值易耗品在领用时摊销其价值的一半，在报废时再摊销其价值的另一半并注销其成本的一种摊销方法。此方法适用于价值较大、管理上有较高要求的低值易耗品摊销的核算。

领用低值易耗品时，借记“周转材料——低值易耗品——在用”账户，贷记“周转材料——低值易耗品——在库”账户；同时按其领用用途摊销其价值的一半，借记“主营业务成本——运输支出”“主营业务成本——装卸支出”“主营业务成本——堆存支出”“管理费用”“其他业务成本”等账户，贷记“周转材料——低值易耗品——摊销”等账户。

低值易耗品报废收回残料时，借记“原材料”“银行存款”等账户，贷记“主营业务成本——运输支出”“主营业务成本——装卸支出”“主营业务成本——堆存支出”“管理费用”“其他业务成本”等账户；同时摊销其剩余的50%，借记“主营业务成本——运输支出”“主营业务成本——装卸支出”“主营业务成本——堆存支出”“管理费用”“其他业务成本”等账户，贷记“周转材料——低值易耗品——摊销”等账户；并转销已摊销额，借记“周转材料——低值易耗品——摊销”账户，贷记“周转材料——低值易耗品——在用”账户。

【案例2.17】宏生物流有限责任公司20×4年2月装卸队从仓库领用手推车一辆，价值3 000元，采用五五摊销法摊销，使用6个月后报废，报废时收回残料100元入库。其相关的账务处理如下：

【案例分析与账务处理】

领用低值易耗品时将低值易耗品由“在库”转为“在用”，同时摊销其价值的一半。

借：周转材料——低值易耗品——在用　　3 000

　　贷：周转材料——低值易耗品——在库　　3 000

同时摊销其一半的价值：

借：主营业务成本——装卸支出　　1 500

　　贷：周转材料——低值易耗品——摊销　　1 500

低值易耗品报废时，再摊销另外的一半价值，并将手推车报废时的残料金额记入原材料账户，同时冲销相关的成本费用账户。

借：主营业务成本——装卸支出　　1 500

　　贷：周转材料——低值易耗品——摊销　　1 500

同时转销已摊销额：

借：周转材料——低值易耗品——摊销　　3 000

　　贷：周转材料——低值易耗品——在用　　3 000

收回残料时：

借：原材料——残料　　100

　　贷：主营业务成本——装卸支出　　100

（3）发生修理费的账务处理

物流企业的低值易耗品修理时发生的修理费，应根据被修理低值易耗品的使用部门记入相应的账户。

借：主营业务成本——运输支出

——装卸支出

——堆存支出

管理费用

其他业务成本

应交税费——应交增值税（进项税额）

贷：银行存款

(4) 出租时的账务处理

物流企业低值易耗品出租收取的租金收入：

借：银行存款等账户

贷：其他业务收入

应交税费——应交增值税（销项税额）

低值易耗品的摊销记入“其他业务成本”账户。

借：其他业务成本

贷：周转材料——低值易耗品

收取的押金记入“其他应付款”账户。

借：银行存款

贷：其他应付款

【案例总结】

物流企业为了核算低值易耗品的使用及结存情况，还需设置以下三个账户：

①“周转材料——低值易耗品”账户。

性质：资产类账户。

核算内容：核算物流企业低值易耗品的采购、领用及结存情况。

结构：借方登记低值易耗品的采购、在库、在用的增加数，贷方登记低值易耗品的领用、摊销及在用、在库的减少数，期末余额在借方，表示低值易耗品的库存、在库、在用情况。

明细分类账设置：本账户如果采用一次摊销法，按库存低值易耗品名称设置明细分类账。如果采用五五摊销法，除按低值易耗品的名称设置明细分类账外，还要按在库、在用和摊销设置明细分类账。

②“其他应付款”账户。

性质：负债类账户。

核算内容：核算企业应付、暂收其他单位或个人的款项，如应付租入固定资产和包装物的租金，存入保证金，应付、暂收所属单位、个人的款项，以及应收、暂付上级单位、所属单位的款项。

结构：借方登记其他应付款的减少数，即偿还数，贷方登记其他应付款的增加数，期末余额一般在贷方，表示应付未付的其他应付款数额。

明细分类账设置：按应付款单位设置明细分类账。

③“管理费用”账户。

性质：损益类账户。

核算内容：核算物流企业为组织和管理生产经营活动而发生的各种管理费用。

结构：借方登记管理费用的发生数，贷方登记期末将管理费用的发生数全额转入“本年利润”账户的数额，结转后该账户无余额。

明细分类账设置：该账户应按管理费用的项目设置明细分类账进行明细分类核算。

任务训练8：通过“周转材料领用的账务处理”教学行动，请按要求在10分钟的时间内完成申恒物流公司20×4年3月有关业务会计分录的编写工作。

(1) 为保证货物运输安全，领用单独计价的包装物纸箱240个，共计4 800元。

(2) 对商品进行运输前分类包装和运输包装，领取包装材料3 500元，该包装材料不收取任何费用。

(3) 向顾客出售包装材料获得不含税收入3 000元，增值税税率为13%，包装材料的成本为2 300元。获得的收入存入银行。

(4) 10日，一车队领用小型工具一批，成本500元，因单位价值较低，采用一次摊销法摊销。

(5) 15日，二车队领用专用仪器仪表80套，成本4 000元，因单位价值较大，采用五五摊销法核算。

(6) 20日，厂部领用仪器仪表一批，成本4 800元，采用五五摊销法核算。

(7) 28日，车队将领用的专用仪器仪表一批8套报废，出售残料收回现金100元。

2.3.5 运输、仓储、装卸、配送及期间费用的账务处理

1. 运输业务的账务处理

运输业务是指物流企业运用设备和工具将物品从一地向另一地运送的物流活动。运输业务是现代物流系统中的核心业务。物流部门通过运输实现了物资由供应地向需求地的转移，使商品实现其使用价值，从而满足社会的需要。物流企业在经营中，无论是获取原材料，还是销售产品，都离不开运输。如果没有运输，商品交换就难以实现。

物流企业运输的方式很多，主要包括铁路运输、公路运输、水路运输、航空运输和管道运输等方式。

(1) 运输成本的构成

运输成本是指运输企业为完成特定货物位移而消耗的物化劳动和活劳动的货币表现，

具体包括：

①直接人工。支付给营运车辆司机和助手（包括所驾车辆保养和修理期间）的工资、工资性津贴、生产性奖金，以及福利费等。

②直接材料。营运过程中所耗用的各种燃料和营运车辆所耗用的车胎、垫带、轮胎翻新和零星修补等费用。

③其他直接费用。包括车辆保修部门发生的保养修理费、折旧费、养路费和其他费用（车管费、行车事故损失费、车辆牌照和检验费、保险费、车船使用税、洗车费、过桥费、轮渡费、司机途中住宿费、行车杂费等）。

④营运间接费用。物流企业所属运营单位，如分公司、车站等基层运营单位为组织与管理营运过程所发生的不能直接记入成本核算对象的各种间接费用，包括这些部门发生的工资、福利费、折旧费、低值易耗品摊销、取暖费、水电费、办公费、差旅费、保险费、劳动保护费和其他费用。但不包括应由各类成本负担的管理费用和营业费用，也不包括企业行政管理部门发生的费用。

（2）运输成本的归集和分配

①直接人工费用的归集和分配。

运输企业支付给职工的工资总额，包括各种工资、奖金、津贴、福利等，应按其用途和发生部门进行归集和分配。其中营运车辆司机和助手的工资，应记入“主营业务成本——运输支出”账户及有关明细分类账；辅助生产部门（如车辆保修部门）人员工资，应记入“主营业务成本——辅助运营费用”账户；运输分公司、车站、车场等基层营运单位管理人员工资，应记入“制造费用”账户及有关明细分类账；企业行政管理人员工资，应记入“管理费用”账户及有关明细分类账。

营运车辆司机和助手的工资，凡有固定车辆的可直接将其计入各自成本对象的成本中；凡没有固定车辆的，则需按一定的标准，分配计入各成本计算对象的成本中。分配标准主要按营运货物吨位或按营运车日（又称总车日）两种，但物流企业一般按营运车日计算分配。其计算公式如下：

$$每一车日的工资分配额=\frac{应分配的司机及助手工资总额}{营运车日}$$

$$某营运车辆应分配的工资额=每一车日的工资分配额\times该营运车辆总车日$$

在实际工作中，企业应于月末根据“工资结算凭证汇总表”，按职工所在部门编制“工资费用分配表”，将工资分配计入有关成本费用。

【案例2.18】宏生物流有限责任公司下设车站、货运一队、货运二队及保养场等营运部门，运输成本核算由公司集中进行。该公司20×4年2月的工资费用的分配如表2.14所示。

表 2.14　　工资费用分配表

20×4 年 2 月　　单位：元

借方科目			职工薪酬
总账科目	明细科目		
主营业务成本	运输支出	货运一队	50 000
		货运二队	54 000
		小计	104 000
辅助营运费用	保养场		12 000
营运间接费用	车站、车队		18 000
管理费用	公司行政管理部门		30 000
合计			164 000

【案例分析与账务处理】

根据上述的工资费用分配表，编制的会计分录如下：

借：主营业务成本——运输支出——货运一队（职工薪酬）　50 000
　　　　　　　　　　　　　——货运二队（职工薪酬）　54 000
　　　　　　——辅助营运费用（职工薪酬）　12 000
　　制造费用——职工薪酬　18 000
　　管理费用——职工薪酬　30 000
　　贷：应付职工薪酬——工资　164 000

②燃料费用的归集和分配。

汽车运输的燃料主要包括柴油和汽油等，应按用途归集和分配。需要注意的是，燃料消耗要按实际耗用量计入成本费用。

【案例 2.19】 宏生物流有限责任公司对车存燃料采用盘存制管理方式，20×4 年 2 月汽油的“燃料耗用汇总表”如表 2.15 所示。

表 2.15　　燃料耗用汇总表

燃料名称：汽油　　20×4 年 2 月　　单位：升

领用单位	期初车存数量	本月入库数量	月末车存数量	本月耗用数量	单价（元/升）	本月耗用金额（元）
货运一队	2 500	4 800	1 800	5 500	5	27 500
货运二队	2 300	4 500	2 200	4 600	5	23 000
保养场	—	500	100	400	5	2 000
车站、车队	600	1 200	400	1 400	5	7 000
公司本部	300	800	500	600	5	3 000
合计	5 700	11 800	5 000	12 500	—	62 500

【案例分析与账务处理】

根据表 2.25 编制的会计分录如下：

借：主营业务成本——运输支出——货运一队（燃料） 27 500

——货运二队（燃料） 23 000

——辅助营运费用——燃料 2 000

制造费用——燃料 7 000

管理费用——燃料 3 000

贷：原材料——燃料 62 500

③轮胎费用的归集和分配。

对于汽车轮胎，由于价值较高，更换频繁，所以，除管理部门的车用轮胎在领用时一般按实际领用数计入成本费用外，营运车辆的轮胎在领用时，可根据轮胎的核算方法，采用一次摊销法、行驶里程摊销法等，计算本月应分摊的轮胎费用。

【案例 2.20】宏生物流有限责任公司对于车队领用的轮胎按行驶里程摊销。20×4 年 2 月，根据胎卡记录、摊提率等有关资料，编制的轮胎行驶及报废情况汇总表如表 2.16 所示。

表 2.16 **轮胎行驶及报废情况汇总表**

20×4 年 2 月 单位：元

领用情况 领用部门	轮胎行驶情况				轮胎报废情况			
	行驶千车千米	每车轮胎数量（个）	千胎·千米摊提额	摊提总额	报废轮胎数量（个）	每个已摊销额	每个收回残料价值（银行存款）	每个轮胎成本
货运一队	1 000	6	9.5	57 000	6	7 500	200	8 250
货运二队	2 000	6	9.5	114 000	—	—	—	—
小计	—	—	—	171 000	—	—	—	—
车站、车队	100	4	9.5	3 800	4	4 500	150	5 000
公司本部	200	4	9.5	7 600	—	—	—	—
合计	—	—	—	182 400	—	—	—	—

【案例分析与账务处理】

根据轮胎行驶情况，轮胎的摊提总额＝行驶千车千米×每车轮胎数量×千胎·千米摊提额，其账务处理如下：

借：主营业务成本——运输支出——货运一队 57 000

——货运二队 114 000

制造费用——运输　　3 800

管理费用　　7 600

贷：原材料——轮胎——摊销　　182 400

根据轮胎报废情况，在用轮胎金额 = Σ（每个轮胎成本 × 报废轮胎数量），主营业务成本 = 在用轮胎总金额 − 已摊销总额 − 已收的残值总额，制造费用亦如此。其账务处理如下：

借：银行存款　　1 800

原材料——轮胎——已摊销　　63 000

主营业务成本——运输支出——货运一队　　3 300

制造费用——车队　　1 400

贷：原材料——轮胎——在用　　69 500

④固定资产增加和计提折旧的账务处理。

物流企业固定资产的增加的会计处理，类似原材料增加的会计处理。计提固定资产折旧，可以采用工作量法、平均年限法、双倍余额递减法、年数总和法等方法，根据固定资产期初余额（当月增加的固定资产不提折旧，当月减少的固定资产当月照提折旧）做基数计提折旧。其相关的账务处理：借记“主营业务成本”“制造费用”“管理费用”等账户，贷记“累计折旧”账户。

【案例 2.21】宏生物流有限责任公司 20×4 年 2 月有关固定资产发生了如下业务：

当月货运一队从美远汽车销售公司购入长途运输车一辆，增值税发票列示不含税价格为 150 000 元，增值税为 19 500 元，款暂欠。另附企业 2 月初“固定资产折旧计算表”，如表 2.17 所示。请完成固定资产增加和计提折旧的账务处理。

表 2.17　固定资产折旧计算表

20×4 年 2 月　　单位：元

使用部门	本月计提折旧额				合计
	营运车辆	非营运车辆	机器设备	房屋及建筑物	
货运一队	55 000	—	—	—	55 000
货运二队	51 000	—	—	—	51 000
保养场	—	800	3 000	800	4 600
车站、车队	—	900	500	1 500	2 900
公司本部	—	2 100	3 600	3 200	8 900
合计	106 000	3 800	7 100	5 500	122 400

【案例分析与账务处理】

①固定资产采购增加的核算同原材料增加的核算。即根据增值税发票的不含税价格借

记“固定资产”账户；根据增值税发票的税款，借记“应交税费——应交增值税（进项税额）”；根据货款的结算方式和价款，贷记“银行存款”“应付票据”或“应付账款”等账户。该企业根据购置固定资产的发票及固定资产验收单，其账务处理如下：

借：固定资产——运输车辆　　150 000

　　应交税费——应交增值税（进项税额）　　19 500

　　贷：应付账款——美远汽车销售公司　　169 500

②根据选用的固定资产折旧方法计算出的折旧额，分别按固定资产的所属部门记入相关的账户。根据表 2. 17 的账务处理如下：

借：主营业务成本——运输支出——货运一队（折旧费）　　55 000

　　——货运二队（折旧费）　　51 000

　　——辅助营运费用（折旧费）　　4 600

　　制造费用——运输　　2 900

　　管理费用　　8 900

　　贷：累计折旧　　122 400

需要注意的是，对于材料费用、保修费用、大修理费用、运输管理费用、公路运输管理费、车辆保险费用、其他费用的归集和分配，均按上述方法进行归集，即按受益对象：借记“主营业务成本——运输支出”“制造费用”“管理费用”等账户，贷记“银行存款”等账户。

⑤辅助营运费用的账务处理。

辅助营运费用，主要是指为本企业车辆、装卸机械进行保养修理而设置的保养场或保修车间在提供劳务对所发生的各项费用。

辅助营运费用的归集和分配是通过“主营业务成本——辅助营运费用”账户进行的。通过上述费用的归集，将相关的费用分别记入“制造费用”“主营业务成本（各明细账户）”等账户的借方，然后再将归集的“辅助营运费用”按受益对象分别转入相关的成本和费用，最后再将归集的“制造费用”全部转给各受益单位。

【案例 2. 22】宏生物流有限责任公司 20 ×4 年 2 月“辅助营运费用”明细账户归集的本月辅助营运费用为 32 000 元，按修理工时的比例进行分配，本月保养场的修理总工时为 800 工时，其中货运一队耗用 500 工时，货运二队耗用 300 工时。

【案例分析与账务处理】辅助营运费用的分配如下：

分配率 =32 000/（500 +300） =40（元/工时）

货运一队负担额 =500 ×40 =20 000 元

货运二队负担额 =300 ×40 =12 000 元

其账务处理如下：

借：主营业务成本——运输支出——货运一队（保修费）20 000

——货运二队（保修费）12 000

贷：主营业务成本——辅助营运费用 32 000

⑥营运间接费用的归集和分配。

营运间接费用是指物流运输公司所属的基层营运单位（车队、车站、车场）为组织和管理营运生产过程所发生的不能直接计入成本核算对象的各种间接费用。营运间接费用是通过“制造费用”账户进行归集和分配的。月末，应将归集在该账户下的费用分配转给各成本核算对象。分配时，车队经费可以直接计入车队运输成本；车站经费、车场费用按照车队营运车日比例分配计入车队运输成本。

【案例2.23】 宏生物流有限责任公司20×4年2月“制造费用——运输”账户的余额为24 000元，按营运车日比例分配该费用。本月营运车日为2 000日，其中货运一队1 200日，货运二队800日。要求进行制造费用的分配。

【案例分析与账务处理】 制造费用分配如下：

分配率＝24 000/2 000＝12（元/车日）

货运一队负担额＝1 200×12＝14 400元

货运二队负担额＝800×12＝9 600元

账务处理如下：

借：主营业务成本——运输支出——货运一队（制造费用） 14 400

——货运二队（制造费用） 9 600

贷：制造费用——运输 24 000

通过上述步骤计算出的运输总成本除以运输周转总量，便可计算出运输单位成本。

【案例总结】

物流企业为了核算运输成本，还需设置和注意以下账户的使用：

①“制造费用”账户。

性质：成本类账户。

核算内容：核算物流企业所属运营单位，如分公司、车站等基层营运单位为组织与管理营运活动所发生的不能直接计入成本计算对象的各种间接费用，包括这些部门发生的工资、福利费、折旧费、低值易耗品摊销、取暖费、水电费、办公费、差旅费、保险费、劳动保护费和其他费用。但不包括企业管理部门的管理费用。

结构：借方登记发生的营运间接费用，贷方登记按受益对象分配转出的营运间接费用。结转后该账户无余额。

明细分类账设置：企业应按分公司或车站设置明细分类账进行明细分类核算。

发生营运间接费用时，借记“制造费用——营运间接费用”账户，贷记“库存现金”“银行存款”“原材料”“应付职工薪酬”“累计折旧”等账户。月末，按受益对象分配当月发生的营运间接费用：借记“主营业务成本”“其他业务成本”等账户，贷记“制造费用”账户。

②“累计折旧”账户。

性质：资产的备抵账户。

核算内容：核算和监督企业固定资产累计折旧的计提情况。

结构：贷方登记计提的固定资产折旧金额；借方登记由于各种原因而转出的固定资产（如出售、报废、盘亏等）折旧的转销金额；余额在贷方，表示现有固定资产已计提的累计折旧额。

（3）运输收入的账务处理

物流企业从事运输服务，确认收入时，借记“应收账款”“银行存款”等账户，贷记“主营业务收入”“应交税费——应交增值税（销项税额）”账户。期末，将“主营业务收入”结转“本年利润”账户时，借记“主营业务收入”账户，贷记“本年利润”账户。

物流企业出租各种设备和无形资产、销售材料等业务确认收入时，借记“应收账款”“银行存款”等账户，贷记“其他业务收入”“应交税费——应交增值税（销项税额）”账户。期末，结转“本年利润”账户时，借记“其他业务收入”账户，贷记“本年利润”账户。

【案例 2.24】宏生物流有限责任公司为增值税一般纳税人，20×4 年 2 月发生如下交易或事项：

（1）2 月 1 日，确认不含税运输收入 81 000 元，增值税税率为 9%，款项尚未收回。

（2）2 月 28 日，收到出租货轮的本月不含税租金 8 500 元，增值税税率为 9%，款项已收存银行。

【案例分析与账务处理】

①对于提供运输服务，取得的收入记入“主营业务收入”账户，尚未收取的货款记入“应收账款”账户，其账务处理如下：

借：应收账款　　88 290

　　贷：主营业务收入——运输收入　　81 000

　　　　应交税费——应交增值税（销项税额）　　7 290

②对于出租业务，如果只出租货物，属于有形动产租赁，增值税税率为 9%。如果出租货物的同时还带有提供服务的人员，属于提供服务，属于“其他现代服务”增值税税率为 6%。本案例只出租货轮，属于出租有形动产，适用 9% 的增值税税率。其账务处理如下：

借：银行存款　　9 265

　　贷：其他业务收入　　8 500

　　　　应交税费——应交增值税（销项税额）　　765

【案例总结】

物流企业运输收入的核算，涉及的账户有三个，分别是“主营业务收入”“其他业务收入”“应交税费——应交增值税（销项税额）”。因前文已述，不再重述。

2. **仓储业务的账务处理**

仓储是保护、管理、储藏物品的行为或活动，是物流企业的主要功能之一。在物流中，运输承担了改变“物”的空间状态的重任；而仓储承担了改变“物”的时间状态的重任。在物流系统中，运输和仓储是并列的两大主要功能要素，是物流的两大支柱。物流企业仓储成本核算对象为企业经营的各种类型的仓库，如普通仓库、冷藏仓库、恒温仓库、特种危险品仓库等。仓储成本计算单位应以货物堆存量的计量单位为依据，通常以堆存吨天或堆存平方米天表示。堆存吨天是实际堆存货物的吨数与货物堆存天数的乘积。堆存平方米天是实际堆存货物的面积与堆存货物天数的乘积。由于仓储业务实质上是堆存货物，因此，仓储成本通常称为堆存成本。仓储成本由堆存直接费用和堆存间接费用构成。

堆存直接费用是指仓库因仓储、保管货物而发生的直接费用。具体包括工资、材料费、低值易耗品摊销、动力及照明费、折旧费、修理费、劳动保护费、事故损失、保险费和其他费用等。

堆存间接费用是指物流企业的仓储装卸、营运部或分公司为管理和组织仓储和装卸的营运活动所发生的管理费用和业务费用。使用的账户是“制造费用”。

（1）仓储成本归集和分配的账务处理

①堆存直接费用的账务处理。

物流企业对于堆存货物而发生的堆存直接费用，应根据“工资费用分配表”“耗用材料汇总表”“固定资产折旧费用计算表”等有效单据和凭证，直接计入所属的仓库或者库区的成本。即借记“主营业务成本——堆存支出”账户，贷记“应付职工薪酬”“银行存款”“累计折旧”等账户。

【案例2.25】宏生物流有限责任公司20×4年2月发放的工资中，普通仓库保管人员工资为40 000元，立体仓库保管人员工资为10 000元。当月仓库设备折旧额中，普通仓库为11 000元，立体仓库为9 000元，请做出仓储人员工资的账务处理。

【案例分析与账务处理】

分配2月保管人员工资，则账务处理如下：

借：主营业务成本——堆存支出——普通仓库（工资）　　40 000

　　　　　　　　　　　　　　——立体仓库（工资）　　10 000

　贷：应付职工薪酬——工资　　　　　　　　　　　　　50 000

2月计提本月折旧费的账务处理如下：

借：主营业务成本——堆存支出——普通仓库（折旧费）　11 000
　　　　　　　　　　　　　　——立体仓库（折旧费）　9 000
　贷：累计折旧　20 000

②堆存间接费用的账务处理。

物流企业的堆存间接费用应按营运部或分公司设置明细分类账，归集营运部或分公司发生的堆存间接费用，期末按营运部或分公司的堆存直接费用和装卸直接费用的比例进行分配。分配率计算公式如下：

分配率＝某营运部或分公司堆存间接费用/（该营运部或分公司堆存直接费用＋该营运部或分公司装卸直接费用）

某营运部或分公司仓储业务应负担的堆存间接费用＝该营运部或分公司堆存直接费用×分配率

某营运部或分公司装卸业务应负担的堆存间接费用＝该营运部或分公司装卸直接费用×分配率

【案例2.26】宏生物流有限责任公司20×4年2月营运堆存费用共计360 000元，当月普通仓库发生堆存直接费用150 000元，立体仓库发生堆存直接费用120 000元。两个仓库装卸直接费用各为15 000元。请对堆存费用做出账务处理。

【案例分析与账务处理】营运堆存间接费用分配如下：

分配率＝36 000/（150 000＋120 000＋15 000＋15 000）＝0.12

普通仓库仓储业务的负担额＝150 000×0.12＝18 000（元）

普通仓库装卸业务的负担额＝15 000×0.12＝1 800（元）

立体仓库仓储业务应负担额＝120 000×0.12＝14 400（元）

立体仓库装卸业务的负担额＝15 000×0.12＝1 800（元）

根据分配结果，其会计分录如下：

借：主营业务成本——堆存支出——普通仓库（营运堆存间接费用）　19 800
　　　　　　　　　　　　　　——立体仓库（营运堆存间接费用）　16 200
　贷：制造费用——仓储装卸营运部　36 000

（2）仓储收入的账务处理

物流企业财务部门应根据营运部门编制的“堆存月结单”确认堆存收入。借记“应收账款”“银行存款”等账户，贷记“主营业务收入——堆存收入”“应交税费——应交增值税（销项税额）”等账户。

【案例2.27】宏生物流有限责任公司20×4年2月确认畅想商场本月在普通仓库堆存货物200千吨/天，每千吨/天收取堆存不含税收入500元，增值税税率为6%。请做出账务处理。

【案例分析与账务处理】因为无收款凭证，因此应做应收账款处理。其账务处理如下：

借：应收账款　106 000
　贷：主营业务收入——堆存收入——普通仓库　100 000
　　　应交税费——应交增值税（销项税额）　6 000

【案例总结】

物流企业仓储业务，涉及的账户有四个，分别是“应收账款”“主营业务收入”“主营业务成本”“应交税费——应交增值税（销项税额）”。对于这些账户，要特别注意明细账的设置与使用。

3. 装卸业务的账务处理

装卸业务是指物流企业运用机械设备和人力，为客户提供改变“物”的存放状态和空间位置的服务。在物流活动中，装卸和搬运密不可分，往往伴随在一起。因此，物流企业的装卸业务是指广义的装卸服务，包括装卸与搬运。即包括装上、卸下、移送、拣选、分类、堆垛、入库、出库等活动。实际中也称其为装卸、搬运业务。

装卸业务是运输、仓储和配送等业务的起点和终点。装卸活动贯穿物流服务全过程。装卸活动效率的高低和质量的好坏，直接影响物流企业的整体效率和质量。

物流企业在经营装卸业务时，应按照机械化作业和人工作业分别核算成本。如以机械作业为主仅配备少量人工作业时可只计算机械作业装卸成本；如以人工作业为主仅配备少量机械作业时，可只计算人工装卸成本。因此，装卸业务的成本核算对象是机械装卸和人工装卸。

装卸成本由装卸直接费用和营运间接费用构成。

装卸直接费用是指物流企业因装卸货物而发生的直接费用。具体包括工资、燃料费、轮胎、工具、动力及照明费、低值易耗品摊销、折旧费、修理费、外付装卸费、劳动保护费、事故损失费、保险费和其他费用。

营运间接费用是指装卸队为组织和管理装卸业务而发生的管理费用和业务费用。

（1）装卸成本的归集和分配

①装卸直接费用的账务处理。

物流企业装卸货物所发生的装卸直接费用，应根据“工资费用分配表”“其他材料耗用汇总表”“燃料耗用汇总表”“固定资产折旧费用计算表”以及有效发票、单据等，直接计入所属的装卸队成本。届时应借记“主营业务成本——装卸支出”账户，贷记“应付职工薪酬”“原材料”“累计折旧”等相关账户。

【案例2.28】宏生物流有限责任公司装卸营运部下设两个装卸队：装卸甲队以人工作业为主，装卸乙队以机械作业为主。20×4年2月发生如下交易或事项，请做出账务处理。

（1）分配本月装卸作业人员工资，其中装卸甲队48 000元，装卸乙队35 000元。

（2）“轮胎领用汇总表”列明装卸甲队领用轮胎2 700元，装卸乙队领用轮胎9 000元。装卸业务中领用的轮胎，均采用一次摊销法。

（3）“燃料耗用汇总表”列明装卸甲队耗用汽油4 200元，装卸乙队耗用柴油15 000元。

【案例分析与账务处理】

①借：主营业务成本——装卸支出——装卸甲队（工资）　　48 000

　　　　　　　　　　　　　——装卸乙队（工资）　　35 000

　　贷：应付职工薪酬——工资　　83 000

②借：主营业务成本——装卸支出——装卸甲队（轮胎）　　2 700

　　　　　　　　　　　　　——装卸乙队（轮胎）　　9 000

　　贷：原材料——轮胎　　11 700

③借：主营业务成本——装卸支出——装卸甲队（燃料费）　　4 200

　　　　　　　　　　　　　——装卸乙队（燃料费）　　15 000

　　贷：原材料——燃料　　19 200

②营运间接费用的账务处理。

企业装卸队直接开支的管理费和业务费用，可在发生和支付时直接列入装卸成本。当按机械装卸和人工装卸分别计算成本时，可先通过“制造费用——装卸部”账户汇集，月终再按直接费用比例分配计入各类装卸成本。分配方法同仓储业务，不再赘述。

（2）装卸业务收入的账务处理

物流企业财务部门应根据营运部门编制的“装卸作业月结单”确认装卸收入。借记“应收账款”“银行存款”等账户，贷记“主营业务收入——装卸收入”“应交税费——应交增值税（销项税额）”账户。

【案例2.29】宏生物流有限责任公司20×4年2月确认本月装卸甲队装卸货物30千吨，每千吨应收取不含税装卸费3 500元，增值税税率为6%，予以转账。

【案例分析与账务处理】

借：应收账款　　111 300

　贷：主营业务收入——装卸收入——装卸甲队　　105 000

　　　应交税费——应交增值税（销项税额）　　6 300

【案例总结】

物流企业装卸业务同样涉及四个账户，分别是“应收账款”“主营业务收入”“主营业务成本”“应交税费——应交增值税（销项税额）”。对于这四个账户，要特别注意明细分类账的设置与使用。

4. 配送业务的账务处理

配送业务是指物流企业在经济合理区域范围内，根据客户的要求，对物品进行拣选、加工、包装、分割、组配等作业，并按时送达指定地点的物流服务活动。配送业务是物流系统的一个重要环节，也是一项综合性的物流活动。

物流企业的配送业务是由多个环节完成的，配送的各个环节成本核算对象不同。货物保管环节成本核算对象是仓库，分拣及配货环节的成本核算对象是被分拣及配货的货物，配送发运环节的成本核算对象则是货运车辆等。

配送业务的各个成本核算对象的成本项目是不相同的。货物保管环节与前述的仓储业务类似，可以采用仓储业务的成本项目；配装发运环节与装卸业务类似，可以参照装卸业务的成本项目；运输送达业务与汽车运输业务相同，可以采用汽车运输业务的成本项目。在此重点阐述分拣及配货环节的成本项目。

分拣及配货的成本由分拣及配货直接费用和营运间接费用构成。

分拣及配货直接费用是指物流企业因配送业务的需要，对货物进行分拣及配货所发生的直接费用。具体包括工资、材料费、折旧费、修理费、其他费用。

营运间接费用是指物流企业的营运部或分公司为组织和管理分拣及配货业务而发生的管理费用和业务费用。

(1) 配送成本费用的归集和分配的账务处理

①配送直接费用的账务处理。

物流企业配送货物所发生的装卸直接费用，应根据“工资费用分配表”“其他材料耗用汇总表”“固定资产折旧费用计算表”以及有效发票、单据等，直接计入所属的业务成本。届时借记“主营业务成本——配送支出”账户，贷记“应付职工薪酬”“原材料”“累计折旧”等相关账户。

【案例2.30】宏生物流有限责任公司20×4年2月，接受客户的委托收进一批商品，为解决临时仓储的问题，开出转账支票支付仓库租赁费2 500元，分配分拣工人工资3 500元；以现金支付运往目的地燃料费780元，临时装卸费800元，上述价格均为不含税价，均取得了增值税专用发票。

【案例分析与账务处理】账务处理如下：

①支付仓库租赁费，属于不动产租赁，增值税税率为9%：

借：主营业务成本——配送支出　　2 500
　　应交税费——应交增值税（进项税额）　　225
　　贷：银行存款　　2 725

②分配工资时：

借：主营业务成本——配送支出　　3 500
　　贷：应付职工薪酬——工资　　3 500

③支付燃料费时，增值税税率为13%：

借：主营业务成本——配送支出　　780
　　应交税费——应交增值税（进项税额）　　101.40
　　贷：库存现金　　881.40

④支付临时装卸费800元，属于物流服务，增值税税率为6%：

借：主营业务成本——配送支出　　　　800
　　应交税费——应交增值税（进项税额）　　48
　　贷：库存现金　　　　848

②配送间接费用的账务处理。

物流企业配送业务各个环节的营运间接费用，先在组织和管理这些业务的营运部门或分公司的明细分类账中归集。届时通过分配，借记“制造费用——配送营运部”账户，贷记“应付职工薪酬”“累计折旧”等账户。期末再将归集的营运间接费用按堆存、分拣及配货、配装和运输四项业务直接费用的比例进行分配，分配方法与前述相同，不再赘述。

（2）配送业务收入的账务处理

物流企业财务部门应根据营运部门编制的“配送作业月结单”确认配送收入。届时借记“应收账款”等账户，贷记“主营业务收入——配送收入”“应交税费——应交增值税（销项税额）”等账户。

【案例2.31】宏生物流有限责任公司确认20×4年2月配送收入（不含税）为120 000元并予以转账。

【案例分析与账务处理】物流业的一般纳税人的增值税税率为6%，则其账务处理如下：

借：应收账款　　　　127 200
　　贷：主营业务收入——配送收入　　　　120 000
　　　　应交税费——应交增值税（销项税额）　　7 200

【案例总结】

物流企业配送业务同样涉及四个账户，分别是“应收账款”“主营业务收入”“主营业务成本”“应交税费——应交增值税（销项税额）”。要特别注意明细账的设置与使用。

5. 期间费用的账务处理

物流企业的期间费用是指本期发生的、不能直接归属于某个特定的物流成本而直接计入当期损益的费用。期间费用是物流企业当期发生的费用中重要的组成部分，是保证物流企业的各项物流业务顺利进行所必须支付的费用。根据期间费用发生的环节不同，期间费用可以分为管理费用、销售费用和财务费用。

管理费用是指物流企业为组织和管理生产经营活动而发生的各种管理费用。包括企业在筹建期间发生的开办费、董事会和行政管理部门在企业的经营管理中发生的或者应由企业统一负担的公司经费（包括行政管理部门职工薪酬、物料消耗、低值易耗品摊销、办公费和差旅费等）、工会经费、董事会费（包括董事会成员津贴、会议费和差旅费等）、聘请中介机构费、咨询费（含顾问费）、诉讼费、业务招待费、房产税、车船税、城镇土地使用税、印花税、技术转让费、研究开发费用、排污费等。

销售费用是指物流企业在提供物流服务过程中发生的各项费用，包括包装费、保险费、展览费和广告费、商品维修费、运输费、装卸费，以及企业专设销售机构的职工薪酬、业务费、折旧费等。

财务费用是指物流企业为筹集生产经营所需资金等而发生的筹资费用，包括利息支出（减利息收入）、汇兑损益以及相关的手续费、企业发生的现金折扣或收到的现金折扣等。

物流企业在业务活动中发生的管理费用、财务费用和销售费用，应借记“管理费用”“财务费用”或“销售费用”和“应交税费——应交增值税（进项税额）”账户，贷记“银行存款”“库存现金”“应付职工薪酬”等账户。期末借记“本年利润”账户，贷记“管理费用”“财务费用”或“销售费用”等账户。

【案例2.32】宏生物流有限责任公司20×4年2月发生的有关期间费用的交易或事项如下：

（1）5日，公司行政办公室购买办公用品968元，另支付增值税125.84元，取得增值税专用发票，以转账支票支付。

（2）8日，开出转账支票，支付车船税1 920元。

（3）15日，用现金支付招待费900元。

（4）28日，分配本月职工工资119 000元。其中：运输人员工资50 000元，装卸人员工资30 000元，配送人员工资20 000元，仓储人员工资10 000元，行政管理人员工资9 000元。

（5）28日，以银行存款支付本季度短期借款利息3 200元。其中已预提2 100元。

（6）28日，收到工商银行的存款利息收入通知单，存款利息800元已入账。

（7）28日，支付银行转账手续费150元。

（8）28日出转账支票一张，支付电视台不含税广告费用3 000元，并取得了增值税税率为6%的增值税专用发票。

【案例分析与账务处理】

①借：管理费用——办公费　　968
　　应交税费——应交增值税（进项税额）　　125.84
　　贷：银行存款　　1 093.84

②借：管理费用　　1 920
　　贷：银行存款　　1 920

③借：管理费用——业务招待费　　900
　　贷：库存现金　　900

④借：主营业务成本——运输支出　　50 000
　　——装卸支出　　30 000
　　——配送支出　　20 000
　　——堆存支出　　10 000

管理费用　　9 000
　　贷：应付职工薪酬——工资　　119 000

⑤借：财务费用　　1 100
　　应付利息　　2 100
　　贷：银行存款　　3 200

⑥借：银行存款　　800
　　贷：财务费用　　800

⑦借：财务费用　　150
　　贷：银行存款　　150

⑧借：销售费用——广告费　　3 000
　　应交税费——应交增值税（进项税额）　　180
　　贷：银行存款　　3 180

【案例总结】

物流企业期间费用的核算，涉及的账户有“管理费用”“财务费用”“销售费用”。因前边业务已涉及，此处不再重述。

任务训练9：通过“运输、仓储、装卸、配送及期间费用的账务处理”教学行动，请按要求在20分钟的时间内完成鑫鑫物流公司20×4年2月有关业务会计分录的编写工作。

鑫隆物流公司下设的营运生产单位有车站、货运一队、货运二队、保养场及装卸一队、装卸二队。20×4年2月车辆营运车日为2 500车日，其中货运一队为1 200车日，货运二队为1 300车日。本月货运一队的运输周转量为800千吨·千米，货运二队的运输周转量为750千吨·千米。车队领用的外胎采用按行驶里程摊提法，其他部门领用的外胎采用一次摊销法。20×4年2月发生如下交易或事项：

（1）1日，签发转账支票支付保险公司全年车辆保险费24 000元。其中：货运一队12 000元，货运二队9 600元，公司行政管理部门2 400元。

（2）15日，以银行存款支付不含税电费3 200元，增值税税率为13%。其中：公司行政管理部门应负担1 200元，车站负担2 000元。并取得了增值税专用发票。

（3）29日，分配本月工资如下：货运一队58 500元，货运二队67 000元，车站14 800元，公司管理人员18 000元。

（4）29日，该公司车存燃料采用盘存制管理方法，经盘点计算，本月燃料耗用情况如下：货运一队162 000元，货运二队155 000元，公司本部5 000元。

（5）29日，本月低值易耗品领用情况汇总如下：货运一队领用2 500元，货运二队领用3 000元，公司管理部门300元。

（6）29日，本月耗用的备品配件等材料汇总如下：货运一队18 000元，货运二队 20 000 元。

(7) 29 日，本月计提固定资产折旧，其中：货运一队为 63 200 元，货运二队为 59 500元，车站及车队用固定资产 1 500 元，公司用固定资产 6 800 元。

(8) 29 日，以银行存款缴纳车辆养路费 122 000 元，其中：货运一队 90 000 元，货运二队 30 000 元，公司交通车 2 000 元。

(9) 29 日，以银行存款缴纳营运车辆管理费、车辆牌照和检验费、车船税、行车事故的有关费用等共计 52 000 元，其中：货运一队 12 000 元，货运二队 34 800 元，公司管理部门 5 200 元。

(10) 29 日，以现金支付有关人员报销的费用，货运一队司机途中宿费 636 元，货运二队司机途中宿费 1 272 元，公司管理人员宿费 1 378 元。上述宿费均为含税费用，并且取得了增值税发票，增值税税率为 6%。

(11) 29 日，将本月发生的制造费用按营运车日分配计入各类运输成本。

(12) 分配本月仓储作业人员工资，其中：简易仓库为 20 000 元，立体仓库为 40 000元。

(13) 本月简易仓库领用材料 2 500 元，立体仓库领用材料 4 000 元。

(14) 简易仓库作业人员领用劳动保护用品 3 500 元，立体仓库作业人员领用劳动保护用品 5 500 元。

(15) 分配本月装卸作业人员工资，其中：装卸一队 35 000 元，装卸二队 30 000 元。

(16) 装卸一队耗用动力电 2 000 元，照明电 400 元；装卸二队耗用动力电 3 500 元，照明电 710 元，上述价格均为不含税价格，并取得了 13% 的增值税发票，款项以银行存款支付。

(17) 2 月 29 日，确认本月在简易仓库，甲公司堆存货物 150 千吨/天，乙公司堆存货物 120 千吨/天，每千吨/天收取堆存收入 500 元；在立体仓库 A 公司堆存货物 300 千吨/天，B 公司堆存货物 180 千吨/天，每千吨/天收取堆存收入 550 元。予以入账。此项业务的增值税税率为 6%，堆存收入均为不含税收入，已收入存款。

(18) 2 月 29 日，确认本月装卸一队为甲公司装卸货物 25 千吨，为乙公司装卸货物 18 千吨，每千吨收取装卸收入 3 200 元；装卸二队为 A 公司装卸货物 50 千吨，为 B 公司装卸货物 30 千吨，每千吨收取装卸收入 3 300 元。予以入账。此项业务的增值税税率为 6%，堆存收入均为不含税收入，尚未收到款项。

(19) 2 月 29 日，确认本月为丙公司提供的服务中：堆存收入 130 000 元，分拣及配货收入 80 000 元，配装收入 60 000 元，运输收入 140 000 元，此项运输业务的增值税税率为 9%，其余业务增值税税率为 6%，收入均为不含税收入，款项收到商业汇票予以入账。

(20) 2 月 29 日，通过银行转账收到上月堆存和装卸货物的账款 200 000 元并入账。

2.3.6 应交税费的账务处理

根据税法规定计算的应缴纳的各种税费，这些应交税费在尚未缴纳之前就形成企业的一项流动负债。目前，物流企业应依法缴纳的税费主要有增值税、城市维护建设税、教育费附加、企业所得税、房产税、车船税、土地使用税等。

1. 应交增值税的账务处理

增值税是目前我国的第一大税种，是对在我国境内销售商品、提供应税劳务、发生应税行为过程中实现的增值额作为计税依据而征收的一种流转税。发生上述销售、提供应税劳务、应税行为的企业、单位和个人为增值税的纳税人。即物流企业需要缴纳增值税。

（1）增值税纳税人的划分

根据企业经营规模大小及会计核算水平的健全程度，增值税纳税人分为一般纳税人和小规模纳税人。计算增值税的方法分为一般计税和简易计税。

一般纳税人是指年应税销售额超过财政部、国家税务总局规定标准的增值税纳税人。

小规模纳税人是指年应税销售额未超过规定标准，且会计核算不健全、不能提供准确税务资料的增值税纳税人。

（2）增值税一般计税方法

一般纳税人按一般计税方法计税，先按当期销售额和适用税率计算出增值税“销项税额”，然后减去当期购进项目支付的“进项税额”（即抵扣），从而计算出当期的应纳税额。

当期应纳增值税税额＝当期销项税额－当期进项税额

①当期销项税额

纳税人当期销售货物、加工修理修配劳务、服务、无形资产和不动产出售出租等按照应税销售额和增值税税率计算增值税销项税额。

销项税额＝销售额（应收的全部价款和价外费用，但不含收取的销项税额）×增值税税率

②当期进项税额

纳税人购进货物、加工修理修配劳务、服务、无形资产和不动产，支付或者负担的增值税税额。满足下列其中一项即可从销项税额中抵扣：

- 从销售方取得的增值税专用发票（含税机动车销售统一发票，下同）上注明的增值税税额。
- 从海关进口增值税专用发票上注明的增值税税额。
- 农产品收购发票或者销售发票注明的农产品买价和规定的扣除率计算的进项税额。
- 从境外单位或个人购进服务、无形资产或者不动产、自税务机关或者扣缴义务人取得的解缴税款的完税凭证上注明的增值税税额。
- 纳税人支付的道路、桥、闸通行费，可以作为增值税进项税额抵扣。取得增值税

电子普通发票的，按照增值税电子普通发票所标注的金额凭票抵扣；没有取得增值税电子普通发票的，需要自行计算抵扣。计算公式：可抵扣进项税 = 通行费发票上注明的金额/（1 + 抵扣率） × 抵扣率。其中，高速公路的通行费抵扣率为3%、一二级公路水路桥闸抵扣率为5%。

- 纳税人购进国内旅客运输服务，其进项税额允许从销项税额中抵扣。取得增值税电子普通发票的，为发票上注明的税额；取得注明旅客身份信息的航空运输电子客票行程单的，航空旅客运输进项税额 = （票价 + 燃油附加费）/（1 + 9%） × 9%；取得注明旅客身份信息的铁路车票的，铁路旅客运输进项税额 = 票面金额/（1 + 9%） × 9%；取得注明旅客身份信息的公路、水路等其他客票的，公路、水路等其他旅客运输进项税额 = 票面金额/（1 + 3%） × 3%。

（3）增值税简易计税方法

增值税的简易计税方法，是按不含税销售额乘以增值税征收率计算应纳税额，并且不得对增值税进项税额进行抵扣的一种方法。

应纳增值税税额 = 不含税销售额 × 增值税征收率

如果纳税人采用销售额和应纳税额合并定价方法，其应纳增值税税额如下：

应纳增值税税额 = ［含税销售额/（1 + 增值税征收率）］ × 增值税征收率

小规模纳税人对于增值税一般采用简易计税方法，增值税税率一般为3%；增值税的一般纳税人大多采用一般计税方法，但个别情况如一般纳税人的销售服务、无形资产或不动产，符合规定的可采用简易计税办法。

（4）增值税一般纳税人的账务处理

①购进货物、加工修理修配劳务或服务、无形资产或不动产等产生“进项税额”的账务处理。

一般纳税人购进货物、加工修理修配劳务或服务、无形资产或不动产，按照资产的账面价值借记“在途物资（未入库）”“原材料”“周转材料”等科目；按当月已认证可抵扣的增值税税额，借记“应交税费——应交增值税（进项税额）”明细科目，按当月未认证的可抵扣增值税税额，借记“应交税费——待认证进项税额”明细科目；按应付或实际支付的金额，贷记“应付账款”“应付票据”“银行存款”等科目。

企业购进农产品，除取得增值税专用发票或者海关进口增值税专用缴款书外，按照农产品收购发票或者销售发票上注明的农产品买价和9%的扣除率计算进项税额；购进用于生产销售或委托加工13%税率货物的农产品，按照农产品收购发票或者销售发票上注明的农产品买价和10%的扣除率计算进项税额，借记“应交税费——应交增值税（进项税额）”科目，按农产品买价扣除进项税额后的差额，借记“材料采购”“在途物资”“原材料”“库存商品”等科目，按照应付或实际支付的价款，贷记“应付账款”“应付票据”“银行存款”等科目。

【案例 2.33】宏生物流有限责任公司为增值税一般纳税人，20×4 年 2 月发生如下有关进项税的交易事项：

5 日购入周转材料包装箱一批，增值税发票上注明的价格为 80 000 元，增值税为 10 400元。周转材料的运费为 1 000 元，增值税为 90 元。开出商业承兑汇票一张，周转材料验收入库；

15 日购入不需要安装的生产设备一台、增值税发票上注明的价款为 30 000 元，增值税为 3 900 元，款项尚未支付；

20 日购入农产品一批，农产品采购发票上注明的买价为 200 000 元，规定的扣除率为 9%，货物尚未到达，价款用银行存款支付；

25 日管理部门委托外单位修理机器设备，取得对方开具的增值税专用发票上注明的修理费用为 10 000 元，增值税为 1 300 元，款项已通过银行支付。

请根据上述发生的交易事项做出账务处理。

【案例分析与账务处理】

5 日发生的交易事项：

借：周转材料——包装物　　81 000
　　应交税费——应交增值税（进项税额）　　10 490
　　贷：应付票据　　91 490

15 日发生的交易事项：

借：固定资产　　30 000
　　应交税费——应交增值税（进项税额）　　3 900
　　贷：应付账款　　33 900

20 日发生的交易事项：

借：在途物资　　182 000
　　应交税费——应交增值税（进项税额）　　18 000
　　贷：银行存款　　200 000

25 日发生的交易事项：

借：管理费用　　10 000
　　应交税费——应交增值税（进项税额）　　1 300
　　贷：银行存款　　11 300

②企业“进项税额转出”的账务处理。

企业已单独确认进项税额的购进货物，加工修理修配劳务或者服务，无形资产或者不动产，但其事后改变用途（如用于简易计税方法计税项目、免征增值税项目、非增值税应税项目等）或发生非正常损失，已计入进项税额、待抵扣进项税额或待认证进项税额，按照现行增值税制度规定不得从销项税额中抵扣。

所谓的非常损失，是根据现行增值税制度规定，因管理不善等人为原因造成的货物被盗、丢失、霉烂变质，以及因违反法律规定造成货物或者不动产被依法没收、销毁、拆除等情景（自然灾害造成的损失不包括在内），其进项税额不用转出。进项税额转出的账务处理如下：

借记"待处理财产损溢""应付职工薪酬""固定资产""无形资产"等科目，贷记"应交税费——应交增值税（进项税额转出）""应交税费——待抵扣进项税额"或"应交税费——待认证进项税额"科目。如果借记"待处理财产损溢"的，还应与非正常损失购进的货物、在产品或库存商品、固定资产、无形资产的成本一并结转，即还要贷记"原材料""固定资产"等科目。

【案例 2.34】 宏生物流有限责任公司为增值税一般纳税人，20×4 年 2 月发生如下增值税进项税额转出的交易事项：

10 日，周转材料低值易耗品因管理不善发生大火，火灾导致周转材料损失 20 000 元，相关增值税发票注明的增值税进项税额是 2 600 元；

15 日，领用一批外购的材料用于集体福利，该批材料的实际成本 50 000 元，相关增值税发票上注明的增值税税额为 6 500 元；

25 日，用银行存款购买 100 个电风扇作为福利直接发给从事生产的职工，取得增值税专用发票注明的价款为 50 000 元，增值税税额是 6 500 元。

请依据上述交易事项做出相关的账务处理。

【案例分析与账务处理】

10 日发生的交易事项：

借：待处理财产损溢——待处理流动资产损溢　　22 600
　　贷：周转材料——低值易耗品　　20 000
　　　　应交税费——应交增值税（进项税额转出）　　2 600

15 日发生的交易事项：

借：应付职工薪酬——职工福利费　　56 500
　　贷：原材料　　50 000
　　　　应交税费——应交增值税（进项税额转出）　　6 500

25 日发生的交易事项：

一般纳税人购进货物、加工修理修配劳务或服务、无形资产或不动产，用于简易计税方法计税项目、免征增值税项目、集体福利或个人消费等，即使取得了增值税专用发票上已注明增值税进项税额，该税额也不得计入销项税额。

借：应付职工薪酬——非货币性福利　　56 500
　　贷：银行存款　　56 500

③企业销售业务形成“销项税额”的账务处理。

企业销售货物、提供加工修理修配等劳务，按应收或已收到金额，借记“应收账款”“应收票据”“银行存款”等科目；按取得的收益金额，贷记“主营业务收入”“其他业务收入”等科目；按现行增值税制度规定计算的销项税额，贷记“应交税费——应交增值税（销项税额）”科目，或采用简易计税方法计算的应纳增值税税额，贷记“应交税费——应交增值税”科目。企业销售货物等发生销售退回的，应根据税务机关开具的红字增值税专用发票做相反的会计分录。

【案例2.35】宏生物流有限责任公司为增值税一般纳税人，20×4年2月将库房出租给另一企业，共收租金109 000元并存入银行，请分别写出企业为一般纳税人和为小规模纳税人的账务处理。

【案例分析与账务处理】

若为一般纳税人，其增值税税率为9%。增值税应记入“应交税费——应交增值税（销项税额）”。

借：银行存款　　109 000
　贷：其他业务收入　　100 000
　　应交税费——应交增值税（销项税额）　　9 000

若为小规模纳税人，则增值税税率为5%，其增值税应记入“应交税费——应交增值税”。

借：银行存款　　109 000
　贷：其他业务收入　　103 809.52
　　应交税费——应交增值税　　5 190.48

企业销售货物等发生销售退回的，应根据税务机关开具的红字增值税专用发票做相反的会计分录。

按照国家统一的会计制度，确认收入和利得的时点早于按现行增值税制度确定增值税纳税义务发生时点的，此时应按收取的全部价款，借记“应收账款”“应收票据”“银行存款”等科目；按确认的收入或利得贷记“主营业务收入”“其他业务收入”等科目；按计算的销项税，贷记“应交税费——待转销项税”。待实际发生纳税业务时，借记“应交税费——待转销项税”科目，贷记“应交税费——应交增值税（销项税额）”科目或“应交税费——简易计税”科目。

【案例2.36】伟达物流公司和海达生产企业签订租赁协议，约定20×3年1月至20×3年12月海达公司租赁物流公司的仓库，每季度末交纳当季房租，每季度房租30 000元（不含税），增值税税率为9%，20×3年3月月末物流公司收到海达公司20×3年1月至3月房租。其业务处理如下：

【案例分析与账务处理】

20×3 年 1 月月末、2 月月末物流公司的会计处理：

借：应收账款——房租　　10 900
　　贷：其他业务收入——房租　　10 000
　　　　应交税费——待转销项税额　　900

20×3 年 3 月月末物流公司的会计处理：

借：银行存款　　32 700
　　应交税费——待转销项税额　　1 800
　　贷：应收账款——房租　　21 800
　　　　其他业务收入——房租　　10 000
　　　　应交税费——应交增值税（销项税额）　　2 700

④交纳增值税的账务处理。

企业交纳增值税时，需注意的是交纳当期的增值税还是交纳以前期的增值税。如果交纳当期的增值税，应借记“应交税费——应交增值税（已交）”科目，如果交纳以前期的增值税，应借记“应交税费——未交增值税”；根据交纳的增值税税款，贷记“银行存款”科目。

⑤月末转出多交增值税和未交增值税的账务处理。

月末，如果当月销项税额+进项税额转出-进项税额为正数，则存在未交增值税，企业应当将当月应交未交增值税转出，借记“应交税费——应交增值税——转出未交增值税”科目，贷记“应交税费——未交增值税”科目；如果当月销项税额+进项税额转出-进项税额为负数，则存在多交增值税，其业务处理：借记“应交税费——未交增值税”科目，贷记“应交税费——应交增值税——转出多交增值税”科目。

【案例2.37】甲物流公司20×4 年2 月，当月发生增值税销项税额为326 400 元，进项税额转出36 800 元，增值税进项税额为350 000 元。甲物流公司当月交纳木月增值税3 000元，交纳上月增值税10 000 元。对当月未交增值税进行了期末转账。写出有关增值税相关的账务处理。

【案例分析与账务处理】

交纳增值税的业务处理如下：

借：应交税费——未交增值税　　10 000
　　应交税费——应交增值税（已交）　　3 000
　　贷：银行存款　　13 000

转出未交增值税的业务处理如下：

2 月未交增值税=326 400+36 800-350 000=13 200

借：应交税费——应交增值税（转出未交增值税）　　13 200
　　贷：应交税费——未交增值税　　13 200

【案例总结】

应交增值税是任何企业都涉及的业务，因此一般纳税人企业的会计人员应正确理解和使用“应交税费——应交增值税”账户。

“应交税费——应交增值税”账户。

性质：负债类二级明细账户。

核算内容：核算一般纳税人企业应交增值税的发生、抵扣、交纳、退税及其转出情况。

结构：借贷多栏账户，常用的借方由六个增值税明细栏目组成，即“进项税额”“已交税金”“转出未交增值税”“减免税款”“销项税额抵减”“出口抵减内销产品应纳税额”；贷方由四个增值税明细栏目构成，即“销项税额”“进项税额转出”“转出多交增值税”“出口退税”。

明细分类账设置：除设置“应交税费——应交增值税”多栏明细分类账以外，为更详细核算应交增值税，还设置了如下应交税费的二级明细账户，分别为“应交税费——未交增值税”“应交税费——预交增值税”“应交税费——待抵扣进项税额”“应交税费——待认证进项税额”“应交税费——待转销项税额”“应交税费——简易计税”等。

2. 城市维护建设税和教育费附加、地方教育附加的账务处理

城市维护建设税是国家为加强城市、乡镇的建设，稳定城乡建设资金的来源，以实际缴纳的增值税、消费税为计税依据征收的一种税。税率因纳税人所在地不同从1% ~7%不等。公式如下：

城建税应纳税额 =（实际缴纳的增值税税额 + 实际缴纳的消费税额）×城建税税率

教育费附加是国家为了加强教育事业，稳定教育资金的来源，以实际缴纳的增值税、消费税为计税依据征收的一种税。税率一般为3%。

教育费附加应纳税额 =（实际缴纳的增值税税额 + 实际缴纳的消费税额）×教育费附加征收率

地方教育附加，是指省、自治区、直辖市人民政府根据《中华人民共和国教育法》和国务院的有关规定，开征的用于教育的政府性基金。

教育费附加是由国务院规定的，地方教育附加是经财政部同意由省政府规定的；地方教育附加征收率为1% ~2%；

地方教育附加应纳税额 =（实际缴纳的增值税税额 + 实际缴纳的消费税额）×地方教育附加征收率

计算出应交纳的城市维护建设税和教育费附加时，借记“税金及附加”科目，贷记“应交税费——应交城市维护建设税”和“应交税费——教育费附加”“应交税费——地方教育附加”科目。

实际交纳城市维护建设税和教育费附加时，借记“应交税费——应交城市维护建设税”“应交税费——教育费附加”“应交税费——地方教育附加”科目，贷记“银行存款”科目。

【案例2.38】恒通物流企业地处市区，20×4年2月缴纳增值税50 000元。该物流企业适用的城市维护建设税和教育费附加、地方教育附加的税率分别是7%、3%和1%。做出计算和缴纳城市维护建设税和教育费附加、地方教育附加的业务处理。

【案例分析与账务处理】

应交城市维护建设税＝50 000×7%＝3 500（元）

应交教育费附加＝50 000×3%＝1 500（元）

应交地方教育附加＝50 000×1%＝500（元）

其业务处理如下：

借：税金及附加　　5 500
　贷：应交税费——应交城市维护建设税　　3 500
　　　　　　——应交教育费附加　　1 500
　　　　　　——应交地方教育附加　　500

上缴城市维护建设税、教育费附加和地方教育附加时：

借：应交税费——应交城市维护建设税　　3 500
　　　　　——应交教育费附加　　1 500
　　　　　——应交地方教育附加　　500
　贷：银行存款　　5 500

【案例总结】

在计算与缴纳城市维护建设税和教育费附加、地方教育附加时，需使用“税金及附加”账户。

性质：损益类账户。

核算内容：核算和监督企业应负担的税金及附加，包括消费税、资源税、城市维护建设税、教育费附加和地方教育附加等。

结构：借方登记企业按规定计算的应负担的税金及附加；贷方登记期末转入“本年利润”账户的数额；期末结转后本账户无余额。

明细分类账设置：本账户一般不需设明细账户。

3. **其他税费的账务处理**

物流企业的其他应交税费是指除应交增值税、所得税、城市维护建设税、教育费附加、地方教育附加以外的应交税费，包括房产税、土地使用税、车船使用税，企业应交的上述税费应在“应交税费”总账下，按税种设置明细分类账进行明细核算。企业按规定计算交纳的房产税、土地使用税、车船使用税，借记“税金及附加”科目；贷记“应交税费——应交房产税（土地使用税、车船使用税）”科目。

企业按规定计算应代扣代缴的员工个人所得税，借记“应付职工薪酬”科目，贷记“应交税费——应交个人所得税”科目。

任务训练10：通过“应交税费的账务处理”教学行动，请按要求在15分钟的时间内完成鑫鑫物流公司（一般纳税人）20×4年3月有关税费业务会计分录的编写工作。

1. 5日购入汽车修理用配件一批，增值税发票上注明的价格为40 000元，增值税为5 200元。该材料运费为1 000元，增值税为90元。开出商业承兑汇票一张，材料验收入库。

2. 10日管理部门委托外单位修理机器设备，对方开具的增值税专用发票上注明的修理费用为8 000元，增值税为1 040元，款项已通过银行支付。

3. 15日将库房出租给另一企业，价税合计共收租金109 000元，增值税税率为9%，款存银行。

4. 16日周转材料因管理不善损坏无法使用，损失周转材料的成本为2 000元，相关增值税发票注明的增值税进项税额是260元。

5. 28日全月共实现运输不含税收入120 000元，增值税税率为9%；装卸不含税收入40 000元，增值税税率为6%；堆存不含税收入50 000元，增值税税率为6%。

6. 29日以银行存款缴纳上月增值税25 000元，缴纳本月增值税10 000元。

7. 30日将本月尚未缴纳的增值税转入未交增值税。

8. 30日计算并缴纳城市维护建设税、教育费附加和地方教育附加，计提比例分别是7%、3%和1%。

9. 30日计算并缴纳个人所得税是1 020元。

10. 计算并缴纳本月应交房产税2 500元。

2.3.7 利润形成及分配的账务处理

1. 利润的构成

利润是企业在一定会计期间的经营成果。利润包括收入减去费用后的净额、直接计入当期利润的利得和损失等。

直接计入当期利润的利得，是指应当计入当期损益、会导致所有者权益发生增减变动的、与所有者投入资本或者向所有者分配利润无关的利得。如出售无形资产形成的营业外收入。

直接计入当期利润的损失，是指应当计入当期损益、会导致所有者权益发生增减变动的、与所有者投入资本或者向所有者分配利润无关的损失。如出售固定资产形成的营业外支出。

企业的利润，就其构成来看，既有通过生产经营活动而获得的，也有通过投资活动而获得的，还包括那些与生产经营活动无直接关系的事项所引起的盈利或亏损，一般包括营业利润、利润总额和净利润三个方面。

（1）营业利润

营业利润 = 营业收入 − 营业成本 − 税金及附加 − 销售费用 − 管理费用 − 研发费用 − 财务费用 + 其他收益 + 投资收益（ − 投资损失） + 公允价值变动收益（ − 公允价值变动损失） − 信用减值损失 − 资产减值损失 + 资产处置收益（ − 资产处置损失）。其中：

营业收入：是指企业经营业务所确认的收入总额，包括主营业务收入和其他业务收入。

营业成本：是指企业经营业务所发生的实际成本总额，包括主营业务成本和其他业务成本。

研发费用：是指企业计入管理费用在研究与开发过程中发生的费用化支出，以及计入管理费用的自行开发无形资产的摊销。

其他收益：是指与企业日常活动相关，除冲减相关成本费用以外的政府补助，以及其他应计入其他收益的内容。

投资收益（或损失）：是指企业以各种方式对外投资所取得的收益（或发生的损失）。

公允价值变动收益（或损失）：是指企业交易性金融资产等公允价值变动形成的应计入当期损益的利得（或损失）。

信用减值损失：是指企业计提的各项金融工具减值准备所形成的预期信用损失。

资产减值损失：是指企业计提各项资产减值准备所形成的损失。

（2）利润总额

利润总额 = 营业利润 + 营业外收入 − 营业外支出

其中，营业外收入是指企业发生的与其日常活动无直接关系的各项利得。营业外支出是指企业发生的与其日常活动无直接关系的各项损失。

（3）净利润

净利润 = 利润总额 − 所得税费用

其中，所得税费用是指企业确认的应从当期利润总额中扣除的所得税费用。

所得税费用 = 应纳税所得额 × 25% = 利润总额（无纳税调整事项） × 25%

2. 营业外收支的账务处理

（1）营业外收入的账务处理

营业外收入是指企业发生的与其日常活动无直接关系的各项利得，主要包括非流动资产处置利得、盘盈利得、罚没利得、捐赠利得、债务重组利得、政府补助利得、确实无法支付而按规定程序经批准后转作营业外收入的应付款项等。其中：非流动资产处置利得包括固定资产处置利得和无形资产出售利得。

物流企业取得各项营业外收入时，借记“库存现金”“银行存款”“应付账款”“待处理财产损溢”“固定资产清理”等科目，贷记“营业外收入”科目。会计期末，将“营业外收入”账户的余额全部转入“本年利润”账户，借记“营业外收入”科目，贷记“本年利润”科目。

【案例 2.39】 恒通物流公司 20×4 年 2 月收到另一企业交来的不履行合同罚款 20 000 元，款项已收存银行。

【案例分析与账务处理】

收到罚款：

借：银行存款　　　　　　　　　　　　　20 000

　　贷：营业外收入——罚没利得　　　　　　20 000

会计期末将营业外收入结转本年利润：

借：营业外收入——罚没利得　　　　　　20 000

　　贷：本年利润　　　　　　　　　　　　20 000

（2）营业外支出的账务处理

营业外支出是企业发生的与其日常活动无直接关系的各项损失，主要包括非流动资产处置损失、盘亏损失、罚款支出、捐赠支出、非常损失等。

物流企业发生各项营业外支出时，借记“营业外支出”科目，贷记“库存现金”“银行存款”等科目。会计期末，应将“营业外支出”账户余额全部转入“本年利润”账户，借记“本年利润”科目，贷记“营业外支出”科目，结转后“营业外支出”账户应无余额。

【案例 2.40】 恒通物流公司 20×4 年 2 月用银行存款支付税款滞纳金 15 000 元。

【案例分析与账务处理】

支付税款滞纳金：

借：营业外支出——罚款支出　　　　15 000

　　贷：银行存款　　　　　　　　　　15 000

会计期末将营业外支出结转本年利润：

借：本年利润　　　　　　　　　　　15 000

　　贷：营业外支出——罚款支出　　　15 000

【案例总结】

营业外收入和营业外支出应当分别进行账务处理。在具体核算时，不得以营业外支出直接冲减营业外收入，也不得以营业外收入冲销营业外支出。由于营业外收入和营业外支出所包括的项目互不关联，企业还应当分别就营业外收入和营业外支出项目设置明细账户，进行明细核算。其账户的具体特点如下：

①“营业外收入”账户。

性质：损益类账户。

核算内容：核算企业发生的与其日常活动无直接关系的各项利得。

结构：贷方登记营业外收入的发生数，借方登记会计期末将营业外收入结转“本年利润”的数额，该账户结转后无余额。

明细分类账设置：本账户应按营业外收入的项目设置明细分类账进行明细核算。

②“营业外支出”账户。

性质：损益类账户。

核算内容：核算企业发生的与其日常活动无直接关系的各项损失。

结构：借方登记营业外支出的发生数，贷方登记会计期末营业外支出的结转数，该账户结转后无余额。

3. 投资收益的账务处理

企业在对外投资过程中经常分得股利或利润，这些股利或利润通常称为投资收益。

物流企业取得投资收益时，借记“银行存款”等科目，贷记“投资收益”科目。会计期末，将“投资收益”账户的余额全部转入“本年利润”账户，借记“投资收益”科目，贷记“本年利润”科目，结转后“投资收益”账户无余额。若物流企业发生投资损失，其账务处理与取得投资收益的账务处理相反。

【案例2.41】恒通物流公司20×4年2月收到对外投资分得的利润5 000元，款项已收存银行。

【案例分析与账务处理】

借：银行存款　　　　　　5 000

　　贷：投资收益　　　　　　5 000

【案例总结】

对外投资分得股利或利润或发生损失，都需使用“投资收益”账户。

性质：损益类账户。

核算内容：核算和监督企业对外投资所取得的收益或发生的损失。

结构：贷方登记企业对外投资所取得的收益；借方登记对外投资发生的损失；余额若在贷方为投资净收益，若在借方为投资净损失，期末转入“本年利润”账户后，本账户无余额。

明细分类账设置：本账户按投资收益种类设置明细账户，进行明细分类核算。

4. 所得税费用的账务处理

所得税是企业根据应纳税所得额的一定比例上交国家的一种税，是企业根据所得税准则确认的应从当期利润总额中扣除的所得税费用。

会计期末企业根据利润总额加减有关所得税纳税调整项目形成应纳税所得额，用应纳税所得额乘以所得税税率计算出的所得税费用，借记“所得税费用”科目，贷记“应交税费——应交所得税”科目；上交所得税时，借记“应交税费——应交所得税”科目，贷记“银行存款”科目；会计期末将所得税费用结转本年利润时，借记“本年利润”科目，贷记“所得税费用”科目，结转后该账户无余额。

【案例 2. 42】恒通物流公司 20×4 年全年利润总额为 500 000 元，假定无纳税调整事项，当年的所得税税率为 25%。请完成恒通物流公司当年所得税的账务处理。

【案例分析与账务处理】

当年应交所得税 = 500 000 × 25% = 125 000 元，其账务处理：

借：所得税费用　　　　125 000

　　贷：应交税费——应交所得税　　　　125 000

上交所得税：

借：应交税费——应交所得税　　　　125 000

　　贷：银行存款　　　　125 000

期末所得税费用结转本年利润：

借：本年利润　　　　125 000

　　贷：所得税费用　　　　125 000

【案例总结】

所得税费用进行账务处理涉及的账户是“所得税费用”和“本年利润”账户。

①“所得税费用”账户。

性质：损益类账户。

核算内容：核算企业根据利润总额加减调整项目后形成的应纳税所得额乘以所得税税率后计算出的所得税费用。

结构：借方登记所得税费用的增加数，贷方登记会计期末结转本年利润的数额，结转后该账户无余额。

明细分类账设置：该账户一般不需设明细分类账。

②“本年利润”账户。

性质：所有者权益类账户。

核算的内容：核算物流企业在一定会计期间内获得的净利润或发生的净亏损。

结构：贷方登记损益类账户中收入、收益的转入数或本年经营亏损结转未分配利润的数额，借方登记损益类账户中费用支出的转入数或本年实现的净利润转入未分配利润数，该账户结转后无余额。

明细分类账设置：该账户一般不需设置明细账户。

5. 本年利润的账务处理

物流企业在会计期末应将所有损益类账户转入“本年利润”账户，计算出一定期间物流企业的经营成果，即实现的净利润（或发生的净亏损）。

（1）损益类账户中收入、收益类账户的结转

会计期末应将“主营业务收入”“其他业务收入”“投资收益”“营业外收入”等账户的期末余额从其账户的借方转入“本年利润”账户的贷方。

借：主营业务收入

其他业务收入

营业外收入

投资收益

贷：本年利润

（2）损益类账户中成本费用类账户的结转

会计期末应将“主营业务成本”“税金及附加”“其他业务成本”“销售费用”“管理费用”“财务费用”“信用减值损失”“资产减值损失”“营业外支出”等账户的期末余额从其账户的贷方转入“本年利润”账户的借方。

借：本年利润

贷：主营业务成本

其他业务成本

税金及附加

销售费用

管理费用

财务费用

信用减值损失

资产减值损失

营业外支出

（3）本年利润账户的结转

经过上述转账后，“本年利润”账户如有贷方余额，反映本年度自年初开始累计实现的净利润；如有借方余额，反映本年度自年初开始累计发生的净损失。

年度终了，应将本年收入与支出相抵后结出本年实现的净利润，进行利润分配后转入“利润分配——未分配利润”账户。

借：本年利润

贷：利润分配——未分配利润

如为净亏损，做相反的会计分录。年终结账后，“本年利润”账户无余额。

将损益类账户结转本年利润的方法有账结法和表结法两种。

账结法是指企业每月结账时，均将损益类账户的余额全部转入“本年利润”账户，此种方法被称为月结法。这种方法通过账面记录可随时了解企业利润的实现情况。

表结法是指企业每月结账时，不需将损益类账户的余额全部转入“本年利润”账户，而是通过编制利润表了解企业利润的实现情况。

【案例2.43】恒通物流公司20×3年12月31日结账前各损益类账户的余额如表2.18所示。该公司的所得税税率为25%，假设无纳税调整事项，进行损益类账户的结转。

表 2.18　恒通物流公司 20×3 年 12 月 31 日结账前各损益类账户余额　单位：元

账户名称	借方余额	贷方余额
主营业务收入	—	600 000
其他业务收入	—	200 000
投资收益	—	60 000
营业外收入	—	40 000
主营业务成本	360 000	—
税金及附加	40 000	—
其他业务成本	10 000	—
销售费用	20 000	—
管理费用	30 000	—
财务费用	16 000	—
资产减值损失	13 000	—
营业外支出	11 000	—

【案例分析与账务处理】

根据上述资料，损益类账户结转的账务处理如下：

①所有收入、收益类账户余额转入“本年利润”账户：

借：主营业务收入　600 000
　　其他业务收入　200 000
　　投资收益　60 000
　　营业外收入　40 000
　　贷：本年利润　900 000

②所有费用类账户余额转入“本年利润”账户：

借：本年利润　500 000
　　贷：主营业务成本　360 000
　　　　税金及附加　40 000
　　　　其他业务成本　10 000
　　　　销售费用　20 000
　　　　管理费用　30 000
　　　　财务费用　16 000
　　　　资产减值损失　13 000
　　　　营业外支出　11 000

③计算应上交的所得税费用：

应交所得税 =（900 000 - 500 000）×25% = 100 000 元

借：所得税费用　　　　　　　　100 000

　　贷：应交税费——应交所得税　　100 000

④所得税费用转“本年利润”：

借：本年利润　　　　　　　　100 000

　　贷：所得税费用　　　　　　　　100 000

⑤将本年实现的净利润转入“利润分配——未分配利润”：

借：本年利润　　　　　　　　300 000

　　贷：利润分配——未分配利润　　300 000

【案例总结】

本年利润的结转涉及的账户是“本年利润”账户，要注意会计期末将损益类账户结转本年利润时，不要转错方向，结转后所有损益类账户余额都为零。

6. 利润分配的账务处理

（1）利润分配的顺序

利润分配是指物流企业对实现的净利润，按照国家有关规定，在企业和投资人之间进行分配。利润分配的过程和结果，不仅关系到所有者的合法权益能否得到保证，而且关系到企业能否长期、稳定地发展。物流企业应按下列顺序对利润进行分配：

①提取法定盈余公积。企业应按当年实现净利润的10%提取法定盈余公积。公司法定公积金累计额达到公司注册资本的百分之五十以上的，可不再提取。

②提取任意盈余公积。公司从税后利润中提取法定公积金后，经股东会决议或者股东大会决议，还可以从税后利润中提取任意公积金。

③对股东进行利润分配。提取公积金后的税后利润，有限责任公司依据公司法按照实缴的出资比例分取红利，但是，全体股东约定不按照出资比例分取红利的除外。

（2）账务处理

①提取盈余公积的账务处理。企业按规定提取盈余公积时，借记“利润分配——提取法定盈余公积、提取任意盈余公积”科目，贷记“盈余公积——法定盈余公积”“盈余公积——任意盈余公积”科目。

【案例2.44】恒通物流公司20×3年按实现净利润的10%提取法定盈余公积，按净利润的20%提取任意盈余公积。若该物流公司当年实现的净利润为300 000元，请做出提取盈余公积的账务处理。

【案例分析与账务处理】

借：利润分配——提取法定盈余公积　　30 000

　　　　　　——提取任意盈余公积　　60 000

　　贷：盈余公积——法定盈余公积　　30 000

　　　　　　　　——任意盈余公积　　60 000

②向投资者分配现金股利（利润）的账务处理。企业当年实现的净利润，除提取盈余公积外，还应向投资者分配股利（利润）。企业向投资者分配股利（利润）时，应根据可供投资者分配的利润和各投资者的投资比例进行分配。企业根据利润分配方案对当年可供投资者分配的利润进行分配后，其余额为年末未分配利润。年末未分配利润是企业留待以后年度继续分配的利润。

企业经股东大会或类似机构决议，分配给股东或投资者的现金股利或利润，应借记“利润分配——应付现金股利或利润”科目，贷记“应付股利”科目。

【案例 2. 45】经股东大会决定，恒通物流公司 20 ×3 年向股东分配现金股利 100 000 元。做出该公司分配股利的账务处理。

【案例分析与账务处理】

借：利润分配——应付现金股利或利润　　　　100 000

　　贷：应付股利　　　　　　　　　　　　　　100 000

③利润分配各明细账户的年终结转。年终，物流企业应将“利润分配——提取法定盈余公积”“利润分配——提取任意盈余公积”“利润分配——应付现金股利或利润”明细账户余额从其账户的贷方全额转入“利润分配——未分配利润”账户的借方，若为亏损则做相反的会计分录。

借：利润分配——未分配利润

　　贷：利润分配——提取法定盈余公积

　　　　　　　　——提取任意盈余公积

　　　　　　　　——应付现金股利或利润

结转完成后，除“利润分配——未分配利润”明细账户有余额外，其余明细账户均无余额。“利润分配——未分配利润”若为贷方余额，为历年累计未分配的利润；若为借方余额，为历年累计未弥补的亏损。

【案例 2. 46】根据【案例 2. 43】中相关数据，对恒通物流公司 20 ×3 年度的利润分配进行年终结转，并计算年末未分配利润。

【案例分析与账务处理】

该公司提取法定盈余公积 30 000 元、任意盈余公积 60 000 元，向投资者分配股利 100 000元，其年终利润分配明细账结转如下：

借：利润分配——未分配利润　　　　　　　　190 000

　　贷：利润分配——提取法定盈余公积　　　　　30 000

　　　　　　　　——提取任意盈余公积　　　　　60 000

　　　　　　　　——应付现金股利或利润　　　100 000

则该公司年终未分配利润 = 300 000 − 30 000 − 60 000 − 100 000 = 11 000（元）

【案例总结】

企业利润分配涉及如下账户：

①“利润分配”账户。

性质：所有者权益账户

核算内容：核算和监督企业利润的分配（或亏损的弥补）和历年分配（或弥补亏损后）的积存余额。

结构：借方登记利润分配的去向和从“本年利润”账户转入的亏损数；贷方登记从“本年利润”账户转入的全年实现的净利润和亏损的弥补情况；年末贷方余额为企业历年积存的未分配利润，借方余额为未弥补的亏损。

明细分类账设置：本账户按利润分配的去向设置明细分类账，进行明细分类核算。即设置“提取法定盈余公积”“提取任意盈余公积”“应付现金股利或利润”“未分配利润”等明细账户。

②“盈余公积”账户。

性质：所有者权益类账户。

核算内容：核算和监督企业从净利润中提取的盈余公积金。

结构：贷方登记盈余公积金的提取数；借方登记用盈余公积弥补亏损或转增资本数；余额在贷方，表示盈余公积金的实际结存数。

明细分类账设置：本账户按盈余公积的种类设置明细分类账，进行明细分类核算。

③“应付股利”账户。

性质：负债类账户。

核算内容：核算和监督企业经董事会或股东大会，或类似机构决议确定分配的现金股利或利润（不包括股票股利）。

结构：贷方登记应支付的现金股利或利润；借方登记实际支付的现金股利或利润；余额在贷方，反映企业尚未支付的现金股利或利润。

明细分类账设置：本账户应按投资者设置明细分类账。

任务训练11：通过“利润形成及分配的账务处理”教学行动，请按要求在10分钟的时间内完成鑫鑫物流公司（一般纳税人企业）20×3年12月月末有关业务会计分录的编写工作，并计算本年度的未分配利润。

该物流公司20×3年12月月末主营业务收入为5 000 000元，其他业务收入为600 000元，营业外收入为20 000元，投资收益为－10 000元，主营业务成本为1 000 000元，其他业务成本为100 000元，营业外支出为8 000元，税金及附加为50 000元，资产减值损失为10 000元，信用减值损失为5 000元。所得税税率为25%，无纳税调整事项。按净利润的10%提取法定盈余公积、20%提取任意盈余公积、30%向投资者分配利润。

岗课赛证融合测试

要求：请学生在25分钟内独立完成下列测试。

一、单项选择题（将正确答案的字母填在括号内）

1. 下列属于资产类会计科目的是（　　）。

A. 预付账款　　B. 预收账款　　C. 股本　　D. 短期借款

2. 下列属于负债类会计科目的是（　　）。

A. 银行存款　　B. 应付职工薪酬

C. 固定资产　　D. 预付账款

3. 下列属于所有者权益类会计科目的是（　　）。

A. 无形资产　　B. 应付账款

C. 实收资本　　D. 待处理财产损溢

4. 下列属于损益类会计科目的是（　　）。

A. 应收账款　　B. 资本公积

C. 周转材料　　D. 资产减值损失

5. 在借贷记账法下，账户的借方表示（　　）。

A. 应付账款的增加和银行存款的减少

B. 应收账款的增加和应交税费的减少

C. 本年利润和盈余公积的增加

D. 主营业务收入的增加和应付职工薪酬的减少

6. 借贷记账法下，账户的贷方表示（　　）。

A. 长期借款和预付账款的减少　　B. 应收账款的增加和短期借款的减少

C. 本年利润和资本公积的增加　　D. 投资收益的增加和预收账款的减少

7. 某物流企业“本年利润”账户的年末余额为5 000 000元，无纳税调整事项，所得税税率为25%，按税后利润的10%提法定盈余公积、25%提任意盈余公积、35%向投资者分配，请问：该物流企业本年度的未分配利润是（　　）。

A. 1 125 000元　　B. 3 750 000元

C. 3 750 000元　　D. 1 750 000元

8. 下列账户中，会计期末一般没有余额的是（　　）。

A. 应收账款　　B. 营业外收入　　C. 利润分配　　D. 实收资本

9. 物流公司下属的汽车保养场所发生的修理费用应在（　　）账户中归集。

A. 主营业务成本　　B. 其他业务成本

C. 劳务成本　　D. 制造费用

10. 若预付账款不符合预付账款性质，或者因供货单位破产、撤销等原因已无望再收到所购货物时，应将原记入“预付账款”的金额转入（　　）。

A. 应收账款　　B. 应收票据

C. 其他应收款　　D. 应付账款

11. 物流企业不论是否采用备用金制度，对于职工借差旅费（现金）的会计分录是相同的，即（　　）。

A. 借：应收账款
贷：银行存款

B. 借：其他应收款
贷：库存现金

C. 借：银行存款
贷：其他应收款

D. 借：其他应收款
贷：银行存款

12. 企业管理人员出差归来，报差旅费 1 350 元。该职工出差前并没借差旅费，将差旅费直接打入该职工的银行卡，则职工出差归来报销差旅费的账务处理为（　　）

A. 借：管理费用　1 350
贷：库存现金　1 350

B. 借：管理费用　1 350
贷：其他应收款　1 350

C. 借：管理费用　1 350
贷：银行存款　1 350

D. 借：其他应收款　1 350
贷：库存现金　1 350

13. 若应收票据到期无法收回应进行的账务处理为（　　）。

A. 借：应收账款
贷：应收票据

B. 借：其他应收款
贷：应收票据

C. 借：预付账款
贷：应收票据

D. 借：应收票据
贷：应收账款

14. 物流企业将发生的费用通过归集记入“辅助生产费用”账户借方的是（　　）。

A. 运输车队耗用的燃料　　B. 总公司发生费用

C. 保修厂发生的费用　　D. 车站发生的费用

15. 物流企业仓储业务收入确认时，贷记（　　）账户。

A. 主营业务收入——装卸收入　　B. 主营业务收入——仓储收入

C. 主营业务收入——配送收入　　D. 主营业务收入——堆存收入

16. 发生在物流各环节的包装费用不能形成包装收入的应记入（　　）账户。

A. 财务费用　　B. 销售费用　　C. 管理费用　　D. 主营业务成本

17. 下列各项税费不应记入“税金及附加”账户的是（　　）。

A. 房产税　　B. 所得税

C. 教育费附加　　D. 城市维护建设税

18. 企业在生产经营过程中借入的短期借款利息，预提借款利息时应借记（　　）账户。

A. 管理费用　　B. 财务费用　　C. 制造费用　　D. 生产成本

19. 下列不属于“应交税费——应交增值税”三级明细科目的是（　　）。

A. 进项税额　　B. 进项税额转出　　C. 销售税额　　D. 简易计税

20. 下列属于“应交税费——应交增值税”三级明细科目是（　　）。

A. 出口退税　　B. 未交增值税　　C. 所得税　　D. 简易计税

二、多项选择题（下列各项中均有两个或两个以上的正确答案，请将正确答案的字母填在括号内）

1. 下列项目中属于收入核算内容的有（　　）。

A. 企业提供劳务获得的收益

B. 企业出售固定资产取得的利得

C. 企业让渡资产使用权获得的收益

D. 企业转让商标权获得的收益

2. 下列会计科目，年末无余额的有（　　）。

A. 主营业务收入　　B. 营业外收入　　C. 本年利润　　D. 利润分配

3. 下列属于资产类会计科目的有（　　）。

A. 应收账款　　B. 预收账款　　C. 应付账款　　D. 预付账款

4. 下列属于所有者权益类的会计科目有（　　）。

A. 盈余公积　　B. 主营业务收入

C. 本年利润　　D. 投资收益

5. 属于损益类的会计科目有（　　）。

A. 主营业务收入　　B. 管理费用

C. 主营业务成本　　D. 投资收益

6. 物流企业的存货包括（　　）。

A. 原材料　　B. 库存商品　　C. 周转材料　　D. 库房

7. 下列属于物流企业原材料的有（　　）。

A. 轮胎　　B. 燃料　　C. 内胎　　D. 修理用工具

8. 物流企业发生下列费用，应记入“管理费用”的有（　　）。

A. 董事会会费　　B. 广告费　　C. 诉讼费　　D. 工会经费

9. 物流企业周转材料中的低值易耗品包括（　　）。

A. 汽车保养、修理用的专用工具和简易设备

B. 物流企业随车携带的篷布、绳索、千斤顶、防滑链条等

C. 为了安全生产发给工人劳动保护用的工作服、工作鞋和各种防护用品

D. 管理工作中使用的各种家具、器具、自行车、打印机、办公用具

10. 下列关于运输成本中制造费用说法正确的是（　　）。

A. 物流企业所属运营单位，如分公司、车站等基层营运单位为组织与管理营运过程

所发生的不能直接记入成本计算对象的各种间接费用

B. 发生制造费用时记入“制造费用”账户的借方，会计期末按一定的分配标准分配给所属受益对象，分配后该账户无余额

C. 包括分公司、车站发生的工资、固定资产折旧费、低值易耗品摊销、取暖费等

D. 核算物流企业的修理修配、供汽、供水等部门发生的不能直接计入成本的各种间接费用

11. 会计期末应转入“本年利润”账户借方的有（ ）。

A. 所得税费用　　B. 主营业务成本

C. 投资收益（盈利）　　D. 盈余公积

12. 下列账户会计期末无余额的有（ ）。

A. 利润分配——未分配利润　　B. 利润分配——应付股利

C. 所得税费用　　D. 本年利润

13. 城市维护建设税和教育费附加计税依据是（ ）。

A. 增值税　　B. 房产税　　C. 消费税　　D. 所得税

14. 下列属于“应交税费——应交增值税”三级明细贷方科目的是（ ）。

A. 进项税额　　B. 销项税额

C. 已交税金　　D. 进项税额转出

15. 下列属于“应交税费——应交增值税”三级明细借方科目的是（ ）。

A. 进项税额　　B. 销项税额

C. 已交税金　　D. 转出未交增值税

三、判断题（正确的在括号中画“√”，错误的在括号中画“×”）

1. 在借贷记账法下，“借”表示增加，“贷”表示减少。（ ）

2. 物流企业仓储成本核算对象为企业经营的各种类型的仓库。（ ）

3. 运输车辆在为客户运输过程中发生的洗车费、过桥费、轮渡费、司机途中宿费、行车杂费等，应先计入营运间接费用，分配后记入“主营业务成本——运输支出”。（ ）

4. “本年利润”账户期末无余额。（ ）

5. 企业计算所得税费用时，就是根据利润总额乘所得税税率计算得出。（ ）

6. 物流企业的原材料包括各种消耗性材料、营运材料、用于辅助生产部门的零配件、工业性作业所消耗的原料及主要材料、辅助材料等。如燃料、轮胎、内胎、垫带、修理用配件、劳动保护用品、篷布、绳索等。（ ）

7. “利润分配”除“未分配利润”明细账户外，各明细账户的期末可能有余额，也可能没余额。（ ）

8. 就目前而言，物流企业除运输业的增值税税率是9%外，其余的如仓储、堆存等业务的增值税税率为6%。（ ）

9. 物流企业的期间费用包括管理费用、财务费用、销售费用、制造费用。 （ ）

10. 物流企业缴纳增值税的业务处理：借记“应交税费——应交增值税（已交）”，贷记“银行存款”科目。 （ ）

四、业务测试题

某物流企业20×3年12月发生如下交易或事项：

（1）投资者投入固定资产一台，双方协商价为200 000元。

（2）该物流企业向银行借入短期借款100 000元，存入银行。

（3）该物流企业购入修理用配件28 000元，增值税税率为13%，运杂费2 000元，税率为9%，均用存款支付，材料入库。

（4）领用修理用配件15 000元，其中运输一队领用6 000元，运输二队领用5 000元，公司总部领用2 000元，车站领用2 000元。

（5）用银行存款支付职工薪酬48 000元。

（6）分配本月职工薪酬，运输一队工人20 000元，运输二队15 000元，车站管理人员6 000元，行政管理人员2 000元，汽车保养场共5 000元。

（7）计提固定资产折旧30 000元，其中，运输一队10 000元，运输二队5 000元，行政管理部门6 000元，车站4 000元，汽车保养场5 000元。

（8）该物流企业燃料采用满油箱制管理制度。当月运输一队领用汽油2 000升，运输二队领用燃料2 500升，公司交通车队领用燃料1 000升，对外销售汽油3 000升，车队领用1 500升，汽车保养场领用2 000升。汽油的单位成本为4元/升。

（9）该物流企业内胎、垫带采用一次摊销法。本月份领用垫带和内胎的情况汇总如下：内胎总计领用2 400元，其中运输一队领用1 200元，运输二队领用900元，公司领用300元；垫带总计领用870元，其中运输一队领用300元，运输二队领用350元，公司领用100元，车站领用120元。

（10）该物流企业以银行存款购入外胎50只，每只外胎的含税价为1 130元，残值50元，每只外胎预计可行驶里程定额为100 000千米。假定运输一队该轮胎本月行驶24 000千米，其中已有4条轮胎报废，已摊销3 600元，收回残料150元。

（11）月末对发生的劳务成本按提供修理保养的总工时进行分配，本月共提供修理保养工时总计1 000小时，其中运输一队550小时，运输二队450小时。

（12）月末对发生制造费用按营运车日比例进行分配，运营车日为2 000工时，其中运输一队1 100日，运输二队900日。

（13）该物流公司装卸队从仓库领用手推车一辆，价值3 000元，采用五五摊销法摊销，使用6个月后报废。报废时收回残料100元入库。

（14）王军因业务需要出差借差旅费5 000元，企业支付现金。

（15）数日后，王军出差归来报销差旅费5 300元。差额企业补付现金。

（16）本月共收到转账支票5张，系提供物流运输服务收入160 000元，收到6个月到期的商业汇票3张，系提供装卸服务所得，共计65 000元，另还有应收甲、乙单位仓储收入分别是25 000元和55 000元，还收到现金25 000元，是配送服务收入。

（17）开出转账支票一张，号码29545870，支付不含税广告费12 000元，取得增值税发票，增值税税率为6%。

（18）开出转账支票一张，号码29545970，支付短期借款利息12 000元，已计提8 000元。

（19）销售材料不含税收入为5 000元，增值税税率为13%，收到转账支票一张，号码39545507，存入银行。

（20）结转上述销售材料成本3 000元。

（21）以银行存款支付违约罚款2 000元。

（22）年终进行损益类账户的结转及利润分配。该企业无纳税调整事项，所得税税率为25%，按净利润的10%提取法定盈余公积，按净利润的20%向投资者分配利润。

要求：根据发生的上述交易或事项做出相应的账务处理。

谈谈说说讲讲。结合党的二十大报告和任务2教学内容，以现实生活中某一方面或几方面为例，谈谈对党的二十大报告中“幼有所育、学有所教、劳有所得、病有所医、老有所养、住有所居、弱有所扶”的理解和所见、所闻、所想、所感。

任务2　学习成绩评价表

班级____　姓名____　任务名称____　任务学习时间____　任务组长____

评价项	评价内容及关键点	评价标准	评价者与评分比重			任务得分		项目得分
			教师评价（30%）	本人评价（30%）	组员评价（40%）	每项分值	任务总分值	
任务2	典型任务完成情况 任务训练1完成情况 任务训练2完成情况 任务训练3完成情况 任务训练4完成情况 任务训练5完成情况 任务训练6完成情况 任务训练7完成情况 任务训练8完成情况 任务训练9完成情况 任务训练10完成情况 任务训练11完成情况 岗课赛证融合测试情况 谈谈说说讲讲情况							

任务3　接触物流企业会计人员，熟悉物流企业会计工作

课程思政：学习劳模从爱岗敬业开始

1. 典型任务引入

在前几次的教学中，学生对会计要素及会计等式、会计科目及记账方法、物流企业常规业务的会计处理有了一定的了解和掌握，但许多学生还不明白物流会计到底是什么，对物流会计机构及人员的配置要求还没有系统的认知和了解。因此，本次教学活动需要探讨和解决的具体问题包括：

（1）物流会计的职能有哪些？

（2）物流会计目标是什么？

（3）物流会计的对象和核算的方法有哪些？

（4）物流会计机构和人员配置要求是怎样的？

（5）物流会计工作规范有哪些？

2. 典型任务分析

从事物流会计的工作人员，必须熟悉物流会计的职能和目标，物流会计工作的对象和会计核算的方法，熟悉物流会计机构工作岗位的设置及对会计人员的要求，以及物流会计必须遵守的会计工作规范。本任务的学习任务如图3.1所示。

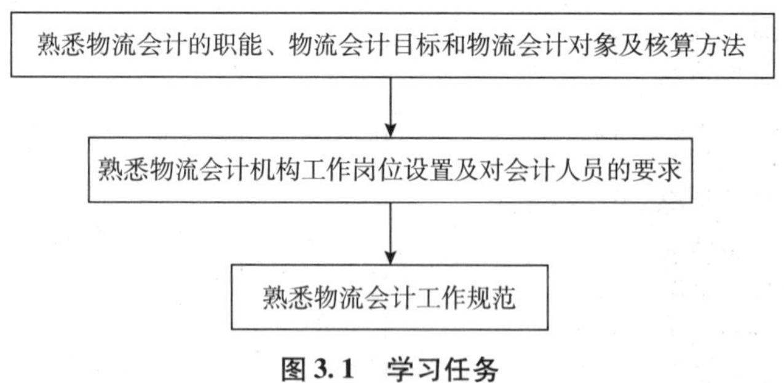

图3.1　学习任务

3. 典型任务实施

任务实施过程见表3.1。

表 3.1　典型任务实施过程

序号	实施步骤	使用的资源	实施结果
1	认知物流会计职能及其目标	课件、教材、准则、在线课程	清楚会计工作与其他工作的区别，熟悉物流会计工作职能和目标，为从事物流会计工作履行会计职责奠定基础
2	了解物流会计核算方法	课件、教材、准则、在线课程	清楚物流会计核算方法，为本门课程后续学习和从事物流会计工作奠定基础
3	熟悉物流会计机构的工作岗位设置及对会计人员要求	课件、教材、准则、在线课程	清楚物流会计机构的工作岗位设置和对物流会计工作人员要求，为从事物流会计工作奠定基础
4	了解物流会计工作规范	课件、教材、准则、文件解读	了解物流会计工作规范的构成，为后续学习和从事物流会计工作奠定基础

4. **典型任务总结**

学生通过学习活动，完成任务分析并加以总结，填写表 3.2。

表 3.2　典型任务分析总结表

问题	答案
(1)	
(2)	
(3)	
(4)	
(5)	

任务知识和技能

3.1　认知物流会计及物流会计工作

3.1.1　认知物流会计及其工作目标

1. **物流会计概念及职能**

物流会计指以货币为主要计量单位，采用专门的方法和程序，全面、完整、连续、系统地反映和监督物流企业交易或事项的发生和完成情况的一项经济管理工作。具有基本职能和拓展职能两部分。

（1）基本职能

核算和监督是物流会计的两项基本职能。

核算职能贯穿经济活动的全过程，会计以货币为主要计量单位，通过对特定主体的经济活动进行确认、计量、记录和报告，达到为有关各方提供会计信息的目的。

监督职能是指对特定会计主体经济活动和相关会计核算的真实性、合法性、合理性进行审查，即以一定的标准和要求，利用会计所提供的信息对各单位的经济活动进行有效的指导、控制和调节，以达到预期的目的。具体包括对交易事项的真实性、财务收支合法性、公共财产完整性的监督。

物流会计核算与物流会计监督是相辅相成、辩证统一的。物流会计核算是会计监督的基础，没有核算提供的各种信息，监督就失去了依据；物流会计监督又是物流会计核算质量的保障，只有核算，没有监督，就难以保证信息的质量。

（2）拓展职能

物流会计除了进行会计核算和实施会计监督，还具有预测经济前景、参与经济决策、评价经营业绩等拓展职能。

预测经济前景是指根据财务报告等提供的信息，定量或者定性地判断和推测经济活动的发展变化规律，以指导和调节经济活动，提高经济效益。

参与经济决策是指根据财务报告等提供的信息，运用定量分析和定性分析方法，对备选方案进行经济可行性分析，为企业经营管理等提供与决策相关的信息。

评价经营业绩是指利用财务报告等提供的信息，采用适当的方法，对企业一定经营期间的资产运营、经济效益等经营成果，对照相应的评价标准，进行定量及定性对比分析，做出真实、客观、公正的综合评判。

2. 物流会计的目标

会计目标，是要求会计工作完成的任务或达到的标准，即向财务报告使用者提供与企业财务状况、经营成果和现金流量有关的会计信息，反映企业管理层受托责任的履行情况，有助于使用者做出经济决策。具体包括以下三个方面的内容：

第一，会计信息使用者。物流企业会计需要向会计信息使用者提供会计信息。一般而言，会计信息使用者包括政府及有关部门、投资者、债权人、社会公众、企业内部管理层、职工等。

第二，会计信息的内容和要求。物流企业的会计应向会计信息使用者如实提供与企业财务状况、经营成果和现金流量有关的信息。

第三，会计信息的表现形式。目前普遍使用的会计信息的表现形式有两种：一是会计报表，二是会计报表之外的信息披露，如报表附注、说明等。

3.1.2 物流会计的方法

物流会计是用来核算和监督物流企业经营活动，实现物流会计目标的手段。物流会计的方法通常包括会计核算方法、会计分析方法和会计检查方法。会计核算方法主要是通过确认、计量、记录和报告，为有关各方提供会计信息，这是整个会计工作的基础，是会计的主要方法，具体包括七个方面的内容。

（1）设置账户

在账簿中为每一会计科目开设一定结构内容的账户，以便通过账户分门别类地登记经济业务。账户由账户名称（即会计科目）和账户结构两部分组成。设置账户对于正确填制和审核凭证、登记账簿、编制财务会计报告等，都具有重要意义。

（2）复式记账

复式记账是对任何一项交易或事项，都必须以相等的金额，同时在两个或两个以上账户中进行登记的一种专门方法。

（3）填制和审核凭证

任何企业、事业单位发生的任何交易或事项都必须填制或取得会计凭证，证明交易或事项的发生或完成情况。所有凭证都要有经办人签字、会计部门和有关部门的审核。只有审核无误的会计凭证才能作为登记账簿的依据。通过填制和审核会计凭证，可以保证会计核算的质量。

（4）登记账簿

填制和审核会计凭证，只能证明交易或事项的合理合法性，并取得了一定的记账依据，但会计凭证是分散的，不系统，只有按交易或事项的性质分类记入有关账簿中去，才能提供比较系统、完整的会计信息。

（5）成本计算

成本计算是按照成本对象来归集经营过程中发生的各项费用，并计算各成本对象总成本和单位成本的一种专门方法。通过成本计算，可以核算和监督企业经营过程中所发生的各项费用是否符合节约的原则和经济核算的要求，以便采取措施，挖掘潜力，节约消耗，降低成本，提高经济效益。

（6）财产清查

财产清查是通过盘点实物、核对往来账目来查明各项财产物资、货币资金、债权债务实有数额，并与账存数核对，检查账簿记录是否真实可靠的一种方法。

（7）编制财务会计报告

财务会计报告是依据账簿及有关资料定期编制的、总括反映企业在某特定时日的财务状况，一定期间的财务成果及其现金流量变动情况的报告文件。通过编制财务会计报告，对分散在账簿中的日常核算资料进行综合、分析、加工整理，提供全面反映经济活动的各方面所需要的有用信息，满足信息使用者的需求，实现会计目标。

3.1.3 了解物流会计机构和会计人员设置要求

1. 会计机构和会计岗位

各企事业单位应按照《中华人民共和国会计法》（以下简称《会计法》）的规定设置会计机构。会计机构是物流企业整个组织机构的组成部分，它与运输车队、车站、公司管理部门一样，都是物流企业的重要职能部门。

《会计基础工作规范》第六条规定，“各单位应当根据会计业务的需要设置会计机构；不具备单独设置会计机构条件的，应当在有关机构中配备专职会计人员”“设置会计机构，应当配备会计机构负责人；在有关机构中配备专职会计人员，应当在专职会计人员中指定会计主管人员”。

物流会计机构通常叫作财务处、财务科、财务部等。各单位的会计机构，在宏观上要接受上级管理机构、国家财政税务和审计等部门的指导监督，并按规定向它们报送会计报表；在单位内部，要在行政领导人的领导下开展会计工作。

物流会计机构的设置取决于企业规模的大小、会计工作的繁简程度和管理要求。规模较大的企业，在会计机构内岗位设置较细、较多。可以按经济业务类型划分岗位，设置若干职能组，分别负责各项业务工作。规模较小的企业，可以设置一个简单的会计机构。不具备条件设置会计机构的企业，应当在有关机构中配备专职的会计人员，或委托经批准设立从事会计代理记账业务的中介机构代理记账。

物流会计机构至少有一名会计人员和一名出纳人员。在机构内各个岗位之间应设置内部稽核制度，会计人员管“账”，出纳人员管“钱”，出纳人员不得兼任稽核、会计档案保管以及收入、支出、费用、债权债务账目的登记工作。

物流会计工作岗位，是指一个单位会计机构内部根据会计业务分工而设置的职能岗位。财政部发布的《会计基础工作规范》，对会计人员配备、会计岗位设置的原则作了规定，如规定“会计工作岗位，可以一人一岗、一人多岗或者一岗多人”；会计岗位通常包括总会计师（或行使总会计师职权）、会计机构负责人或者会计主管人员、出纳、财产物资核算、工资核算、成本费用核算、财务成果核算、资金核算、往来核算、总账报表、稽核等会计工作岗位。

《会计法》规定，国有的和国有资产占控股地位或者主导地位的大、中型企业必须设置总会计师。总会计师的任职资格、任免程序、职责权限由国务院规定。

总会计师，是组织领导本单位财务管理、成本管理、预算管理、会计核算和会计监督等方面的工作，参与本单位重要经济问题分析和决策的单位行政领导人员。总会计师协助单位主要行政领导人员工作，直接对单位主要行政领导人负责。所以总会计师不是一种专业技术职务，也不是会计机构的负责人或会计主管人员，而是一种行政职务。

2. **物流会计人员**

物流会计人员是在物流企业从事会计工作的专业技术人员。任何企业、单位的会计机构应该根据国家的规定和本单位的实际工作需要配备一定数量的具备专业知识技能并获取会计专业技术职业资格的会计人员，处理本单位的会计事务。当然，在会计工作中国家和单位也都赋予了会计人员一定的权限。

（1）物流会计人员的责任

一是要依照《会计法》的规定进行会计核算；二是要依照《会计法》的规定实行会计监督；三是要拟定本单位办理会计事务的具体办法；四是要参与拟定经济计划、业务计划，考核分析预算、财务计划的执行情况；五是要办理其他会计事务，如经济预测与决策、评价经营业绩等。

（2）物流会计人员的权限

一是有权要求本单位有关部门人员认真遵守国家财经纪律和财务会计制度；二是有权参与本单位编制计划、制定定额和签订经济合同，参与有关经营管理工作会议；三是有权监督、检查本单位有关部门的财务收支、资金使用和财产保管、收发、计量等情况。

（3）对物流会计人员的从业要求

物流会计人员从事会计工作，必须参加全国会计专业技术初级资格考试，取得会计初级技术职务资格。担任单位会计机构负责人的，还应当具备会计师以上专业技术职务资格或者从事会计工作三年以上的工作经历。

3.2　了解物流会计工作规范

从事物流会计工作必须遵循会计工作规范。会计工作规范是指国家权力机关或者其他授权机构制定的，用于指导和约束会计核算，规范会计基础工作，规定会计主体和人员相关责任的规范性文件总称。目前我国物流会计人员必须遵守的会计工作规范由三部分组成。

3.2.1　《中华人民共和国会计法》

为了规范会计行为，保证会计资料真实、完整，加强经济管理和财务管理工作，提高经济效益，维护社会主义市场经济秩序，由国家最高立法机关全国人民代表大会常务委员会颁布制定了《中华人民共和国会计法》，其是会计从业从员必须遵守的法律，是会计工作的最高准则，是会计机构、会计工作、会计人员的根本大法。2017 年新修订的《会计法》由七章五十二条组成。

3.2.2　根据《会计法》制定的《企业会计准则》

《企业会计准则》是财政部依据《会计法》制定的，是会计核算工作的基本规范，具体包括《企业会计准则——基本准则》（以下简称基本准则）、各具体准则及《企业会计准则应用指南》（以下简称应用指南）三部分，是进行会计工作所遵循的规则、方法和程序。

1. **基本准则**

基本准则，规定了会计的目标、会计核算基本假设与前提条件、会计信息质量要求、会计要素及其确认与计量、会计报告的总体要求等内容，是制定具体准则的基础，对具体准则起统驭和指导作用。

2. **具体准则**

具体准则是根据基本准则制定，用来指导企业各类经济业务的确认、计量、记录和报告的准则，分为一般业务准则、特殊行业的特定业务准则和报告准则三类。一般业务准则主要规范各类企业普遍适用的一般经济业务的确认和计量要求，如存货、职工薪酬、建造合同等；特殊行业的特定业务准则主要规定特殊行业的特定业务的确认和计量要求，如石油天然气开采、金融工具的确认和计量；报告准则主要规范普遍适用于各类企业的报告，如财务报表列报、现金流量表、合并财务报表等。

3. **应用指南**

应用指南是根据基本准则和各具体准则制定的，指导会计实务的操作性指南。主要解决在运用准则处理经济业务时所涉及的会计科目、账务处理、会计报表及其格式，类似于以前的会计制度。

3.2.3 根据《会计法》和《企业会计准则》制定的会计制度规范

会计制度规范是进行会计工作所应遵循的规则、方法及程序的总称，它是根据《会计法》和《企业会计准则》制定的会计规范体系，具体包括《会计基础工作规范》和单位内部的会计制度规范。

1. **《会计基础工作规范》**

2019 年 3 月 14 日由中华人民共和国财政部颁布的《会计基础工作规范》，共六章一百条，分别从会计机构、会计人员、会计核算、会计监督和内部会计管理制度等方面，对会计基础工作方面的内容、方式、方法等进行了具体规范，使会计基础工作有章可循、有据可依，为不断提高会计人员的基本业务技能、促进会计基础工作的改善和提高做出了明确的规定。

2. **单位内部的会计制度规范**

单位内部的会计制度规范是单位内部指导会计工作的规定、章程和制度的总称，具体包括内部财务制度、工作流程、职责权限、责任与义务、考核与奖惩等的规定。每个单位都必须根据《会计法》《企业会计准则》《会计基础工作规范》的要求，制定相应的单位内部会计制度。

任务训练1：根据《会计法》规定，各单位可以根据本单位的会计业务繁简情况决定是否设置会计机构。但是，无论是否需要设置独立会计机构，会计工作必须依法开展。请根据下列情况，列出企业会计机构的设置情况。

企业情况	是否单独设立会计机构	设置情况说明
规模大，业务多，收支大		
规模不大，业务不多，收支数额不大		

任务训练2：请将会计人员从事会计工作必须遵守的工作规范填入下列表格中：

会计工作规范名称	会计工作规范包括的基本内容

岗课赛证融合测试

要求：请学生在25分钟内独立完成下列测试。

一、单项选择题（将正确答案的字母填在括号内）

1. 总会计师（　　）职务。

A. 不是专业技术职务　　B. 是会计机构的负责人

C. 是会计主管人员　　D. 是行政职务

2. 出纳人员管“钱”，出纳人员应从事的会计工作有（　　）。

A. 兼任稽核

B. 会计档案保管

C. 收入、支出、费用、债权债务账目的登记工作

D. 货币资金的保管和登记工作

3. 《企业会计准则》是财政部依据《会计法》制定的，是会计核算工作的基本规范，不包括（　　）。

A. 基本准则

B. 具体准则

C. 会计准则应用指南

D.《会计基础工作规范》

4. 下列有关《会计法》说法中不正确的是（　　）。

A. 由国家最高立法机关——全国人民代表大会常务委员会颁布制定

B. 由财政部颁布制定

C. 是会计从业从员必须遵守的法律，是会计工作的最高准则，是会计机构、会计工作、会计人员的根本大法

D. 2017 年新修订的《会计法》由七章五十二条组成

5. 下列说法中不符合会计人员从业要求的是（　　）。

A. 会计人员从事会计工作，必须通过全国会计专业技术初级资格考试

B. 没有取得会计初级技术职务资格的可先从业，在规定的时间内取得也可以

C. 具备会计师以上专业技术职务资格可担任单位会计机构负责人

D. 具备从事会计工作三年以上的经历可担任单位会计机构负责人

6. 下列不属于会计核算方法的有（　　）。

A. 参与预测和决策　　B. 复式记账

C. 登记账簿　　D. 编制财务报告

7. 下列有关《会计基础工作规范》说法中不正确的是（　　）。

A. 2019 年 3 月 14 日，由中华人民共和国财政部颁布

B. 2019 年 3 月 14 日，由国家最高立法机关——全国人民代表大会常务委员会颁布

C.《会计基础工作规范》共六章一百条

D. 分别从会计机构、会计人员、会计核算、会计监督和内部管理制度等方面，对会计基础工作的内容、方式、方法等进行了具体规范

8. 会计机构通常叫作财务处、财务科、财务部等。在单位内部，要在（　　）的领导下开展会计工作。

A. 上级管理机构　　B. 国家财政税务部门

C. 审计部门　　D. 单位行政领导人

9. 下列属于基本会计准则内容的是（　　）。

A. 会计信息质量要求

B. 一般业务准则

C. 特殊行业的特定业务准则

D. 处理经济业务时所涉及的会计科目、账务处理、会计报表及其格式

10. 下列属于具体会计准则内容的是（　　）。

A. 会计信息质量要求

B. 一般业务准则

C. 会计要素的分类及其确认、计量原则

D. 处理经济业务时所涉及的会计科目、账务处理、会计报表及其格式

二、多项选择题（下列各项中均有两个或两个以上的正确答案，请将正确答案的字母填在括号内）

1. 下列属于会计人员必须遵守的会计工作规范有（ ）。

A.《中华人民共和国会计法》

B.《企业会计准则》

C.《会计基础工作规范》

D. 单位内部的会计制度规范

2.《企业会计准则》是财政部依据《会计法》制定的，是会计核算工作的基本规范，具体包括（ ）。

A. 基本准则　　B. 具体准则

C. 应用指南　　D. 会计制度规范

3. 会计人员的责任包括（ ）。

A. 依照《会计法》的规定进行会计核算

B. 依照《会计法》的规定实行会计监督

C. 拟定本单位办理会计事务的具体办法

D. 考核分析预算、财务计划的执行情况

4. 会计人员的权限包括（ ）。

A. 有权要求本单位有关部门人员认真遵守国家财经纪律和财务会计制度

B. 有权参与本单位编制计划、制定定额和签订经济合同

C. 参与有关生产经营管理工作会议

D. 有权监督、检查本单位有关部门的财务收支、资金使用和财产保管、收发、计量

5. 对会计人员的从业要求正确的是（ ）。

A. 会计人员从事会计工作，必须通过全国会计专业技术初级资格考试，取得会计初级技术职务资格

B. 担任单位会计机构负责人的，还应当具备会计师以上专业技术职务资格

C. 具备从事会计工作三年以上的经历可担任单位会计机构负责人

D. 担任单位会计机构负责人可以不从事会计工作，只要具有一定负责人的工作经历即可

6. 有关总会计师的说法正确的是（ ）。

A. 总会计师的任职资格、任免程序、职责权限由国务院规定

B. 总会计师组织领导本单位的财务管理、成本管理、预算管理、会计核算和会计监督等方面的工作

C. 总会计师是参与本单位重要经济问题分析和决策的单位行政领导人员

D. 总会计师协助单位主要行政领导人员工作，直接对单位主要行政领导人负责

7. 关于会计方法说法正确的是（　　）。

A. 会计方法是用来核算和监督会计对象、实现会计目标的手段

B. 会计方法通常包括会计核算方法、会计分析方法和会计检查方法

C. 会计核算主要是通过确认、计量、记录和报告，为有关各方提供会计信息，是整个会计工作的基础，是会计的主要方法

D. 会计核算方法包括复式记账、编制审核凭证、登记账簿方法等

8. 下列关于会计目标说法正确的是（　　）。

A. 会计目标也称会计目的，是要求会计工作完成的任务或达到的标准

B. 向财务报告使用者提供企业财务状况、经营成果和现金流量等有关的信息是会计的基本目标

C. 财务报告使用者主要包括投资者、债权人、政府及其有关部门和社会公众等

D. 会计目标也包括反映企业管理层受托责任的履行情况

9. 会计机构通常叫作财务处、财务科、财务部等。在宏观上要接受（　　）等部门的指导监督，并按规定向它们报送会计报表。

A. 上级管理机构

B. 国家财政税务部门

C. 审计部门

D. 单位行政领导人

10. 会计的职能包括（　　）。

A. 核算职能　　B. 监督职能

C. 预测职能　　D. 评价职能

三、判断题（正确的在括号中画“√”，错误的在括号中画“×”）

1. 会计机构的设置取决于企业规模的大小、会计工作的繁简程度和经济管理要求。规模较大的企业，在会计机构内会计岗位设置较细，岗位较多。（　　）

2. 不具备条件设置会计机构的企业，应当在有关机构中配备专职的会计人员，或委托经批准设立从事会计代理记账业务的中介机构代理记账。（　　）

3. 设置的会计机构如果业务较少，可以只设一名会计人员，负责账和钱。（　　）

4. 各企、事业单位应按照《中华人民共和国会计法》的规定设置会计机构。会计机构是企业单位整个组织机构的组成部分，它是企业的一个重要职能部门。（　　）

5. 各单位的会计机构，在宏观上要接受上级管理机构、国家财政税务和审计等部门的指导监督，并按规定向它们报送会计报表；在单位内部，要在行政领导人的领导下开展会计工作。（　　）

谈谈说说讲讲。结合党的二十大报告和任务3的教学内容，谈谈未来的会计工作者如何做才能“对党忠诚，爱岗敬业”。

任务3 学习成绩评价表

班级____ 姓名____ 任务名称____ 任务学习时间____ 任务组长____

评价项	评价内容及关键点	评价标准	评价者与评分比重			任务得分		项目得分
			教师评价（30%）	本人评价（30%）	组员评价（40%）	每项分值	任务总分值	
任务3	典型任务完成情况 任务训练1完成情况 任务训练2完成情况 岗课赛证融合测试情况 谈谈说说讲讲情况							

项目总结

物流分广义物流和狭义物流两种，狭义物流仅指商品销售的物流活动。广义物流是指现代物流，即指物品从供应地向接受地的实体流动过程，它根据实际需要，将运输、储存、装卸、搬运、包装、流通加工、配送、信息处理等基本功能实施有机结合。物流会计是对广义的物流活动各环节进行核算，为财务报告使用者提供与企业财务状况、经营成果和现金流量有关的信息，反映企业管理层受托责任的履行情况，有助于使用者做出经济决策。物流企业的会计核算必须遵守会计工作规范，目前我国的会计工作规范由三部分组成，即《中华人民共和国会计法》《企业会计准则》和会计制度规范。

《企业会计准则》规定按照交易或事项的经济特征确定会计要素。会计要素包括两大类，一类是反映企业财务状况的会计要素，包括资产、负债和所有者权益，其平衡关系：资产 = 负债 + 所有者权益；另一类是反映企业经营成果的会计要素，包括收入、费用和利润，其平衡关系：收入 - 费用 = 利润或资产 = 负债 + 所有者权益 + （收入 - 费用）。

《企业会计准则》也规定了会计核算要求采用借贷记账法记账。按照借贷记账法的记账规则设置账户，编制会计分录，按照“有借必有贷、借贷必相等”的记账规则，通过发生额及余额试算平衡法进行账户的试算平衡，从而熟悉物流企业日常业务的账务处理，达到验证会计记录的正确性的目的。

项目 2　学做物流会计

项目导言

一个物流企业常规的会计工作有哪些？首先是根据企业的财务状况进行期初建账；其次是依据发生的交易或事项填制和审核会计凭证；再次是根据审核无误的会计凭证登记会计账簿；最后是在对账和结账的基础上保证账实相符。

项目目标

1. 终极目标：坚持准则，不做假账，完成物流企业常规业务的会计处理。

2. 促成目标：

（1）遵守会计职业道德，完成期初建账并能检查建账的正确性。

（2）坚持准则，完成会计凭证的填制与审核。

（3）立足诚信不做假账，完成账簿的登记及记账正确性的检查。

（4）爱岗敬业，完成对账和结账工作。

（5）结合党的二十大报告精神，培养学生讲政治、守诚信、精技能，走技能成才、技能报国之路。

项目任务

1. 期初建账。
2. 填制和审核会计凭证。
3. 登记会计账簿。
4. 对账与结账。

任务4　期初建账

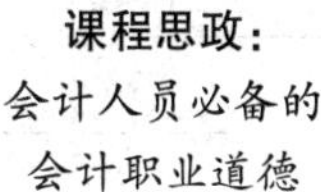

1. 典型任务引入

财会专业的毕业生李玥到红云物流有限责任公司应聘会计一职。财务科长了解李玥情况后，把她领到财务处，问她：新年度开始，会计人员首要工作是什么？如果你是李玥，应怎样回答和操作？

2. 典型任务分析

新年度开始，会计人员首先要做的是根据企业上年末财务状况进行期初建账。期初建账的关键是能正确选用会计账簿并保证建账的正确性。期初建账的过程如图4.1所示。

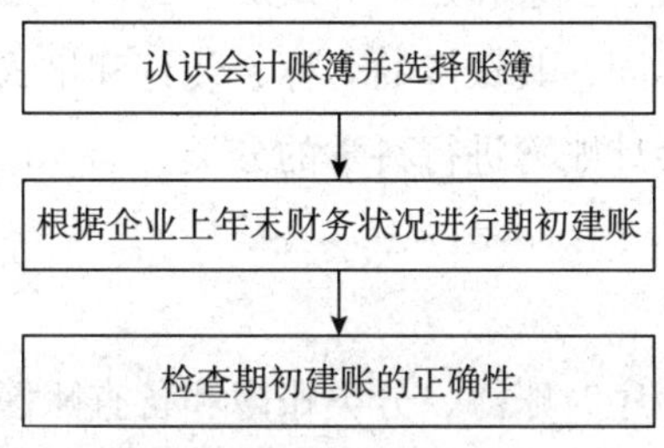

图4.1　期初建账的过程

3. 典型任务实施

典型任务实施过程见表4.1。

表4.1　典型任务实施过程

序号	实施步骤	使用的资源	实施结果
1	认识会计账簿并选择账簿	会计账簿	能正确区分会计账簿并熟悉其格式和用途
2	期初建账	财务状况数据、会计账簿	正确建账并了解其含义
3	检查期初建账的正确性	已建账的账簿	建账正确，并进行总结（如何建账，总分类账、明细分类账、日记账三者关系如何）

4. **典型任务总结**

学生通过教学活动，完成典型任务分析与总结，填写表 4.2。

表 4.2　　　　典型任务分析总结表

问题	答案
(1)	
(2)	
(3)	

任务知识和技能

4.1　账簿的分类

任何账簿均由封面、扉页、目录和账页等组成。封面在账簿的第一页，标明账簿的名称。由于交易或事项的内容不同，其账簿的名称、装订和格式也不同。为了正确地设置和运用各种会计账簿，必须对会计账簿进行科学的分类。

4.1.1　账簿按用途分类

账簿按用途分类，可分为序时账簿、分类账簿和备查账簿。

1. **序时账簿**

序时账簿也称日记账，是按照交易或事项发生的先后顺序，逐日逐笔登记交易或事项的账簿。序时账簿按其记录的内容不同，分为普通日记账和特种日记账两种。

(1) 普通日记账

也称通用日记账，是根据交易或事项发生的先后顺序，以会计分录的形式进行登记的账簿。普通日记账具有记账凭证的作用。因此设置普通日记账的单位，不再填制记账凭证，以免重复。其格式见表 4.3。

表 4.3　　　　普通日记账

第　　页

年		摘要	账户名称	借方									贷方									过账
月	日			百	十	万	千	百	十	元	角	分	百	十	万	千	百	十	元	角	分	

（2）特种日记账

专门用来记录某一类交易或事项的日记账。如现金日记账、银行存款日记账、购货日记账和销货日记账等。在会计工作中，通常只对现金、银行存款设置日记账进行序时核算，以加强货币资金的管理。现金日记账和银行存款日记账的格式见表4.4和表4.5。

表4.4　　**现金日记账**

币种：________　　　　第　　页

年		凭证		摘 要	对方科目	借方（收入）									贷方（支出）									余额（结余）								
月	日	种类	编号			百	十	万	千	百	十	元	角	分	百	十	万	千	百	十	元	角	分	百	十	万	千	百	十	元	角	分

表4.5　　**银行存款日记账**

开户银行：________　银行账号：　　　　第　　页

年		凭证		摘 要	结算方式		对方科目	借方（收入）								贷方（支出）								余额（结余）							
月	日	种类	编号		种类	号数		十	万	千	百	十	元	角	分	十	万	千	百	十	元	角	分	十	万	千	百	十	元	角	分

2. 分类账簿

分类账簿是指对全部交易或事项进行分类登记的账簿。分类账簿按其所提供核算指标的详略程度不同，可分为总分类账簿和明细分类账簿两种。

（1）总分类账簿

总分类账簿简称总账，是根据总分类科目开设的账户，用来分类登记全部交易或事项，提供总括核算资料的分类账簿。其格式见表4.6。

表4.6　　**总分类账**

账户名称：________　　　　第　　页

年		凭证		摘要	借　　方									贷　　方									借或贷	余　　额									
月	日	种类	编号		百	十	万	千	百	十	元	角	分	百	十	万	千	百	十	元	角	分		千	百	十	万	千	百	十	元	角	分

（2）明细分类账簿

明细分类账簿简称明细账，是根据总分类科目的所属二级科目或明细科目开设的账户，用来登记某一类经济业务，提供详细具体核算资料的分类账簿。其格式有三栏式、数量金额式、多栏式及横线登记式等。三栏式明细分类账的格式见表 4.7。

表 4.7　　　　　　　　　三栏式明细分类账

明细账名称：________　　　　　　　　　　　　　　　　　第　页

年		凭证		摘　要	对方科目	借　　方										贷　　方										借或贷	余　　额									
月	日	种类	编号			千	百	十	万	千	百	十	元	角	分	千	百	十	万	千	百	十	元	角	分		千	百	十	万	千	百	十	元	角	分

在实际工作中，对于经济业务简单、总账科目不多的企业，为简化记账工作，可以将序时账簿和分类账簿合并设置和登记。这种兼有序时和分类性质与作用的账簿，称为联合账簿，如日记总账。

3. **备查账簿**

备查账簿也称辅助账簿，是指对某些在序时账簿和分类账簿中没有记录或记录不全的交易或事项进行补充登记的账簿。这种账簿可对某些交易或事项的内容提供必要的参考资料。企业可以根据实际需要设置该类账簿。例如，租入固定资产登记簿，它用来登记那些以经营租赁方式租入、不属于企业的资产、不能计入本企业固定资产账户的机器设备。

备查账簿与序时账簿和分类账簿相比，存在两点不同：一是登记依据不同，备查账簿不需要记账凭证，甚至不需要一般意义上的原始凭证就可直接登记；二是登记内容不同，备查账簿的主要栏目不记录金额，更注重文字表述。例如，租入固定资产登记簿，它登记的依据主要是租赁合同与企业内部使用部门收到设备的证明，它们在会计核算中均不能充当原始凭证，也不需编制记账凭证，其格式见表 4.8。

表 4.8　　　　　　　　　租入固定资产登记簿

第　页

固定资产名称及规格	合同号码	租出单位	租入日期	使用部门		归还日期	备注
				日期	单位		

4.1.2　账簿按外表形式分类

账簿按外表形式分类，可分为订本式账簿、活页式账簿和卡片式账簿。

1. **订本式账簿**

订本式账簿简称订本账，是在账簿启用前就已将账页装订在一起并封装成册，对账页

 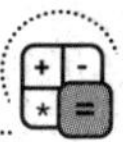

进行连续编号的账簿。其优点是可以防止账页散失和账页被抽换。缺点在于账页固定不能增减，所以必须为每个账户预留空白账页，如果预留账页不够则会影响账簿的连续登记，若预留账页过多则会造成浪费；订本账在一定时间内只能由一个人登记，不便于分工记账。这种账簿一般适用于总分类账、现金日记账及银行存款日记账等。

2. 活页式账簿

活页式账簿简称活页账，是指账页在账簿登记完毕之前并不固定装在一起，而是装在活页夹中随用随取的一种账簿。当账簿登记完毕之后（通常在一个会计年度结束之后），才将账页予以装订，加具封面，并给账页连续编号。其优点是可以根据交易或事项的实际需要随时增加或减少账页，使用灵活，便于分工记账和提高工作效率。缺点在于容易造成账页散失或被抽换。这种账簿一般适用于各种明细分类账。

3. 卡片式账簿

卡片式账簿简称卡片账，是指由具有专门格式、用硬质纸张制成的账页存放在卡片箱或卡片夹内的账簿。其优缺点与活页账基本相同，可随取随放，并可跨年度使用，不需年年更换。这种账簿一般适用于使用期限较长的财产明细账，如固定资产卡片账、低值易耗品卡片账等。

4.1.3 账簿按账页格式分类

账簿按其账页格式分类，可分为三栏式账簿、数量金额式账簿、多栏式账簿和横线登记式账簿。

1. 三栏式账簿

三栏式账簿是由“借方”“贷方”“余额”三个基本栏目的账页所组成的账簿。三栏式账页是最基本的账页格式，其他格式的账簿都是在此基础上增减栏目形成的。三栏式账簿又分为设对方科目栏和不设对方科目栏两种。若在摘要栏和借方栏之间不设“对方科目”栏，称为不设对方科目的三栏式账簿，见表4.6；若在摘要栏和借方栏之间设“对方科目”栏，称为设对方科目的三栏式账簿，见表4.7。三栏式账簿主要用于总分类账、银行存款日记账、现金日记账及只要求进行金额核算而不需进行数量核算的明细分类账。例如，“应收账款”“短期借款”、所有者权益类等账户的明细分类核算。

2. 数量金额式账簿

数量金额式账簿是在“借方（入库）”“贷方（出库）”“结存（库存）”三个栏次内分别设有“数量、单价、金额”三个小栏次的账簿。这种格式的明细分类账主要适用于既需要核算金额，又需要核算数量的各种实物资产的明细分类核算，例如，“原材料”“库存商品”等存货的明细分类核算。其格式见表4.9。

表 4.9　　　　＿＿＿＿明细分类账　　　　第　页

物资名称：＿＿＿＿　　　计量单位：＿＿＿＿　　　计划单价：＿＿＿＿

年		凭证		摘要	借方（入库）										贷方（出库）										结存（库存）									
月	日	种类	编号		数量	单价	十	万	千	百	十	元	角	分	数量	单价	十	万	千	百	十	元	角	分	数量	单价	十	万	千	百	十	元	角	分

3. **多栏式账簿**

多栏式账簿是在借方、贷方或借贷双方均设置若干专栏的账页组成的账簿。多栏式账页可以根据账户的内容和管理的需要，通过设专栏的方式，集中反映有关明细项目的核算情况。这种格式的明细分类账主要适用于有关费用、成本、收入和应交增值税的明细分类核算。例如，管理费用明细账格式见表 4. 10。

表 4.10　　　　管理费用明细账　　　　第　页

年		凭证		摘要	借方发生额																																			
					职工薪酬							办公费							水电费							修理费							……	合计						
月	日	种类	编号		万	千	百	十	元	角	分	万	千	百	十	元	角	分	万	千	百	十	元	角	分	万	千	百	十	元	角	分		万	千	百	十	元	角	分

4. **横线登记式账簿**

横线登记式账簿是将前后密切相关的交易或事项在同一行内进行详细登记，以检查每笔交易或事项的发生及完成情况的账簿。这种格式的明细分类账一般适用于在途物资等账户的明细分类核算。其格式见表 4. 11。

表 4.11　　　　在途物资明细账（横线登记式）　　　　第　页

供货单位	借方													贷方												
	年		凭证		摘要	金额								年		凭证		摘要	金额							
	月	日	种类	编号		十	万	千	百	十	元	角	分	月	日	种类	编号		十	万	千	百	十	元	角	分

4.2 期初建账

4.2.1 总分类账期初建账

企业必须设置总分类账。总分类账必须采用订本式、三栏式格式的账簿。其账簿由封面、扉页、目录和账页等组成。封面标明账簿的名称。账簿名称一般是在印刷时已印制好的，无须手工填写。

总分类账的其他部分期初建账的过程如下。

1. 填写扉页

账簿扉页位于账簿的第一页，即“账簿启用及交接表”。在该表中应详细填写：单位名称、账簿名称、账簿编号、账簿页数、启用日期、单位主管、财务主管、复核人员及记账人员姓名并加盖名章和单位公章，以便日后查找责任人。

记账人员调动工作时，应由会计机构负责人监交，由交接双方人员填写交接日期并签名或盖章，以明确双方责任。会计机构负责人调动工作时，应当由单位主管监交。“账簿启用及交接表”的格式及填制见表 4. 12。

表 4. 12　　　　账簿启用及交接表

<table>
<tr><td colspan="2">单位名称</td><td colspan="6">龙岗物流有限责任公司</td><td colspan="3">公　章</td></tr>
<tr><td colspan="2">账簿名称</td><td colspan="6">总分类账（第 1 册）</td><td colspan="3" rowspan="4">龙岗物流有限责任公司
财务专用章</td></tr>
<tr><td colspan="2">账簿编号</td><td colspan="6">01</td></tr>
<tr><td colspan="2">账簿页数</td><td colspan="6">本账簿共计 200 页</td></tr>
<tr><td colspan="2">启用日期</td><td colspan="6">公元 20×4 年01 月 01日</td></tr>
<tr><td rowspan="3">经管人员</td><td colspan="2">单位主管</td><td colspan="2">财务主管</td><td colspan="3">复核</td><td colspan="3">记账</td></tr>
<tr><td>姓名</td><td>印章</td><td>姓名</td><td>印章</td><td>姓名</td><td colspan="2">印章</td><td>姓名</td><td colspan="2">印章</td></tr>
<tr><td>李伟</td><td>李伟印</td><td>刘海东</td><td>刘海东印</td><td>赵国</td><td colspan="2">赵国印</td><td>张军华</td><td colspan="2">张军华印</td></tr>
<tr><td rowspan="7">接交记录</td><td colspan="2">经管人员</td><td colspan="4">接管</td><td colspan="4">交出</td></tr>
<tr><td>职别</td><td>姓名</td><td>年</td><td>月</td><td>日</td><td>印</td><td>年</td><td>月</td><td>日</td><td>印</td></tr>
<tr><td>财务主管</td><td>刘海东印</td><td>20×4</td><td>01</td><td>01</td><td>张军华印</td><td>20×4</td><td>12</td><td>31</td><td>张军华印</td></tr>
<tr><td></td><td></td><td></td><td></td><td></td><td></td><td></td><td></td><td></td><td></td></tr>
<tr><td></td><td></td><td></td><td></td><td></td><td></td><td></td><td></td><td></td><td></td></tr>
<tr><td></td><td></td><td></td><td></td><td></td><td></td><td></td><td></td><td></td><td></td></tr>
<tr><td></td><td></td><td></td><td></td><td></td><td></td><td></td><td></td><td></td><td></td></tr>
<tr><td>印花税票</td><td colspan="2">印花税已缴 6000 元</td><td colspan="4">备　注</td><td colspan="4"></td></tr>
</table>

在启用总分类账时，还应缴纳并粘贴印花税票。根据税法的规定，企业会计账簿中记载资金的账簿，即总分类账，按以下方法缴纳印花税并贴花：企业新设成立时，按实收资本和资本公积金额的 0. 25‰缴纳印花税并贴花；次年度实收资本和资本公积未增加的，不再计算贴花；以后年度如实收资本和资本公积增加的，就其增加部分按 0. 25% 缴纳印花税并贴花；其他账票不需要缴纳印花税。

企业将购置的印花税票粘贴在“印花税票”处，并画几条平行横线注销。若企业使用缴款书缴纳印花税，此时只需在“印花税票”粘贴处注明“印花税已缴”字样以及缴款金额。

2. 开设总分类账户

总分类账簿包括了本企业使用的全部总分类账户，任何企业都必须无条件地开设总分类账户。总分类账中的每个账户都是按照《企业会计准则——应用指南》中规定的一级会计科目开设的。无论是新企业还是老企业，也不论期初是否有余额，都需在总账账簿中设置需要的账户，并根据实际需要预留一定数量的账页，即在总账簿中的相应账页的“账户名称”处填写会计科目的名称及会计科目的编号，如，“应收账款（1122）”“应付账款（2202）”“库存现金（1001）”等。

3. 登记期初余额

对于上年有期末余额的总分类账户，应将上年末账户的期末余额作为本年度账户的期初余额进行建账。其方法是：在总分类账簿中相应账页的“账户名称”处填上会计科目的名称及会计科目的编号，在该账户的第一行日期栏中填入期初建账日期，在摘要栏填入“上年结转”（非年初建账的填入“期初余额”），在借贷方向栏注明余额方向借或贷，在余额栏填入账户的余额；对于没有余额的总分类账账户，只需在账户名称处填上会计科目名称及会计科目编码即可，无须特别登记，其余额自然为零。

按上述方法开设的“应收账款”和“应付账款”的总分类账见表4.13和表4.14。

表4.13 总分类账

账户名称：应收账款(1122) 第 1 页

20×4年		凭证		摘要	借方								贷方								借或贷	余额									
月	日	种类	编号		十	万	千	百	十	元	角	分	十	万	千	百	十	元	角	分		千	百	十	万	千	百	十	元	角	分
1	1			上年结转																	借			1	0	0	0	0	0	0	0

表4.14 总分类账

账户名称：应付账款(2202) 第 1 页

20×4年		凭证		摘要	借方								贷方								借或贷	余额									
月	日	种类	编号		千	百	十	万	千	百	十	元	千	百	十	万	千	百	十	元		千	百	十	万	千	百	十	元	角	分
1	1			上年结转																	贷					4	0	0	0	0	0

4. 填写账户目录

由于总分类账采用的是订本式，在各账页中预先印有连续编号，为方便查找，所有总分类账户期初建账完毕后，应在“账户目录”中填入各账户的科目编号、名称及起始页码。具体格式及填制见表4.15。

表4.15 账户目录

顺序	编号	名称	页码
1	1001	库存现金	1~10
2	1002	银行存款	11~22
3	1012	其他货币资金	23~30
4	1121	应收票据	31~39
⋮			

5. 期初建账应注意的问题

无论是总分类账还是明细分类账或日记账的期初建账均需注意以下几个方面的问题：

第一，账簿须使用蓝黑墨水或者碳素墨水书写，不得使用圆珠笔（银行复写的账簿除外）或铅笔书写。

第二，账簿中书写的文字和数字上方要留有适当的空格，不要写满格，一般应占格距的1/2。

第三，账簿中阿拉伯数字的书写要规范。数字不得连笔书写，每个数字要紧贴底线书写，并有60°左右的倾斜度。书写“6”时其上端要比其他数字高出1/4；书写“7”或“9”时，其下端要比其他数字伸出1/4。

第四，账簿中小写金额前不加币别符号。

4.2.2 日记账期初建账

为了加强货币资金的监督和控制，企业必须设置现金日记账和银行存款日记账。必须采用订本式账簿，一般采用三栏式。其账簿也由封面、扉页、目录和账页等组成。封面在账簿的第一页，标明账簿的名称。账簿名称一般是在印刷时已印制好的，无须手工填写。

1. 开设日记账

每一个企业都需根据货币资金管理的需要设置以下两本日记账：

第一，现金日记账。现金日记账应按币种分别开设。根据现金交易或事项的多少，既可以只开设一本现金日记账，也可以开设多本现金日记账。如果企业只有一个币种，那么只开设一本日记账即可；如果企业的币种较多，可以为每个币种预留一定数量的账页，在一本现金日记账中开设多个币种的现金日记账，或每个币种开设一本现金日记账。

第二，银行存款日记账。银行存款日记账是根据企业在银行开立的账户而开设的日记账。企业应根据在银行开立账户的多少决定开设银行存款日记账的数目。若银行交易或事项少的可只设一本账，按开户银行和账号预留账页；若银行交易或事项较多，则可按开户银行和账号开设多本银行存款日记账。

2. 填写扉页

账簿的扉页位于打开账簿的第一页，主要填写“账簿启用及交接表”，具体填写内容同表4.12总分类账“账簿启用及交接表”，不再重述。

3. 登记期初余额

上年末“库存现金”账户的期末余额，即为本年初“库存现金”账户的期初余额。上年末“银行存款”账户的期末余额，即为本年初“银行存款”账户的期初余额。建账时，在账户的第一行日期栏中填入年初的日期，在摘要栏填入“上年结转”（非年初建账的填入“期初余额”），在有借贷方向的方向栏注明余额方向“借”（无余额方向栏的无须填写余额方向），在余额栏填入现金或银行存款的期初余额；对于没有余额的日记账账户，无须特别登记，其余额自然为零。

按上述方法开设的“现金日记账”和“银行存款日记账”见表4.16和表4.17。

表4.16　　现金日记账

币种：人民币　　第 1 页

20×4年		凭证		摘 要	对方科目	借方（收入）									贷方（支出）									余额（结余）								
月	日	种类	编号			百	十	万	千	百	十	元	角	分	百	十	万	千	百	十	元	角	分	百	十	万	千	百	十	元	角	分
1	1			上年结转																							5	0	0	0	0	0

表4.17　　银行存款日记账

开户银行：工商银行（012314725836909）　　第 1 页

20×4年		凭证		摘 要	结算方式		对方科目	借方（收入）								贷方（支出）								余额（结存）							
月	日	种类	编号		种类	号数		十	万	千	百	十	元	角	分	十	万	千	百	十	元	角	分	十	万	千	百	十	元	角	分
1	1			上年结转																				3	0	3	0	0	0	0	0

4. **填写账户目录**

由于日记账采用的是订本式，在各账页中预先印有连续编号，为方便查找，所有日记账户设置完毕后，应在账簿启用表后的“账户目录”中填入各日记账户的科目编号、名称及起始页码。具体格式及填制见表4.18和表4.19。

表4.18　　　　账户目录（银行存款）

顺序	编号	名称	页码
1	1002－01	工行（人民币）	1～40
2	1002－02	农行	41～70
3	1002－03	建行	71～99
⋮			

表4.19　　　　账户目录（库存现金）

顺序	编号	名称	页号
1	1001－01	人民币	1～40
2	1001－02	港元	41～91
3	1001－03	日元	92～105
⋮			

5. **登记日记账簿应注意的问题**

如果企业的“现金日记账”和“银行存款日记账”采用的是多栏式，无论是何种形式的多栏式账簿，其期初余额的填写与三栏式日记账的填写完全相同，即在账户的第一行日期栏中填入期初的日期，在摘要栏填入“上年结转”，在余额栏中直接填写期初余额即可。

4.2.3 明细分类账期初建账

根据会计核算及管理的需要，明细分类账可选用三栏式、数量金额式或多栏式等格式。可采用活页式账簿，也可采用订本式账簿。

若企业采用活页账，期初建账完成后，不需要给每一个明细账户预留账页，在使用过程中可根据需要随时增减相同格式的账页并按顺序编号。期末将填写完毕的封面、扉页、目录及账页装订成册。期末装订活页明细分类账时，属于一个总分类账户的明细分类账户应集中连续排列，同一种格式的明细分类账在条件允许的情况下应放在一本账簿中，尽量按会计科目的编码顺序排列。在每一明细账户起始页的上端右侧粘贴标签，在标签上注明该账户的名称，不同账户的标签相互错开排列，以便于查找和管理。

1. **三栏式明细分类账的期初建账**

三栏式明细分类账中设有“借方”“贷方”“余额”三栏，一般适用于只进行金额而无数量核算的明细账户，如“应收账款”“其他应收款”“短期借款”“应付账款”“其他应付款”“应付利息”“长期借款”“利润分配”等账户。三栏式明细分类账的期初建账过程如下：

第一，启用账簿。即填写“账簿启用及交接表”，同表 4.12 一致。

第二，开设账户。开设明细账户时，首先在选定的账页上方填写该明细账户所属总分类账户名称、明细账户名称、科目编码及该明细账户当前的页码。活页式明细分类账簿事先未印制固定的页码，由企业会计人员根据使用情况填写。

第三，登记期初余额。根据上年度对应明细账中的期末余额填列。方法与总分类账户的填列方法一致。按上述方法开设的“应收账款”明细分类账和“应付账款”明细分类账见表 4.20 和表 4.21。

表 4.20　　应收账款明细分类账

单位名称：铁鹰商场　　　　第 1 页

20×4年		凭证		摘要	对方科目	借方								贷方								借或贷	余额									
月	日	种类	编号			十	万	千	百	十	元	角	分	十	万	千	百	十	元	角	分		千	百	十	万	千	百	十	元	角	分
1	1			上年结转																		借			3	0	0	0	0	0	0	0

表 4.21　　应付账款明细分类账

单位名称：伟华公司　　　　第 1 页

20×4 年		凭证		摘要	对方科目	借方								贷方								借或贷	余额									
月	日	种类	编号			十	万	千	百	十	元	角	分	十	万	千	百	十	元	角	分		千	百	十	万	千	百	十	元	角	分
1	1			上年结转																		贷				3	0	0	0	0	0	0

2. **数量金额式明细分类账的期初建账**

数量金额式明细分类账是指其“借方”（入库）、“贷方”（出库）和“余额”（库存）都分别设有数量、单价和金额三个专栏的明细分类账。该种明细分类账一般适用于既要进行数量核算又要进行金额核算的账户。如“原材料”“周转材料”等账户的明细分类核算。

数量金额式明细分类账期初建账过程与三栏式明细分类账的期初建账过程基本一致，

所不同的是在期初余额栏除登记金额外，还需登记数量和单价。

按上述方法开设的“原材料”数量金额式明细分类账的格式见表4.22。

表4.22　　**原材料明细分类账**　　第1页

材料名称：轮胎　　计量单位：个　　计划单价：______

<table>
<tr><th colspan="2">20×4年</th><th colspan="2">凭证</th><th rowspan="3">摘要</th><th colspan="9">入　库</th><th colspan="9">出　库</th><th colspan="10">库　存</th></tr>
<tr><th rowspan="2">月</th><th rowspan="2">日</th><th rowspan="2">种类</th><th rowspan="2">编号</th><th rowspan="2">数量</th><th rowspan="2">单价</th><th colspan="7">金　额</th><th rowspan="2">数量</th><th rowspan="2">单价</th><th colspan="7">金　额</th><th rowspan="2">数量</th><th rowspan="2">单价</th><th colspan="8">金　额</th></tr>
<tr><th>万</th><th>千</th><th>百</th><th>十</th><th>元</th><th>角</th><th>分</th><th>万</th><th>千</th><th>百</th><th>十</th><th>元</th><th>角</th><th>分</th><th>十</th><th>万</th><th>千</th><th>百</th><th>十</th><th>元</th><th>角</th><th>分</th></tr>
<tr><td>1</td><td>1</td><td></td><td></td><td>上年结转</td><td></td><td></td><td></td><td></td><td></td><td></td><td></td><td></td><td></td><td></td><td></td><td></td><td></td><td></td><td></td><td></td><td></td><td></td><td>50</td><td>300</td><td></td><td>1</td><td>5</td><td>0</td><td>0</td><td>0</td><td>0</td><td>0</td></tr>
<tr><td></td><td></td><td></td><td></td><td></td><td></td><td></td><td></td><td></td><td></td><td></td><td></td><td></td><td></td><td></td><td></td><td></td><td></td><td></td><td></td><td></td><td></td><td></td><td></td><td></td><td></td><td></td><td></td><td></td><td></td><td></td><td></td><td></td></tr>
<tr><td></td><td></td><td></td><td></td><td></td><td></td><td></td><td></td><td></td><td></td><td></td><td></td><td></td><td></td><td></td><td></td><td></td><td></td><td></td><td></td><td></td><td></td><td></td><td></td><td></td><td></td><td></td><td></td><td></td><td></td><td></td><td></td><td></td></tr>
</table>

3. **多栏式明细分类账**

多栏式明细分类账是将属于同一个总账科目下的各个明细科目合并在一张账页进行登记的一种明细分类账，即在多栏式明细分类账的账页上，借方或贷方的金额栏内按照不同的费用项目分设若干专栏。这种格式的明细分类账适用于成本、费用和损益类科目的明细分类核算。此类明细账一般在会计期末无余额，期初只需将账户的名称写在预留账页合适的位置上，无须填写余额。

4. **备查账簿**

备查账簿是对序时账簿和分类账簿进行补充说明的账簿。并不是每个企业都要设置备查账簿。备查账簿应根据统一会计制度的规定和企业管理的需要设置，其格式由企业自行确定，外表形式一般采用活页式。企业经常设置的备查账簿有应收票据备查簿、应付票据备查簿及租入固定资产登记簿等。

应当注意的是，并不是所有的总分类账户都需设置明细账户，企业可根据实际需要决定设置哪些明细分类账户及其账页格式。例如，“累计折旧”账户不需设置明细分类账户，需要时可到固定资产卡片中去查看。

4.3　检查期初建账正确性

按上述方法完成了总分类账、日记账及明细分类账的期初建账后，由于各种原因，可能会出现账户的重记、漏记、记反方向等，造成账户的期初建账错误，因而影响后续的会计工作。为保证会计账簿期初建账的质量，在总分类账、日记账和明细分类账期初建账后，要进行一次期初建账正确性的检查，以保证后续会计工作的顺利进行。建账正确性的检查包括以下三个方面。

1. **总分类账期初建账正确性的检查**

其方法是将所有总分类账户的期初借方余额加总合计，检验其与所有总分类账户的期初贷方余额加总合计是否相等。如果相等则说明总分类账期初建账基本正确；否则应查找原因，直至总分类账户的期初借、贷方余额加总合计相等为止。

2. 明细分类账期初建账正确性的检查

其方法是将总分类账的余额与其所属明细分类账的余额合计进行核对，即检查某一总分类账所属明细分类账的余额之和与该总分类账余额是否相等。如果不相等，应查找原因直至相等为止。

3. 日记账期初建账正确性的检查

其方法是将总分类账的银行存款、现金余额分别与其所属的日记账余额进行核对，检查其是否相符。

经过上述检查，只有全部正确后，方可进行下一步的会计工作。

任务训练1：通过“期初建账”的教学活动，在10分钟时间内，按要求完成表4.23表格的填写任务。

列出企业必须开设账户的种类、典型账户的名称、账页的格式以及账户余额方向及性质，每类账户需列出两个有代表性的账户。

表4.23　　账户种类表

账户种类	典型账户名称	账户格式	账户余额方向及性质

任务训练2：通过“期初建账”的教学活动，按要求完成下列会计工作。

1. 鑫隆物流有限责任公司下设营运单位有车站、货运一队和货运二队、保养场。该企业法定代表人高锋；副总经理王义负责公司的财务工作；会计谢波负责记账、刘飞负责审核；张建文负责出纳工作；财务主管是刘丽。开户银行：中国工商银行东城支行。该企业共有账簿5本，其中总账1本（账簿编号01，共计200页），现金日记账（账簿编号02）和银行存款日记账（账簿编号03）各一本，明细分类账2本（账簿编号分别为04、05）。20×3年该企业会计人员工作没有变动。

2. 鑫隆物流有限责任公司20×2年12月月末有关总分类账户余额如表4.24所示。

表 4.24 **总分类账户** 单位：元

资产类	金额	负债及所有者权益类	金额
库存现金	3 100	短期借款	240 000
银行存款	620 000	应付账款	167 000
应收账款	150 000	应付职工薪酬	140 640
原材料	352 700	应交税费	47 860
周转材料	153 700	实收资本	2 429 050
固定资产	5 755 900	盈余公积	2 058 750
累计折旧	–1 685 000	利润分配（未分配利润）	267 100
合计	5 350 400	合计	5 350 400

3. 鑫隆物流有限责任公司 20×2 年 12 月月末有关明细分类账户余额如表 4.25—表 4.28 所示。

表 4.25 **原材料明细账** 单位：元

账户名称	计量单位	期末结存		
		数量	单位成本	金额
轮胎 CR18911	个	100	1 470	147 000
轮胎 1000R20969	个	56	2 500	140 000
远光灯泡	个	200	328.50	65 700
合计				352 700

表 4.26 **应收账款明细账** 单位：元

账户名称	借或贷	金额
长春公司	借	100 000
市经贸公司	借	50 000
合计		150 000

表 4.27 **应付账款明细账** 单位：元

账户名称	借或贷	金额
开源工厂	贷	140 000
飞鹏公司	贷	627 000
合计		767 000

表 4.28　　应交税费明细账　　单位：元

账户名称	借或贷	金额
应交所得税	贷	37 860
未交增值税	贷	10 000
合计		47 860

请根据该公司的实际财务状况，在45分钟内完成以下任务：

（1）期初建账。

（2）期初建账正确性的检查。

注：建账所需账簿及格式如表4.29—表4.33。

表 4.29　　账簿启用及交接表

<table>
<tr><td colspan="2">单位名称</td><td colspan="7"></td><td colspan="2">公章</td></tr>
<tr><td colspan="2">账簿名称</td><td colspan="7"></td><td colspan="2" rowspan="4"></td></tr>
<tr><td colspan="2">账簿编号</td><td colspan="7"></td></tr>
<tr><td colspan="2">账簿页数</td><td colspan="7">本账簿共计　　页</td></tr>
<tr><td colspan="2">启用日期</td><td colspan="7">公元　　年　　月　　日</td></tr>
<tr><td rowspan="3">经管人员</td><td colspan="3">单位主管</td><td colspan="2">财务主管</td><td colspan="3">复核</td><td colspan="2">记账</td></tr>
<tr><td colspan="2">姓名</td><td>印章</td><td>姓名</td><td>印章</td><td>姓名</td><td colspan="2">印章</td><td>姓名</td><td>印章</td></tr>
<tr><td colspan="2"></td><td></td><td></td><td></td><td></td><td colspan="2"></td><td></td><td></td></tr>
<tr><td rowspan="7">交接记录</td><td colspan="2">经管人员</td><td colspan="4">接管</td><td colspan="4">交出</td></tr>
<tr><td>职别</td><td>姓名</td><td>年</td><td>月</td><td>日</td><td>印</td><td>年</td><td>月</td><td>日</td><td>印</td></tr>
<tr><td></td><td></td><td></td><td></td><td></td><td></td><td></td><td></td><td></td><td></td></tr>
<tr><td></td><td></td><td></td><td></td><td></td><td></td><td></td><td></td><td></td><td></td></tr>
<tr><td></td><td></td><td></td><td></td><td></td><td></td><td></td><td></td><td></td><td></td></tr>
<tr><td></td><td></td><td></td><td></td><td></td><td></td><td></td><td></td><td></td><td></td></tr>
<tr><td></td><td></td><td></td><td></td><td></td><td></td><td></td><td></td><td></td><td></td></tr>
<tr><td>印花税票</td><td colspan="3"></td><td colspan="3">备注</td><td colspan="4"></td></tr>
</table>

表 4.30　　　　　　　　　　　　　　**总分类账**

账户名称：________　　　　　　　　　　　　　　　　　　　　第　页

年		凭证		摘要	借方										贷方										借或贷	余额									
月	日	种类	编号		千	百	十	万	千	百	十	元	角	分	千	百	十	万	千	百	十	元	角	分		千	百	十	万	千	百	十	元	角	分

表 4.31　　　　　　　　　　　　　　**银行存款日记账**

开户银行：________　　　　　　　　　　　　　　　　　　　　第　页

年		凭证		摘要	结算方式		对方科目	借方（收入）								贷方（支出）								余额（结存）							
月	日	种类	编号		种类	号数		十	万	千	百	十	元	角	分	十	万	千	百	十	元	角	分	十	万	千	百	十	元	角	分

表 4.32　　　　　　　　　　　　　　____**明细分类账**

账户名称：________　　　　　　　　　　　　　　　　　　　　第　页

年		凭证		摘要	借方										贷方										借或贷	余额									
月	日	种类	编号		千	百	十	万	千	百	十	元	角	分	千	百	十	万	千	百	十	元	角	分		千	百	十	万	千	百	十	元	角	分

表 4.33　　　　　　　　　　　　　　____**明细分类账**　　　　　　　　第　页

材料名称：________　　　　　计量单位：________　　　　　计划单价：________

年		凭证		摘要	入库										出库										库存									
月	日	种类	编号		数量	单价	金额								数量	单价	金额								数量	单价	金额							
							十	万	千	百	十	元	角	分			十	万	千	百	十	元	角	分			十	万	千	百	十	元	角	分

岗课赛证融合测试

要求：请学生在25分钟内独立完成下列测试。

一、单项选择题（将正确答案的字母填在括号内）

1. 按账簿的外表形式划分，总分类账必须采用（　　）。

A. 订本式　　B. 活页式　　C. 三栏式　　D. 卡片式

2. 数量金额式账簿适用于（　　）。

A. “原材料”明细分类账　　B. “应收账款”明细分类账

C. “管理费用”明细分类账　　D. “实收资本”明细分类账

3. 对于临时租入的固定资产，应在（　　）中登记。

A. 分类账　　B. 备查账　　C. 日记账　　D. 总账

4. 能够总括反映企业某一类交易或事项增减变动情况的会计账簿是（　　）。

A. 总分类账　　B. 两栏式账　　C. 备查账　　D. 序时账

5. 会计账簿按（　　）分类，分为序时账、分类账、备查账。

A. 用途　　B. 性质　　C. 格式　　D. 外形

6. 在账簿的设置过程中可使用活页账的是（　　）。

A. 总分类账　　B. 现金日记账

C. 银行存款日记账　　D. 明细分类账

7. 下列账簿可采用卡片账的有（　　）。

A. 固定资产明细分类账　　B. 银行存款日记账

C. 现金日记账　　D. 总分类账

8. 三栏式明细分类一般适用于下列（　　）账户的明细分类核算。

A. 固定资产　　B. 原材料　　C. 应收账款　　D. 制造费用

9. 新的会计年度开始，可继续使用不必更换新账的是（　　）。

A. 总分类账　　B. 银行存款日记账

C. 固定资产卡片　　D. 管理费用明细分类账

10. 平行登记式明细分类账主要适用于（　　）。

A. 原材料明细分类账　　B. 应付账款明细分类账

C. 在途物资明细分类账　　D. 库存商品明细分类账

二、多项选择题（下列各题中均有两个或两个以上的正确答案，请将正确答案的字母填在括号内）

1. 任何会计主体必须设置的账簿有（　　）。

A. 明细分类账　　B. 日记账　　C. 总分类账簿　　D. 备查账簿

2. 可采用数量金额式账簿的是（　　）。

A. 银行存款日记账　　B. 应收账款明细分类账

C. 库存商品明细分类账　　D. 材料明细分类账

3. 下列账簿中，可采用三栏式账页格式的是（　　）。

A. 应收账款明细分类账　　B. 长期借款明细分类账

C. 实收资本明细分类账　　D. 短期借款明细分类账

4. 多栏式明细分类账的账页格式适用于（　　）。

A. “应收账款”明细分类账　　B. “主营业务收入”明细分类账

C. “管理费用”分类账　　D. “生产成本”明细分类账

5. 按顺序写出会计工作过程（　　）。

A. 期初建账　　B. 登记账簿

C. 对账和结账　　D. 编制和审核会计凭证

6. 账簿按用途分类，可分为（　　）。

A. 活页账簿　　B. 分类账簿　　C. 备查账簿　　D. 序时账簿

7. 下列符合原材料账簿设置条件的是（　　）。

A. 三栏式账页　　B. 数量金额式账页

C. 订本式账簿　　D. 活页式账簿

8. 账页的基本内容至少应包括（　　）。

A. 账户名称　　B. 日期和凭证栏　　C. 摘要栏　　D. 金额栏

9. 总分类账应选用的账簿格式是（　　）。

A. 订本式　　B. 三栏式　　C. 活页式　　D. 卡片式

10. 按顺序写出总分类账的建账过程（　　）。

A. 开设总分类账户　　B. 填写账户目录

C. 登记期初余额　　D. 填写扉页并贴花

三、判断题（正确的在括号中画“√”，错误的在括号中画“×”）

1. 总分类账和明细分类账的账页格式是一致的，均采用三栏式。（　　）

2. 现金日记账和银行存款日记账，必须采用订本式账簿。（　　）

3. 管理费用明细账的格式适宜采用多栏式。（　　）

4. 序时账簿可分为普通日记账和特种日记账。企业一般只设特种日记账。（　　）

5. 备查账簿是对某些在日记账和分类账中未能记录或记录不全的经济业务进行补充登记的账簿，因此，各单位根据实际情况确定是否设置。（　　）

6. 在实际工作中，即使经济业务简单、总账科目不多的单位，也不可以将序时账簿和分类账簿合并设置联合账簿。（　　）

7. 记账人员调动工作时，应当由会计机构负责人监交，由交接双方人员填写交接日

期并签名或盖章，以明确双方经济责任。（　　）

8. 每个企业都必须设置的账簿有总分类账、明细分类账、日记账和备查账。（　　）

9. 资金类账簿每年均应按实收资本和资本公积数额的0.5‰缴纳印花税并贴花。（　　）

10. 期初建账是会计工作的开始。（　　）

谈谈说说讲讲。结合党的二十大报告和任务4教学内容，谈谈如何知行合一，将党的二十大精神学以致用。

任务4　学习成绩评价表

班级____　　姓名____　　任务名称____　　任务学习时间____　　任务组长____

<table>
<tr><th rowspan="2">评价项</th><th rowspan="2">评价内容及关键点</th><th rowspan="2">评价标准</th><th colspan="3">评价者与评分比重</th><th colspan="2">任务得分</th><th rowspan="2">项目得分</th></tr>
<tr><th>教师评价（30%）</th><th>本人评价（30%）</th><th>组员评价（40%）</th><th>每项分值</th><th>任务总分值</th></tr>
<tr><td>任务4</td><td>典型任务完成情况
任务训练1完成情况
任务训练2完成情况
岗课赛证融合测试情况
谈谈说说讲讲情况</td><td></td><td></td><td></td><td></td><td></td><td></td><td></td></tr>
</table>

任务5　填制和审核会计凭证

课程思政：

工资单造假！重罚！

会计人员失信成本巨大！

1. 典型任务引入

华瑞物流公司行政科的李琳20×3年1月10日随同总经理去北京参加一个国际性会议，临行前两天李琳完成了单位有关部门领导的审批程序。1月14日李琳出差归来，1月20日报销差旅费7 900元，其中往返机票4 000元，出差补助每天80元，宿费共计1 500元，会议费2 000元。财务处根据走完的审批程序，通过公务卡支付报销了李琳的出差支出和补助。请问：

（1）李琳出差后应如何办理差旅费报销？

（2）出纳如何对李琳报销的差旅费进行会计处理？

（3）其他会计人员月末应如何对这些会计凭证进行处理？

2. **典型任务分析**

李琳出差前应拿参加会议文件或邀请函及出差申请，从本单位开始提请领导审批，完成审批程序。李琳出差回来后按要求规范填写差旅费报销单并经领导审核签字后，到财务科办理差旅费报销手续。李琳正确办理出差审批手续和规范填写差旅费报销单，是会计人员和出纳员正确地进行会计处理的根据，是保证会计核算质量的关键。具体流程如图 5.1 所示。

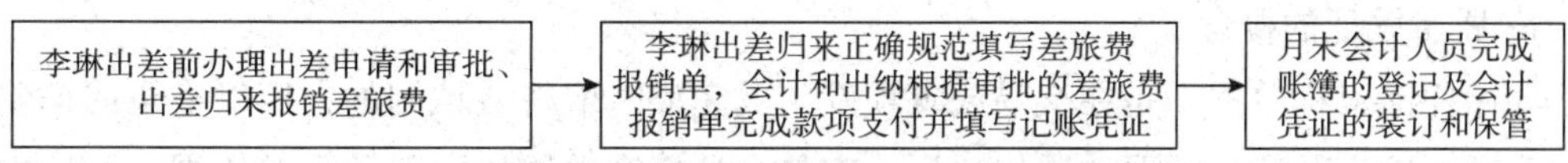

图 5.1 员工出差和差旅费报销流程

3. **典型任务实施**

典型任务实施过程见表 5.1。

表 5.1 典型任务实施过程

序号	实施步骤	使用的资源	实施结果
1	认识原始凭证并能正确填制、审核原始凭证	原始凭证	正确填制、审核原始凭证
2	认识记账凭证并能正确填制、审核记账凭证	记账凭证	正确填制、审核记账凭证
3	期末会计凭证的装订和保管	会计凭证	正确装订和保管会计凭证

4. **典型任务总结**

学生通过教学活动，完成典型任务分析与总结，填写表 5.2。

表 5.2 典型任务分析总结表

问题	答案
（1）	
（2）	
（3）	

任务知识和技能

会计凭证是用来记录经济业务，明确经济责任的书面证明，也是登记会计账簿的依据。填制和审核会计凭证是会计核算工作的开始，也是对交易或事项进行日常监督的重要环节。任何单位对于发生的每笔交易或事项，都必须填制或取得会计凭证，并经审核无误后才能作为记账的依据。

会计凭证按其填制程序和用途，可分为原始凭证和记账凭证两大类。

5.1 原始凭证

5.1.1 认识原始凭证

1. 原始凭证的概念

原始凭证又称单据，是在交易或事项发生或完成时取得或填制的，用以记录或证明交易或事项的发生及完成情况的原始凭据。它是会计核算的原始资料和重要依据。原始凭证的质量决定了会计信息的真实性和可靠性。

2. 原始凭证的内容

由于交易或事项的种类、内容及经营管理的要求不同，原始凭证的格式和内容也千差万别。但无论何种原始凭证，都必须做到所载明的交易或事项清晰，经济责任明确。原始凭证一般应具备以下基本内容（也称为原始凭证要素）：

①原始凭证的名称和编号；

②填制原始凭证的日期；

③接受原始凭证的单位名称；

④交易或事项的内容（含数量、单价、金额等）；

⑤填制单位签章；

⑥有关人员签章；

⑦凭证附件。

实际工作中，根据经营管理和特殊业务的需要，除上述基本内容外，还可以增加必要的内容。对于不同企业经常发生的共同性交易或事项，有关部门可以制定统一格式的凭证。例如，人民银行统一制定的银行转账结算凭证，标明了结算双方单位名称、账号等内容；铁道部统一制定的铁路运单，标明了发货单位、收货单位和提货方式等内容。

3. 原始凭证的分类

（1）按来源划分为外来原始凭证和自制原始凭证

①外来原始凭证。外来原始凭证是在经济业务完成时从其他单位或个人处取得的原始凭证，如从外单位购货时由供货单位开出的购货发票。同样是发票，对于销售方来讲，是他自己开出的，因此是自制凭证；对于购货方来说，则是从他人手中获取的，是外来原始凭证。凭证5.1所示的为增值税专用发票。

②自制原始凭证。自制原始凭证是由本企业经办业务的人员，在执行或完成某项交易或事项时所填制的原始凭证，如企业工作人员出差借款时填写的借款单、修理领用材料时填写的领料单等，见凭证5.2和凭证5.3。

凭证 5.1

新疆增值税专用发票

4300452021

N000015641

4300452021
0201156

开票日期：20×3 年 1 月 2 日

购货单位	名　　称：粤海物流公司 纳税人识别号：431103756251873 地址、电话：深圳市南山区北科创业大厦610 0755-6666695 开户行及账号：工商银行深圳南山支行19012256544655555555	密码区	2489－1<9－7－61596 加密版本： 8<032/52>9/29533 4300204521 1626<8－3024>36 00015641 －47－6<7>2*－/>*>6/				
货物或应税劳务名称	规格型号	单位	数量	单价	金额	税率	税额
轮胎	205/55R16	个	5	300.00	1500.00	13%	195.00
合　　计					1500.00		195.00
价税合计（大写）	⊗壹仟陆佰玖拾伍元整				（小写）1695.00.00		
销货单位	名　　称：华瑞汽车公司 纳税人识别号：431103748241898 地址、电话：新疆昌吉回族自治州昌吉市高新技术产业开发区兴业大道81号0994-2625441 开户行及账号：工商银行文化支行1901011009225990886	备注					

收款人：汪华　复核：海涛　开票人：陈嘉　销货方：(章)

第四联：记账联

（印章：华瑞汽车公司 431103748241898 发票专用章）

凭证 5.2

借　款　单

20×3年07月13日

部　门	货运一队	借款事由	看望住院职工李美慰问品借款
借款金额	（大写）捌佰元整		￥800.00
本单位负责人意见	同意		货运一队：赵立群 20×3. 07. 13
领导批示：同意。王海 20×3. 07. 13	财务主管核批：同意。于洋 20×3. 07. 13		借款人（签章）：李伟 20×3. 07. 13

凭证 5.3

领　料　单

领料用途：车辆修理　　　　领料单编号：2307011
领料部门：货运二队　　20×3年07月15日　　发料仓库：1 号库

材料编号	材料名称及规格	计量单位	数量 请领	数量 实领	实际成本 单价	实际成本 金额
0101	轴承	个	2	2	300.00	600.00

领料部门主管：王玉　领料人：高明　仓库主管：李迪　发料人：崔鸣

（2）按填制手续及内容分为一次凭证、累计凭证和汇总凭证

①一次凭证。一次凭证是指一次填制完成、只记录一项交易或事项的原始凭证。所有的外来原始凭证和大部分的自制原始凭证都属于一次凭证，如购货发票、销货发票、收据、领料单、收料单、借款单和银行结算凭证等。一次凭证是一次有效的凭证。收料单如凭证 5.4 所示。

凭证 5.4

收 料 单

供货单位：　华瑞汽车公司　　　　　　　　　　　　　　　　　　　　收料单编号：　2301001
发票编号：　4300452021　　　　　　20×3 年 1 月 2 日　　　　　　　收料仓库：　1 号库

材料类别	材料编号	材料名称及规格	计量单位	数量		金额			
				应收	实收	单价	买价	运费	合计
原材料	01	205/55R16	个	5	5	300.00	1500.00		1500.00
备　注：						合　计			1500.00

仓库主管：　李迪　　　会计：　李海　　　审核：　赵伟　　　记账：　李海　　　收料：　崔鸣

②累计凭证。累计凭证是指在一定时期内多次记录发生的同类型交易或事项的原始凭证。其特点：在一张凭证内可以连续登记相同性质的交易或事项，随时结出累计数及结余数，并按照费用限额进行费用控制，期末按实际发生额记账。这类凭证的填制手续是多次完成的，一般为自制原始凭证，最具有代表性的累计凭证是限额领料单（见凭证 5.5）。

凭证 5.5

限 额 领 料 单

领料部门：　货运一队　　　　　　　　　　　　　　　　　　　　领料编号：X230101
领料用途：　运输商品包装　　　　　　20×3年 1 月 1 日　　　　　发料仓库：1 号库

材料类别	材料编号	材料名称及规格	计量单位	领用限额	实际领用	单价	金额	备注
原材料	0201	胶带	卷	100	96	2.50	240.00	

供应部门负责人：　　　　　　　　　领料部门负责人：

日期	请领		实发			限额结余	退回	
	数量	领料人签章	数量	发料人签章	领料人签章		数量	退库单编号
1.02	5	李刚	5	崔鸣	李刚	95		
1.04	5	李刚	5	崔鸣	李刚	90		
⋮								
合计	96		96			4		

仓库主管人员签章：王玉

③汇总凭证。汇总凭证也称原始凭证汇总表，是指对一定时期内反映交易或事项内容相同的若干张原始凭证按照一定标准汇总填制的原始凭证。它合并了同类型的经济业务，减少了记账工作量。常用的汇总凭证有发出材料汇总表、职工薪酬汇总表等，发出材料汇

总表见凭证5.6。

凭证5.6

发出材料汇总表

20×3年01月31日 单位：元

会计科目	领料部门	领用材料			
		修理用配件	轮胎	周转材料	合计
主营业务成本	运输一队 运输二队				
	小计				
辅助营运费用	保修车间 供电车间				
	小计				
制造费用	一车站 二车站				
	小计				
管理费用					
合计					

（3）按格式分为通用原始凭证和专用原始凭证

①通用原始凭证。通用原始凭证是指由有关部门统一印制、在一定范围内使用的具有统一格式和使用方法的原始凭证。通用凭证的使用范围因制作部门不同而异，可以是某一地区、某一行业通用，也可以是全国通用。例如，某省（市）印制的增值税发票、收据等，在该省（市）通用；由人民银行制作的银行转账结算凭证，在全国通用。

②专用原始凭证。专用原始凭证是指由企业自行印制、仅在本企业内部使用的原始凭证，如领料单、差旅费报销单、固定资产折旧计算表及工资费用分配表等。

5.1.2 填制原始凭证

原始凭证是记录会计信息最基础的原始资料，是编制记账凭证的依据。要保证会计核算工作的质量，必须正确填制原始凭证。原始凭证的填制必须符合下列要求。

（1）记录要真实

原始凭证所填列的交易或事项的内容必须真实、可靠，符合实际情况。

（2）内容要完整

原始凭证所包括的项目必须逐项填列齐全，不得遗漏和省略。具体包括：①年、月、日要按照交易或事项发生的实际日期填写；②名称填写齐全不能简化；③品名或用途要填写明确，不能含糊不清；④有关人员的签章必须齐全。

（3）手续要完备

单位自制的原始凭证必须有经办单位领导人或者其他指定的人员签名盖章；对外开出的原始凭证必须加盖本单位公章；从外部取得的原始凭证，必须盖有填制单位的公章；从个人处取得的原始凭证，必须有填制人员的签名盖章。总之，取得的原始凭证必须手续完备，责任明确，确保凭证的合法性和真实性。

（4）书写要清楚、规范

原始凭证要按规定填写，文字简要，字迹清楚，易于辨认，不得使用未经国务院公布的简化汉字。大小写金额必须相符且填写规范。小写金额用阿拉伯数字逐个书写，不得写连笔字。在小写金额合计前要填写人民币符号“¥”，人民币符号“¥”与阿拉伯数字之间不得留有空白。金额数字一律填写到角分，无角分的，写“00”或符号“—”；有角无分的，分位写“0”，不得用符号“—”。大写金额用汉字壹、贰、叁、肆、伍、陆、柒、捌、玖、拾、佰、仟、万、亿、元、角、分、零、整等，一律用正楷或行书字体书写。大写金额前未印有“人民币”字样的，应加写“人民币”三个字，“人民币”字样和大写金额之间不得留有空白。大写金额到元或角为止的，后面要写“整”或“正”字；有分的，不写“整”或“正”字。例如，小写金额为¥1 007.00，大写金额应写成“壹仟零柒元整”。

支票的签发有其特殊要求。根据银行的有关规定，支票的出票日期（支票存根除外）必须使用大写数字书写。填写时若月为壹、贰至壹拾，日为壹至玖和壹拾、贰拾或叁拾的，应在其前加“零”；若月为拾壹、拾贰，日为拾壹至拾玖、贰拾壹至贰拾玖或叁拾壹的，应在其前加壹、贰、叁字。例如，2023 年 1 月 3 日，应写成贰零贰叁年零壹月零叁日；2023 年 2 月 16 日，应写成“贰零贰叁年零贰月壹拾陆日”；2023 年 10 月 30 日，应写成“贰零贰叁年零壹拾月零叁拾日”；2023 年 11 月 24 日，应写成“贰零贰叁年壹拾壹月贰拾肆日”。支票上的收款人、付款行名称和签发行账号应写全称，不得简写。支票应在出票人处加盖预留银行印鉴方能使用。支票上的大小写金额和收款人填写错误后不得修改，必须重新填制。

（5）编号要连续

各种凭证要连续编号，以便查找。如果凭证已预先印定编号，在写错作废时，应加盖“作废”戳记，妥善保管，不得撕毁。

（6）不得涂改、刮擦、挖补

原始凭证有错误的，应当由出具单位重开或更正，更正处应加盖出具单位印章。原始凭证金额有错误的，应当由出具单位重开，不得在原始凭证上更正。

（7）填制要及时

各种原始凭证一定要及时填写，并按规定的程序及时送交会计机构、会计人员进行审核。

5.1.3 审核原始凭证

为了如实反映交易或事项的发生和完成情况，充分发挥会计的监督职能，保证会计信息的真实性、可靠性和正确性，会计机构、会计人员必须对反映交易或事项发生和完成情况的原始凭证进行严格审核。

1. 审核原始凭证的真实性

原始凭证作为会计信息的基本信息源，其真实性会对会计信息的质量产生至关重要的影响。真实性的审核包括原始凭证的日期是否真实、业务内容是否真实、数据是否真实等。对于外来原始凭证，必须有填制单位公章和填制人员签章；对于自制原始凭证，必须有经办部门和经办人员的签名或盖章。此外，对于通用原始凭证，还应审核凭证本身的真实性，以防假冒。还要审核凭证中的数字和文字有无伪造、涂改，是否存在重复使用和大头小尾等现象，以及各联之间数字不符等情况。以下几项需要特别注意：

①内容记载是否清晰，有无掩盖事情真相的现象。

②凭证抬头是否正确。

③数量、单价与金额是否相符。

④认真核对笔迹，有无模仿领导笔迹签字冒领的现象。

⑤有无涂改，有无添加内容和金额。

⑥有无移花接木的现象。

2. 审核原始凭证的合法性

审核原始凭证所反映的交易或事项有无违反国家法律法规的情况，是否履行了规定的凭证传递和审核程序，是否有贪污腐化行为等。

3. 审核原始凭证的合理性

审核原始凭证所反映的交易或事项是否符合企业生产经营活动的实际情况，是否符合有关的计划和预算等。

4. 审核原始凭证的完整性

审核原始凭证的各项基本要素是否齐全，是否存在漏项情况，日期是否完整，数字是否清晰，文字是否工整，有关人员签章是否齐全，以及凭证联次是否正确等。

5. 审核原始凭证的正确性

审核原始凭证各项金额的计算及填写是否正确。包括阿拉伯数字须分位填写，不得连写；小写金额前要标明“¥”字样，中间不能留有空位；大写金额前要加“人民币”字样，大写金额与小写金额要相符；凭证中有书写错误的，应当采用正确的方法更正，不能采用涂改、刮擦或挖补等不正确的方法。

6. 审核原始凭证的及时性

原始凭证的及时性是保证会计信息及时性的基础。因此，要在交易或事项发生或完成时及时填制有关原始凭证，及时进行凭证的传递。审核时应注意审查凭证的填制日期，尤其是支票、银行汇票及银行本票等时效性较强的原始凭证，更应仔细验证其签发日期。

经审核的原始凭证应根据不同情况进行处理：

①对于完全符合要求的原始凭证，应及时据以编制记账凭证并登记入账。

②对于真实、合法、合理但内容不够完整或填写有错误的原始凭证，应退回给有关经办人员，有关凭证补充完整及更正错误后，再办理正式会计手续；对于金额有错误的原始凭证，必须退给经办人，由其重填后再办理有关的会计入账手续。

③对于不真实、不合法的原始凭证，会计机构、会计人员有权不予接受，并向单位负责人报告。

5.2 记账凭证

5.2.1 认识记账凭证

1. 记账凭证的概念

记账凭证又称记账凭单，是由会计人员根据审核无误的原始凭证或原始凭证汇总表填制的，用来记录交易或事项的简要内容和确定会计分录，并直接作为记账依据的会计凭证。

2. 记账凭证的分类

记账凭证是介于原始凭证与账簿之间的中间环节，是登记明细分类账户和总分类账户的直接依据。记账凭证按其所反映的经济内容不同，分为专用记账凭证和通用记账凭证。

（1）专用记账凭证

是专门用来记录某一类交易或事项的记账凭证。在实际工作中，按记账凭证所反映的交易或事项与货币资金之间的关系，可以将专用记账凭证分为收款凭证、付款凭证和转账凭证三种。

①收款凭证。收款凭证是用来记录与现金或银行存款收入业务有关的交易或事项的凭证（见凭证5.7）。

凭证5.7

收 款 凭 证

借方科目： 年 月 日 字第 号

摘 要	贷方科目		金 额									记账
	总账科目	明细科目	百	十	万	千	百	十	元	角	分	
合 计												

附件 张

会计主管： 记账： 复核： 出纳： 制单：

②付款凭证。付款凭证是用来记录与现金或银行存款付出业务有关的交易或事项的凭证（见凭证5.8）。

凭证 5.8

付 款 凭 证

贷方科目： 年 月 日 字第 号

摘 要	借 方 科 目		金 额									记账
	总账科目	明细科目	百	十	万	千	百	十	元	角	分	
合 计												

附件 张

会计主管： 记账： 复核： 出纳： 制单：

③转账凭证。转账凭证是用来记录与现金或银行存款收付业务无关的交易或事项的凭证（见凭证 5.9）。

凭证 5.9

转 账 凭 证

年 月 日 第 号

摘要	借 方 科 目			贷 方 科 目			金 额									
	总账科目	明细科目	记账	总账科目	明细科目	记账	千	百	十	万	千	百	十	元	角	分
合 计																

附单据 张

会计主管： 记账： 复核： 出纳： 制单：

（2）通用记账凭证

通用记账凭证是不分收款、付款和转账业务，所有交易或事项都使用统一格式的记账凭证。格式可采用上述转账凭证的格式，见凭证 5.10。

凭证 5.10

记 账 凭 证

年 月 日 第 号

摘要	借 方 科 目			贷 方 科 目			金 额									
	总账科目	明细科目	记账	总账科目	明细科目	记账	千	百	十	万	千	百	十	元	角	分
合 计																

附单据 张

会计主管： 记账： 复核： 出纳： 制单：

3. 记账凭证的内容

记账凭证为了满足会计核算的需要，必须具备以下基本内容（凭证要素）：

①记账凭证的名称。如“收款凭证”“付款凭证”“转账凭证”“记账凭证”。

②记账凭证的编号。记账凭证要根据交易或事项发生的先后顺序按月连续编号，按编号顺序记账。

③填制凭证的日期。记账凭证的日期应填写编制凭证当天的日期，即在哪一天编制记账凭证，日期栏里就写上哪一天。记账凭证的填制日期与原始凭证的填制日期可能相同，也可能不同，但一般应稍迟于原始凭证。

④经济业务的内容摘要。摘要应能清晰地揭示交易或事项的内容，简明扼要。

⑤会计科目（包括一级、二级和明细科目）的名称、记账方向和金额。

⑥所附原始凭证的张数。原始凭证是编制记账凭证的根据，缺少它就无法审核记账凭证正确与否。

⑦有关人员签章。相关会计人员（包括制证、审核、记账、会计主管及出纳）在行使职权、办理完会计业务后，应在记账凭证的相应签章位置签章以示负责。

5.2.2 填制记账凭证

1. 记账凭证的日期

记账凭证的日期一般为填制记账凭证当天的日期，年、月、日应用阿拉伯数字填写齐全。

2. 记账凭证的摘要

应与原始凭证内容一致，并且简明扼要。在记账凭证的“摘要”栏内，应使用简要、明确的文字概括交易或事项的内容，便于查阅凭证和登记账簿。应防止摘要过于简略或过于烦琐。

3. 编制会计分录

会计分录是记账凭证的主要部分，编制时必须使用我国会计准则统一规定的会计科目。记账凭证借贷方金额必须相等，合计金额的最高位前要写币种符号“¥”。为了明确交易或事项的来龙去脉和账户的对应关系，每张记账凭证只能反映一项交易事项或若干项同类交易或事项，不得将不同性质的交易或事项合并填写在一张记账凭证上。

4. 凭证附件

除更正错账外，记账凭证必须附有原始凭证并注明所附原始凭证的张数。填制记账凭证所依据的原始凭证应全部黏附于记账凭证之后，并在记账凭证中注明所附原始凭证的张数。若原始凭证需要另外保管，则应在附件栏中加以注明，以便查阅。若一张原始凭证涉及几张记账凭证时，可以将该原始凭证附在一张主要的记账凭证后面，而在其他记账凭证上注明该主要记账凭证的编号或者附上该原始凭证的复印件。

5. 记账凭证编号

每个月所编制的记账凭证应连续编号，以便明确交易或事项发生的先后顺序，同时也便于对账与查账。记账凭证的编号可采用统一编号的方法，如“记×号”。每个月都从“1”号开始编。如果一笔交易或事项需要填制两张或两张以上的记账凭证时，还可以采用分数编号法。例如，企业发生的第六笔交易或事项需要填制三张记账凭证，则该项交易或事项的三张记账凭证的编号分别为第6 1/3 号、第6 2/3 号、第6 3/3 号。在每月最后一张记账凭证的编号旁边可加注“全”字，表明该月所有交易或事项的记账凭证编制完毕，以防凭证散失。

6. 人员签名或盖章

记账凭证填制完成后，如果有空行，应当在金额栏自最后一笔金额数字下的空行处至合计数上的空行处画斜线或S线注销。另外，填制人、审核人、记账人及会计主管等有关人员完成相应的会计工作后，均应签名或盖章，以明确经济责任。

7. 记账标记

记账凭证填制的内容登记入账后，应在凭证上的“记账”栏内注明账户页码或作“√”标记，以避免重复记账。

8. 错误凭证

记账凭证填制出现错误时，应重新填制，不得在凭证上直接进行更正。如果该记账凭证已登记入账，可按规定的错账更正方法进行更正。

如果企业的交易或事项较少，规模较小，可采用通用记账凭证进行业务处理；否则需采用专用记账凭证进行业务处理。一个企业要么填制通用记账凭证，要么填制专用记账凭证，切不可将通用记账凭证和专用记账凭证混用。

【案例】 朝阳物流公司于20×3年12月12日通过信汇偿还前欠昌林汽车用品有限责任公司的轮胎款5 000元。朝阳物流公司的记账凭证号为7号，付款业务凭证号为3号；昌林汽车用品有限责任公司记账凭证顺序号为10号，收款业务凭证号为5号。请为两家公司填制记账凭证。

【案例解析及记账凭证的填列过程】

如果双方填制的都是通用记账凭证，则朝阳物流公司依据付款信汇凭证回单编制的记账凭证（凭证5.11）和昌林汽车用品有限责任公司根据收款信汇凭证编制的记账凭证（凭证5.12）如下。

凭证5.11

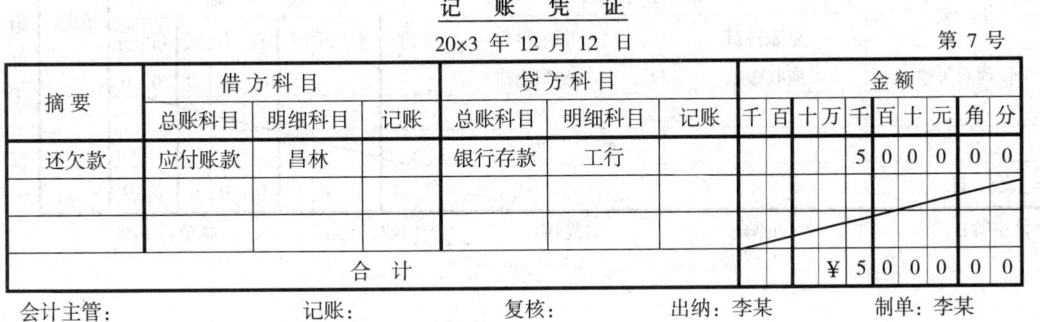

记 账 凭 证

20×3 年 12 月 12 日　　　　第 7 号

摘要	借方科目			贷方科目			金额										附单据1张
	总账科目	明细科目	记账	总账科目	明细科目	记账	千	百	十	万	千	百	十	元	角	分	
还欠款	应付账款	昌林		银行存款	工行						5	0	0	0	0	0	
合 计										¥	5	0	0	0	0	0	

会计主管：　　记账：　　复核：　　出纳：李某　　制单：李某

凭证 5.12

记　账　凭　证

20×3 年 12 月 12 日　　第10号

摘 要	借方科目			贷方科目			金额									
	总账科目	明细科目	记账	总账科目	明细科目	记账	千	百	十	万	千	百	十	元	角	分
收回前欠款	银行存款	工行		应收账款	朝阳						5	0	0	0	0	0
合 计										¥	5	0	0	0	0	0

附单据 1 张

会计主管：　　记账：　　复核：　　出纳：王某　　制单：王某

如果双方填制的都是专用记账凭证，则朝阳物流公司依据信汇付款凭证回单编制的付款凭证（凭证 5.13）和昌林汽车用品有限责任公司根据信汇收款凭证编制的收款记账凭证（凭证 5.14）如下。

凭证 5.13

付　款　凭　证

贷方科目：银行存款　　20×3年12月12日　　付字 第 03 号

摘 要	借方科目		金额									记账
	总账科目	明细科目	百	十	万	千	百	十	元	角	分	
还欠款	应付账款	昌林				5	0	0	0	0	0	
合 计					¥	5	0	0	0	0	0	

附件 1 张

会计主管：　　记账：　　复核：　　出纳：李某　　制单：李某

凭证 5.14

收　款　凭　证

借方科目：银行存款　　20×3年12月12日　　付字 第03 号

摘 要	借方科目		金额									记账
	总账科目	明细科目	百	十	万	千	百	十	元	角	分	
收到前欠款	应收账款	朝阳物流				5	0	0	0	0	0	
合 计					¥	5	0	0	0	0	0	

附件 1 张

会计主管：　　记账：　　复核：　　出纳：王某　　制单：王某

5.2.3 审核记账凭证

记账凭证在编制完成后记入账簿前，必须对所编制的记账凭证进行审核，审核无误的记账凭证才能记入账簿。记账凭证的审核主要包括以下方面。

1. 所附原始凭证的审核

记账凭证是否附有原始凭证；原始凭证是否齐全、内容是否合法；记账凭证所记录的交易或事项与所附原始凭证所反映的交易或事项是否相符。

2. 会计科目的审核

记账凭证应借、应贷的会计科目是否正确；账户的对应关系是否清晰；所使用的会计科目及其核算内容是否符合会计制度的规定；金额计算是否准确。

3. 摘要及项目的审核

摘要填写是否清楚；项目填写是否齐全。

实行会计电算化的单位，对于机制记账凭证，要认真审核，做到会计科目使用正确，数字准确无误。打印出来的机制记账凭证要加盖制单人员、稽核人员、记账人员及会计机构负责人、会计主管人员的印章或者签字。

5.3 传递和保管会计凭证

5.3.1 传递会计凭证

由于会计监督的需要，会计工作应由不同的会计人员来完成，会计凭证需传递给不同的会计人员。会计凭证在传递过程中应考虑以下几点。

①要根据交易或事项的特点、企业机构的设置、人员分工的情况及经营管理上的需要，恰当地规定各种会计凭证的格式和传递的程序。

②要根据有关部门和人员对交易或事项办理必要手续（如计量、检验、审核及登记等）的需要，确定凭证在各个环节停留的时间，保证业务手续及时完成。要避免不必要的程序，使会计凭证以最快的速度传递，及时发挥会计凭证传递信息的作用。

③建立凭证交接的签收制度。为了确保会计凭证的安全和完整，在各个环节中都应指定专人办理交接手续，做到责任明确，手续完备、严密、简便易行。

5.3.2 保管会计凭证

会计凭证的保管，是指会计凭证登账后的整理、装订和归档存查。

会计凭证归档保管的主要方法和要求如下。

①每月记账完毕，要将本月各种记账凭证加以整理，检查有无缺号及附件是否齐全。然后按顺序号排列，装订成册。

②如果在一个月内，凭证数量过多，可分装成若干册，在封面上加注共几册字样。

③装订成册的会计凭证应集中保管，并指定专人负责。查阅时，要有一定的手续制度。

④会计凭证的保管期限和销毁手续，必须严格按照会计制度执行。

会计凭证装订封面如图 5.2 所示。

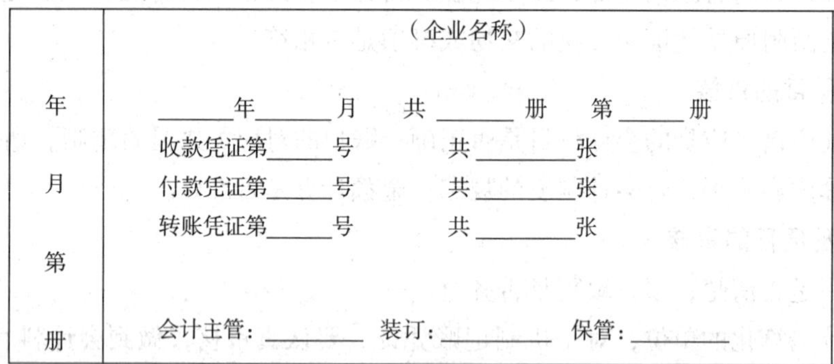

年 月 第 册	（企业名称） ______年______月　共______册　第______册 收款凭证第______号　共______张 付款凭证第______号　共______张 转账凭证第______号　共______张 会计主管：______　装订：______　保管：______

图 5.2　会计凭证装订封面

任务训练 1： 通过“填制和审核会计凭证”的教学活动，在 25 分钟内完成图 5.3 的填写。

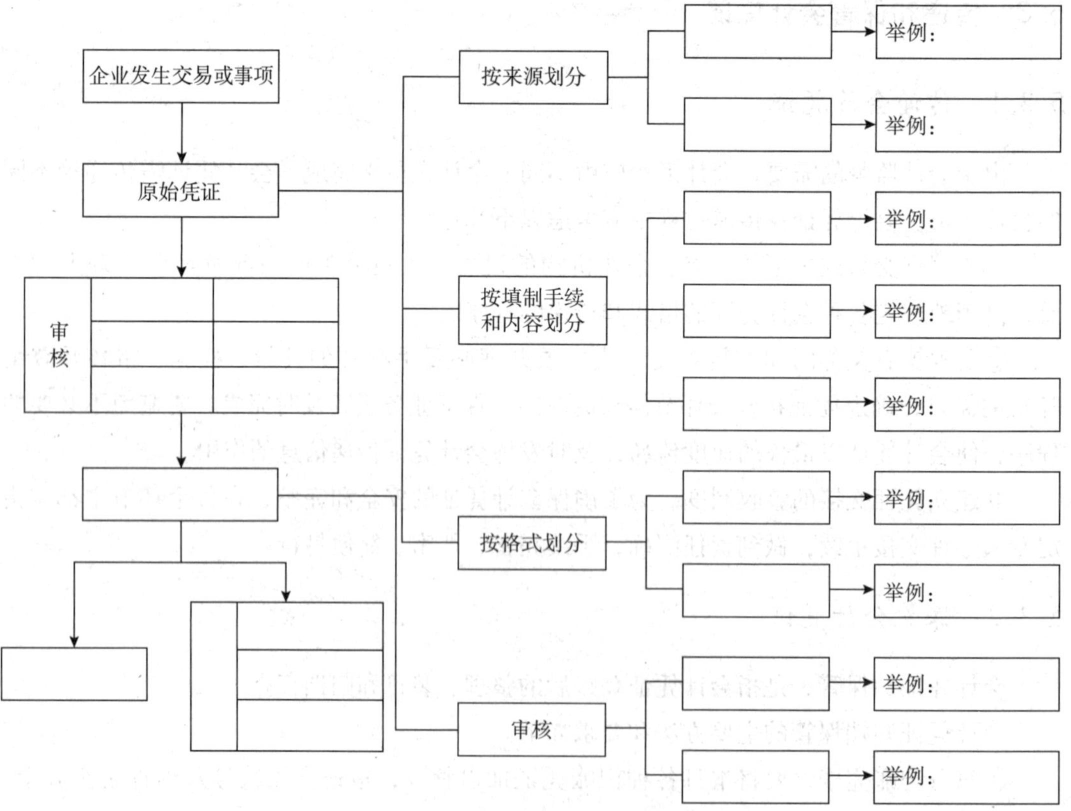

图 5.3　会计凭证分类及操作

任务训练2：华美物流公司20×4年1月发生如下交易或事项，请在45分钟内完成从原始凭证的填制及审核到记账凭证的填制及审核的会计工作。

（1）1月5日，出纳员李梅从银行提取现金3 000元备用。支票号码后四位为1234。

（2）1月5日，总经理助理王良出差借差旅费4 500元备用，企业支付现金。

（3）1月10日，王良出差归来报销差旅费，具体情况如下：出差日期从1月6日至1月9日共4天，地点从哈尔滨至深圳，每天补助180元（含交通费），宿费共计600元，高铁车票共计1 640元，会议费650元，无其他费用。余款交回企业。（火车票信息齐全，税费可抵扣；宿费获得了增值税普通发票）

（4）1月15日，华美物流公司收到转账支票一张，系伟达股份公司归还的前欠运费100 000元。华美物流公司账号是2023400003333，伟达股份有限公司的账号是2012300006666。开户行均为中国工商银行哈尔滨动力支行。

（5）1月16日，华美物流公司开出现金支票一张，支付前欠天海有限责任公司的货款150 000元。天海有限责任公司的账号是2345666778899。开户行均为中国工商银行哈尔滨动力支行。

（6）1月20日，货运一队领用外胎10个，单价1 200元。垫带10个，单价20元。

（7）1月25日，结算本月工资：货运一队工人的工资总额为60 000元，其中计件工资32 000元，工资性津贴20 000元，奖金8 000元；货运二队工人的工资总额为10 000元，其中计时工资8 000元，工资性津贴1 000元，奖金1 000元；公司管理人员的工资总额为12 000元，其中计时工资9 000元，工资性津贴1 500元，奖金1 500元。

（8）1月28日华美物流公司开出转账支票，支付职工工资共计82 000元。其中货运一队工人王彬的计件工资为2 100元，工资性津贴350元，奖金450元；货运二队李明的计时工资2 800元，工资性津贴300元，奖金400元；公司管理人员刘威的计时工资3 000元，工资性津贴240元，奖金360元。

（9）1月29日，华美物流公司将多余现金1 500元存入中国工商银行哈尔滨动力支行。其中100元钞10张，50元钞8张，20元钞5张。

要求：采用通用记账凭证进行业务处理，假设交易或事项的发生日期为凭证的填制日期，业务的顺序号即为记账凭证的编制序号。处理业务所用原始凭证及记账凭证见凭证5.15—凭证5.36。

凭证 5. 15

<table>
<tr>
<td>中国工商银行现金支票存根
支票号码：4571234
科　　目：
对方科目：
出票日期：　年　月　日
收款人：
金　额：
用　途：
备注：</td>
<td>本
支
票
付
款
期
限
十
天</td>
<td>中国工商银行现金支票　　　　No.4571234
出票日期（大写）　年　月　日　　付款行名称：
收款人：　　　　　　　　　　　出票人账号：
人民币（大写）　｜千｜百｜十｜万｜千｜百｜十｜元｜角｜分｜
用途：
上列款项请从　　　　科目（借方）__________
我账户内支付　　　　对方科目（贷）__________
出票人签章：　　复核：　　记账：</td>
</tr>
</table>

凭证 5. 16

记　账　凭　证

年　月　日　　　　　　　　　　　　第　号

<table>
<tr><th rowspan="2">摘 要</th><th colspan="3">借方科目</th><th colspan="3">贷方科目</th><th colspan="10">金额</th><th rowspan="7">附
单
据

张</th></tr>
<tr><th>总账科目</th><th>明细科目</th><th>记账</th><th>总账科目</th><th>明细科目</th><th>记账</th><th>千</th><th>百</th><th>十</th><th>万</th><th>千</th><th>百</th><th>十</th><th>元</th><th>角</th><th>分</th></tr>
<tr><td></td><td></td><td></td><td></td><td></td><td></td><td></td><td></td><td></td><td></td><td></td><td></td><td></td><td></td><td></td><td></td><td></td></tr>
<tr><td></td><td></td><td></td><td></td><td></td><td></td><td></td><td></td><td></td><td></td><td></td><td></td><td></td><td></td><td></td><td></td><td></td></tr>
<tr><td></td><td></td><td></td><td></td><td></td><td></td><td></td><td></td><td></td><td></td><td></td><td></td><td></td><td></td><td></td><td></td><td></td></tr>
<tr><td></td><td></td><td></td><td></td><td></td><td></td><td></td><td></td><td></td><td></td><td></td><td></td><td></td><td></td><td></td><td></td><td></td></tr>
<tr><td colspan="7">合　　计</td><td></td><td></td><td></td><td></td><td></td><td></td><td></td><td></td><td></td><td></td></tr>
</table>

会计主管：　　记账：　　复核：　　出纳：　　制单：

凭证 5. 17

借　　款　　单

年　月　日

<table>
<tr><td>部　　门</td><td></td><td>借款事由</td><td colspan="2"></td></tr>
<tr><td>借款金额</td><td colspan="4">金额（大写）　　　　　　　¥</td></tr>
<tr><td>本单位负责人意见</td><td colspan="4"></td></tr>
<tr><td colspan="2">领导批示：</td><td colspan="2">财务主管核批：</td><td>借款人：</td></tr>
</table>

凭证 5.18

记 账 凭 证

年 月 日 第 号

摘要	借方科目			贷方科目			金额									
	总账科目	明细科目	记账	总账科目	明细科目	记账	千	百	十	万	千	百	十	元	角	分
合 计																

附单据 张

会计主管： 记账： 复核： 出纳： 制单：

凭证 5.19

差 旅 费 报 销 单

部门： 年 月 日

姓 名						出差事由									
起讫时间及地点						车船票		乘车夜间补助费			出差补助费			宿费	其他	
月	日	地点	月	日	地点	类别	金额	时间	标准	金额	日数	标准	金额	金额	摘要	金额
小 计																
合计金额（大写）：																
备注 预借款：						报销：					退或支出现金：					

单位领导： 财务主管： 审核： 填报人：

凭证 5.20

收 款 收 据 2

年 月 日 编号：108号

今收到：______________________ 结算方式：______________

人民币（大写）______________________ ¥ ______________

上款系：______________________________________

____

收款单位：（财务专用章）

收款单位记账联

会计： 出纳： 记账： 经手： 稽核：

凭证 5.21

记 账 凭 证

年 月 日　　　　第　　号

<table>
<tr><td rowspan="2">摘要</td><td colspan="3">借方科目</td><td colspan="3">贷方科目</td><td colspan="10">金额</td><td rowspan="7">附单据

张</td></tr>
<tr><td>总账科目</td><td>明细科目</td><td>记账</td><td>总账科目</td><td>明细科目</td><td>记账</td><td>千</td><td>百</td><td>十</td><td>万</td><td>千</td><td>百</td><td>十</td><td>元</td><td>角</td><td>分</td></tr>
<tr><td></td><td></td><td></td><td></td><td></td><td></td><td></td><td></td><td></td><td></td><td></td><td></td><td></td><td></td><td></td><td></td><td></td></tr>
<tr><td></td><td></td><td></td><td></td><td></td><td></td><td></td><td></td><td></td><td></td><td></td><td></td><td></td><td></td><td></td><td></td><td></td></tr>
<tr><td></td><td></td><td></td><td></td><td></td><td></td><td></td><td></td><td></td><td></td><td></td><td></td><td></td><td></td><td></td><td></td><td></td></tr>
<tr><td></td><td></td><td></td><td></td><td></td><td></td><td></td><td></td><td></td><td></td><td></td><td></td><td></td><td></td><td></td><td></td><td></td></tr>
<tr><td colspan="7">合 计</td><td></td><td></td><td></td><td></td><td></td><td></td><td></td><td></td><td></td><td></td></tr>
</table>

会计主管：　　记账：　　复核：　　出纳：　　制单：

凭证 5.22

ICBC 中国工商银行 进账单（收账通知）3

年 月 日

<table>
<tr><td rowspan="3">付款人</td><td>全 称</td><td></td><td rowspan="3">收款人</td><td>全 称</td><td colspan="9"></td><td rowspan="7">收款人开户行交给收款人的受理回单</td></tr>
<tr><td>账 号</td><td></td><td>账 号</td><td colspan="9"></td></tr>
<tr><td>开户银行</td><td></td><td>开户银行</td><td colspan="9"></td></tr>
<tr><td rowspan="2">金额</td><td colspan="4" rowspan="2">人民币（大写）</td><td>百</td><td>十</td><td>万</td><td>千</td><td>百</td><td>十</td><td>元</td><td>角</td><td>分</td></tr>
<tr><td></td><td></td><td></td><td></td><td></td><td></td><td></td><td></td><td></td></tr>
<tr><td colspan="2">票据种类</td><td></td><td colspan="11" rowspan="3">收款人开户行盖章：</td></tr>
<tr><td colspan="2">票据张数</td><td></td></tr>
<tr><td colspan="3">复核：　　　　记账：</td></tr>
</table>

凭证 5.23

收 款 收 据 2

年 月 日　　　　编号：123号

今收到：＿＿＿＿＿＿＿＿　结算方式：＿＿＿＿

人民币（大写）＿＿＿＿＿＿＿＿　¥＿＿＿＿

上款系：＿＿＿＿＿＿＿＿

＿＿＿＿＿＿＿＿

收款单位：（财务专用章）

此联收款单位记账联

会计：　　出纳：　　记账：　　经手：　　稽核：

凭证 5.24

记 账 凭 证

年 月 日 第 号

摘要	借方科目			贷方科目			金额										附单据张
	总账科目	明细科目	记账	总账科目	明细科目	记账	千	百	十	万	千	百	十	元	角	分	
合计																	

会计主管： 记账： 复核： 出纳： 制单：

凭证 5.25

中国工商银行转账支票存根
支票号码：4358970
科　　目：
对方科目：
出票日期： 年 月 日

收款人：
金　额：
用　途：

备注：

ICBC 中国工商银行 转账支票（含支票根） No.4358970

本支票付款期限十天

出票日期（大写） 年 月 日 付款行名称：
收款人： 出票人账号：

人民币（大写）	千	百	十	万	千	百	十	元	角	分

用途：
上列款项请从 科目（借方）__________
我账户内支付 对方科目（贷）__________

出票人签章： 复核： 记账：

凭证 5.26

收 款 收 据 1

年 月 日 编号：123号

今收到：______________________________ 结算方式：______________
人民币（大写）______________________________ ¥______________
上款系：____
____

收款单位：（财务专用章）

付款单位记账联

会计： 出纳： 记账： 经手： 稽核：

凭证 5. 27

记 账 凭 证

年 月 日　　　　第 号

摘 要	借方科目			贷方科目			金额									
	总账科目	明细科目	记账	总账科目	明细科目	记账	千	百	十	万	千	百	十	元	角	分
	合 计															

附单据 张

会计主管：　记账：　复核：　出纳：　制单：

凭证 5. 28

领 料 单

领料用途：　　　　编号：

领料部门：　　年 月 日　　发料仓库：

材料编号	材料名称及规格	计量单位	数量		实际成本	
			请领	实领	单价	金额

仓库主管：　发料人：　领料部门主管：　领料人：

凭证 5. 29

记 账 凭 证

年 月 日　　　　第 号

摘 要	借方科目			贷方科目			金额									
	总账科目	明细科目	记账	总账科目	明细科目	记账	千	百	十	万	千	百	十	元	角	分
	合 计															

附单据 张

会计主管：　记账：　复核：　出纳：　制单：

凭证5.30

工资结算汇总表

年 月 单位：元

部门名称	标准工资		奖金	各种津贴			缺勤扣款		应付工资	代扣款项			实发工资
	计时工资	计件工资		副食补贴	夜班补贴	其他补贴	事假	病假		房租	水电费	个人所得税	
合 计													

凭证5.31

记 账 凭 证

年 月 日 第 号

摘要	借方科目			贷方科目			金额									
	总账科目	明细科目	记账	总账科目	明细科目	记账	千	百	十	万	千	百	十	元	角	分
合 计																

附单据 张

会计主管： 记账： 复核： 出纳： 制单：

凭证5.32

工资明细表

车间或部门： 年 月 单位：元

编号	姓名	标准工资		奖金	各种津贴			缺勤扣款				应付工资	代扣款项				实发工资	职工签章
								事假		病假								
		计时工资	计件工资		副食补贴	夜班补贴	其他补贴	天数	金额	天数	金额		房租	水电费	个人所得税	小计		
合 计																		

凭证 5.33

中国工商银行现金支票存根 支票号码：45358971 科　　目： 对方科目： 出票日期：　年　　月　　日 收款人： 金　额： 用　途： 备注：	本支票付款期限十天	ICBC 中国工商银行现金支票　　No.45358971 出票日期（大写）　年　　月　　日　　付款行名称： 收款人：　　出票人账号： 人民币（大写）　千 百 十 万 千 百 十 元 角 分 用途： 上列款项请从我账户内支付　　科目（借方）______　对方科目（贷）______ 出票人签章：　　复核：　　记账：

凭证 5.34

记　账　凭　证

年　月　日　　　　第　　号

摘要	借方科目			贷方科目			金额										附单据　张
	总账科目	明细科目	记账	总账科目	明细科目	记账	千	百	十	万	千	百	十	元	角	分	
合　计																	

会计主管：　　记账：　　复核：　　出纳：　　制单：

凭证 5.35

ICBC 中国工商银行　现　金　缴　款　单

年　月　日

存款人	全　称																		
	账　号								款项来源										
	开户行								交 款 人										
金额（大写）											百	十	万	千	百	十	元	角	分
券　别	张　数	百	十	万	千	百	十	元	券　别	张　数	万	千	百	十	元	角	分	上列款项已如数收妥入账	
壹佰元									伍　角										
伍拾元									贰　角										
贰拾元									壹　角										
拾　元									伍　分									银行现讫章	
伍　元									贰　分										
贰　元									壹　分										
壹　元																			

凭证 5.36

记 账 凭 证

年 月 日 第 号

摘要	借方科目			贷方科目			金额									
	总账科目	明细科目	记账	总账科目	明细科目	记账	千	百	十	万	千	百	十	元	角	分
合 计																

附单据 张

会计主管： 记账： 复核： 出纳： 制单：

岗课赛证融合测试

要求：请学生在25分钟内独立完成下列测试。

一、单项选择题（将正确答案的字母填在括号内）

1. 下列凭证不属于原始凭证的是（ ）。

A. 收料单 B. 领料单 C. 购货发票 D. 购销合同

2. 下列原始凭证中属于外来原始凭证的是（ ）。

A. 收料单 B. 购货发票

C. 职工薪酬明细表 D. 购销合同

3. 下列各项中，不属于原始凭证要素的是（ ）。

A. 交易或事项发生的日期 B. 交易或事项的内容

C. 会计人员记账标记 D. 有关人员签章

4. 实际会计工作过程中，依据（ ）编制记账凭证。

A. 原始凭证 B. 会计科目 C. 记账凭证 D. 会计账簿

5. 发出材料汇总表是（ ）。

A. 记账凭证 B. 汇总原始凭证

C. 明细账 D. 累计原始凭证

6. 原始凭证不得涂改、刮擦、挖补。对于金额有错误的原始凭证，正确的处理方法是（ ）

A. 退回由出具单位重新填写

B. 由出具单位在凭证上更正并由经办人员签名

C. 由出具单位在凭证上更正并由出具单位负责人签名

D. 由出具单位在凭证上更正并加盖出具单位印章

7. 企业购入原材料一批，款未付，会计人员应填制的专用凭证是（　　）。

A. 收款凭证　　B. 付款凭证　　C. 记账凭证　　D. 转账凭证

8. 对于现金存入银行的业务，企业应编制的专用记账凭证是（　　）。

A. 收款凭证　　B. 付款凭证　　C. 转账凭证　　D. 通用记账凭证

9. 限额领料单属于（　　）。

A. 一次性原始凭证　　B. 外来原始凭证

C. 汇总原始凭证　　D. 累计原始凭证

10. 根据记账凭证的填制要求，下列说法中正确的是（　　）。

A. 记账凭证只能根据一张原始凭证编制

B. 记账凭证应当连续编号

C. 记账凭证只能根据原始凭证汇总表编制

D. 所有记账凭证必须附有原始凭证

11. 若企业采用专用记账凭证，对于销售产品收到货款的交易或事项，一般只填（　　）。

A. 收款凭证　　B. 付款凭证　　C. 转账凭证　　D. 记账凭证

12. 如果一笔交易或事项需要编制多张记账凭证时，可采用（　　）。

A. 分数编号法　　B. 双重编号法

C. 统一编号法　　D. 分类编号法

13. 采用专用记账凭证的企业，对于“用现金购买办公用品”的交易或事项，会计人员应填制的记账凭证是（　　）。

A. 收款凭证　　B. 付款凭证　　C. 转账凭证　　D. 记账凭证

14. 原始凭证与记账凭证的共同之处在于（　　）。

A. 编制时间相同　　B. 编制人员相同

C. 反映交易或事项的内容相同　　D. 来源相同

15. 通用记账凭证的格式和填制方法与（　　）基本相同。

A. 收款凭证　　B. 付款凭证　　C. 转账凭证　　D. 汇总记账凭证

二、多项选择题（下列各题中均有两个或两个以上的正确答案，请将正确答案的字母填在括号内）

1. 下列各项中，属于自制原始凭证的有（　　）。

A. 销货发票　　B. 差旅费报销单

C. 工资结算单　　D. 银行转来的委托收款凭证

2. 自制原始凭证按其反映经济业务的次数，可分为（　　）。

A. 一次凭证　　B. 累计凭证

C. 收、付、转款凭证　　D. 汇总原始凭证

3. 下列属于原始凭证的有（　　）。

A. 销货发票　　B. 收款收据　　C. 工资结算单　　D. 领料单

4. 下列属于汇总原始凭证的有（　　）。

A. 发料凭证汇总表　　B. 限额领料单

C. 工资结算汇总表　　D. 收料凭证汇总表

5. 记账凭证可以根据（　　）填制。

A. 账簿提供的某些数据　　B. 原始凭证

C. 原始凭证汇总表　　D. 存货盘点报告单

6. 下列各项中，属于外来原始凭证的有（　　）

A. 购货发票　　B. 差旅费报销单

C. 工资结算单　　D. 银行转来的委托收款凭证

7. 下列交易或事项中，应编制转账凭证的有（　　）。

A. 运输车队领用材料 10 000 元

B. 计提固定资产折旧 1 000 元

C. 购入材料 20 000 元，货款未付

D. 年终进行利润分配

8. 下列项目中，属于记账凭证基本内容的有（　　）

A. 记账凭证的名称　　B. 填制凭证的日期

C. 借方或贷方科目　　D. 经办人员签名或盖章

9. 在编制转账凭证时，凭证中不可能出现的会计科目有（　　）。

A. 应付账款　　B. 库存现金　　C. 应收账款　　D. 银行存款

10. 下列交易或事项中应填制转账凭证的有（　　）。

A. 将现金 2 000 元存入银行

B. 生产领用原材料 1 500 元

C. 采购员李平预借差旅费，企业支付现金 1 200 元

D. 购入原材料一批价值 14 000 元，款项尚未支付。

三、判断题（正确的在括号中画“√”，错误的在括号中画“×”）

1. 一切原始凭证都必须由本单位经办业务的有关人员签章。（　　）

2. 为了简化和便于记账凭证的填制工作，可以先将同类原始凭证编制成原始凭证汇总表，再据以编制记账凭证。（　　）

3. 装订成册的会计凭证，应指定专人负责保管。（　　）

4. 收款凭证只登记与货币资金收入有关的经济业务。（　　）

5. 记账凭证在填制时，如果发生错误，未记账前可在凭证上更改。（　　）

6. 所有的原始凭证都是根据实际发生的交易或事项填制的，并都有原始凭证。
( )

7. 允许企业通用记账凭证和专用记账凭证同时存在，交叉使用。( )

8. 记账凭证的填制日期与原始凭证的填制日期应当相同。( )

9. 为了防止涂改，一切会计凭证都应填写大写的金额。( )

10. 记账凭证只能根据一张原始凭证编制。( )

四、案例分析

1. 会计专业毕业的小王在一家物流公司从事经理助理工作，20×3 年 4 月公司扩建一个项目，专项资金没有到位，经理写了一份请示给总公司，请求预付工程款。总公司领导签批后，交由小王去向企业财务借钱。小王跟出纳办理借款手续时，写了一张借条，出纳员开了一张现金支票给小王。一个月后，项目有了专项资金，小王立即从项目资金户头上提出现金还给了出纳。出纳员把借条还给了小王，小王当即把借条撕了。

数日后，出纳员却说小王没有还专项资金借款，财务那里还挂着小王的账。出纳说小王借钱时，不需打借条，因为请示上面已经有领导签字，加上小王又在支票存根上签了名。请问该项业务问题出在哪里？应该如何处理？出纳应该如何进行业务处理？

2. 会计人员在进行业务处理时，对原始凭证的审查结果如下：工会主席王军的三八妇女节纪念品购货发票缺少经办人签章；李力的出差住宿发票大小写金额不一致；供销员王海报销的住宿发票上无发票专用章，盖的是单位公章。其余原始凭证均符合要求。请问会计人员应如何处理？

谈谈说说讲讲。结合党的二十大报告和任务 5 的教学内容，谈谈真实原始凭证的重要性。

任务 5 学习成绩评价表

班级____ 姓名____ 任务名称____ 任务学习时间____ 任务组长____

评价项	评价内容及关键点	评价标准	评价者与评分比重			任务得分		项目得分
			教师评价（30%）	本人评价（30%）	组员评价（40%）	每项分值	任务总分值	
任务 5	典型任务完成情况 任务训练 1 完成情况 任务训练 2 完成情况 岗课赛证融合测试情况 谈谈说说讲讲情况							

任务6 登记会计账簿

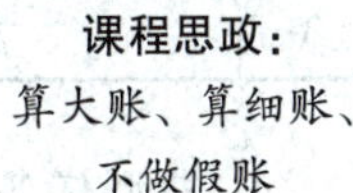

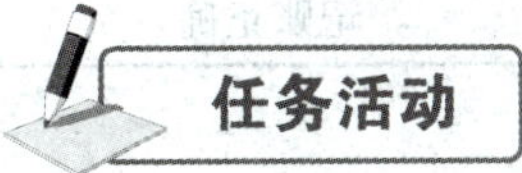

1. 典型任务引入

某物流公司因扩大业务的需要，财务科拟招聘三名会计人员：一名出纳员、一名总账会计和一名明细分类账会计。毕业生李可、王东、孙可茹得知此消息后前来应聘。财务领导和人力资源负责人接待了他们并与他们集体谈话后，拿来了本月审核完毕的有代表性的20张记账凭证和相应的账簿（告知企业采用科目汇总表账务处理程序），决定让李可拟担任单位的出纳员，王东拟担任单位的明细分类账会计，孙可茹拟担任总账会计，在20分钟内完成本月各自的记账工作。三位同学很快完成了各自的工作，并互相看了一眼对方的账，信心十足地告诉财务领导和人力资源负责人完成了会计工作。财务领导和人力资源负责人看到结果也很满意地笑了。请问：

（1）你知道这三位同学是怎么操作的吗？

（2）他们登记的账簿的不同点即特殊之处在哪里？

（3）为什么三位同学看完对方登记的账目后信心十足？

2. 典型任务分析

三位同学需要依据审核无误的记账凭证的日期、凭证编号、摘要、结算方式、借方科目、贷方科目及金额登记相应的账页，并检查记账的正确性。工作任务操作流程如图6.1所示。

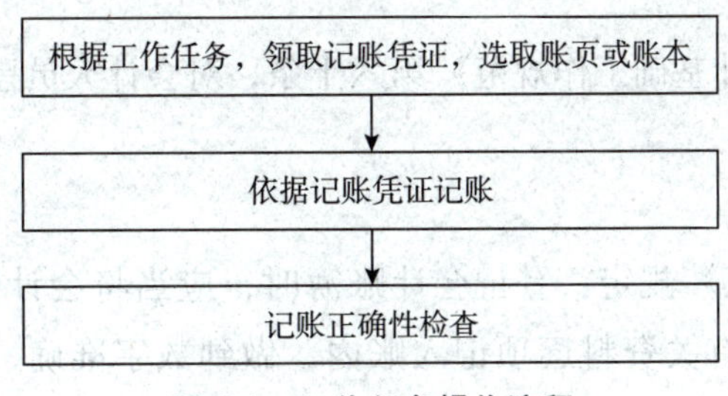

图6.1 工作任务操作流程

3. 典型任务实施

典型任务实施过程见表6.1。

表 6.1　　典型工作任务实施过程

序号	实施步骤	使用的资源	实施结果
1	选择账簿，领取记账凭证	记账凭证、账簿	准备记账
2	依据记账凭证登记账簿	记账凭证、账簿	正确记账
3	检查记账正确性	账簿	记账正确

4. **典型任务总结**

学生通过学习活动，完成典型任务分析与总结，填写表 6.2。

表 6.2　　典型任务分析总结表

问题	答案
(1)	
(2)	
(3)	

任务知识和技能

6.1　登记会计账簿的基本要求和流程

6.1.1　登记会计账簿的基本要求

财政部颁布的《会计基础工作规范》第六十条，对会计人员登记账簿的基本要求做出了明确的规定。

1. **准确完整**

《会计基础工作规范》规定：登记会计账簿时，应当将会计凭证日期、编号、业务内容摘要、金额和其他有关资料逐项记入账内，做到数字准确、摘要清楚、登记及时、字迹工整。每一会计事项一方面要记入有关的总账，另一方面要记入该总账所属的明细账。

账簿记录中的日期，大部分应填写记账凭证上的日期。但原材料和库存商品明细账，应以收料单、领料单、入库单及出库单等作为记账依据，账簿记录中的日期应按有关自制原始凭证的日期填列。

账簿登记应及时，但对各种账簿的登记间隔应该多长，《会计基础工作规范》未做统一规定。一般以企业所采用的具体会计核算形式而定。

2. 注明记账符号

《会计基础工作规范》规定：记账完毕后，要在记账凭证上签名或者盖章，并注明已经记账的符号表示已经记账。一般应在专门的栏目中画“√”或注明页码，以免发生重记或漏记。

3. 书写留空

《会计基础工作规范》规定：账簿中书写的文字和数字上面要留有适当空格，不要写满格；一般应占格距的二分之一。一旦发生记账错误，能比较容易地进行更正，同时也方便查账。

4. 正常记账使用蓝黑墨水

《会计基础工作规范》规定：登记账簿要用蓝黑墨水或者碳素墨水书写，不得使用圆珠笔（银行的复写账簿除外）或者铅笔书写。在会计工作中，数字的颜色是重要的语素之一，它同数字和文字一起传达出会计信息。不仅数字和文字错误会表达错误的信息，书写墨水的颜色用错了，也会表达出错误的信息。

5. 特殊情况记账使用红色墨水

《会计基础工作规范》对记账过程中红色墨水的使用做出了明确的规定，以下四种情况可以使用红色墨水：

①按照红字冲账的记账凭证，冲销错误记录。

②在不设借贷等栏的多栏式账页中，登记减少数。

③在三栏式账户的余额栏前，如未印明余额方向的，在余额栏内登记负数余额。

④根据国家统一会计制度的规定可以用红字登记的其他会计记录。如注销空行和空页、期末结账时划线等。

6. 顺序连续登记

《会计基础工作规范》规定：各种账簿按页次顺序连续登记，不得跳行、隔页。如果发生跳行、隔页，应当将空行、空页划线注销，或者注明“此行空白”“此页空白”字样，并由记账人员签名或者盖章。这对堵塞账簿登记中可能出现的漏洞是十分必要的。

7. 结出余额

《会计基础工作规范》规定：凡需要结出余额的账户，结出余额后，应当在“借或贷”等栏内写明“借”或者“贷”字样。没有余额的账户，应当在“借或贷”等栏内写“平”字，并在余额栏内用“—”表示。现金日记账和银行存款日记账必须逐日结出余额。一般说来，对于没有余额的账户，在余额栏内标注的“—”应当放在“元”位。

8. 过次页、承前页

《会计基础工作规范》规定：每一账页登记完毕结转下页时，应当结出本页合计数及余额，写在本页最后一行和下页第一行有关栏内，并在摘要栏内注明“过次页”和“承前页”字样；也可以将本页合计数及金额只写在下页第一行有关栏内，并在摘要栏内注明“承前页”字样。也就是说，“过次页”和“承前页”的方法有两种：一是在本页最后一行内结出发生额合计数及余额，然后过次页并在次页第一行承前页；二是只在次页第一行承前页写出发生额合计数及余额，不在上页最后一行结出发生额合计数及余额后过次页。

《会计基础工作规范》还对“过次页”的本页合计数的结计方法根据不同需要做了规定：

第一，对需要结计本月发生额的账户，结计“过次页”的本页合计数应当为自本月初起至本页末止的发生额合计数。这样做，便于根据“过次页”的合计数随时了解本月初到本页末止的发生额，也便于月末结账加计“本月合计”数。

第二，对需要结计本年累计发生额的账户，结计“过次页”的本页合计数应当为自年初起至本页末止的累计数，这样做便于根据“过次页”的合计数随时了解本年初到本页末止的累计发生额，也便于年终结账时，加计“本年累计”数。

第三，对既不需要结计本月发生额也不需要结计本年累计发生额的账户，可以只将每页末的余额结转次页。如某些材料明细账户就没有必要将每页的发生额结转次页。

9. 定期打印

《会计基础工作规范》对实行会计电算化的单位提出了打印的要求，“实行会计电算化的单位，总账和明细账应当定期打印。发生收款和付款业务的，在输入收款凭证和付款凭证的当天必须打印出现金日记账和银行存款日记账，并与库存现金核对无误”。因为在以机器或其他磁性介质存储的状态下，各种资料或数据的直观性不强，而且信息处理的过程不明，不便于进行某些会计操作和进行内部或外部审计，对会计信息的安全和完整也不利。

6.1.2 登记会计账簿的基本流程

虽然各企业发生的具体交易或事项不同，但会计账簿登记的流程基本一样，都要根据会计凭证登记总账、明细分类账和日记账，具体如图6.2所示。

企业发生的每笔交易或事项，首先应由经办人取得原始凭证（或汇总后形成原始凭证汇总表）。由制单会计根据原始凭证或原始凭证汇总表编制记账凭证，由审核会计对记账凭证进行审核，然后按以下程序进行：

1. 涉及现金或银行存款收付业务的会计凭证

传递给出纳员，由其完成以下业务：

①履行收、付款业务，在原始凭证上加盖收、付款戳记。

②根据记账凭证或原始凭证登记现金或银行存款日记账。

③记账后在“库存现金”或“银行存款”科目后做出记账标记，即画“√”或注明页码，并在“记账”处签章，以明确库存现金或银行存款的保管责任。

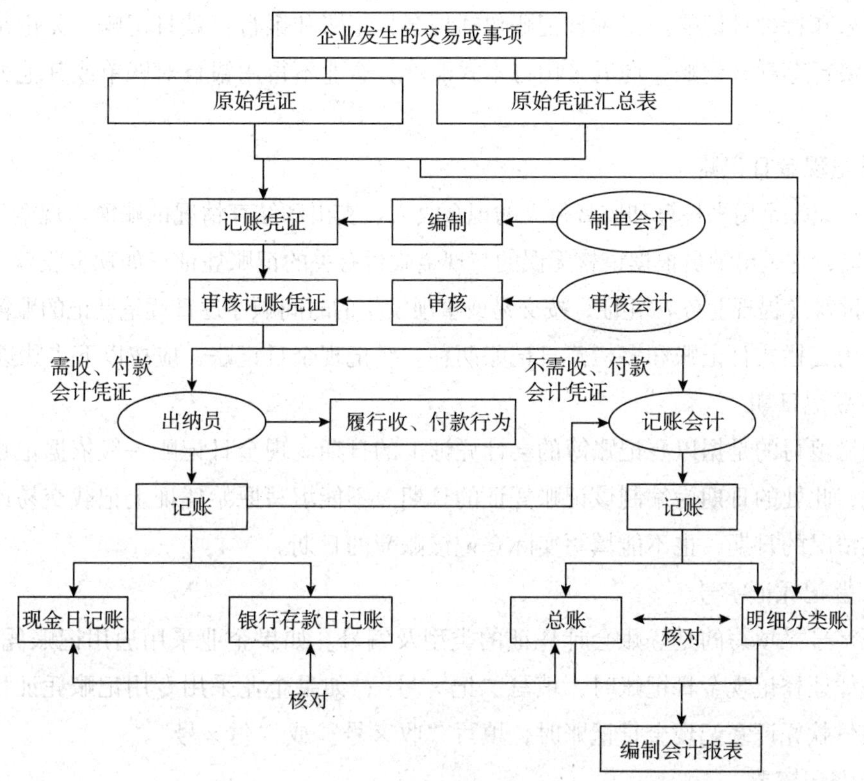

图 6.2 会计账簿登记流程

④出纳员收、付款结束并登记完日记账，将记账凭证交给记账会计进行记账业务的会计处理。

2. 不涉及现金或银行存款收付业务的记账凭证

直接传递给记账会计，由其完成如下业务：

①负责登记明细账的会计人员，收到记账凭证时，根据原始凭证、原始凭证汇总表或记账凭证登记相关的明细分类账。记账后，应在记账凭证中记账栏的相应位置画“√”或注明记账的页码，以示已记账。然后将记账凭证传递给总账会计。

②总账会计根据企业的账务处理程序或要求登记总账。记账后同样要在相关凭证中做出记账的记载。

③所有的账簿登记完毕后，要将总账、明细分类账和日记账进行核对，核对相符后由负责编制会计报表的会计人员编制相应的会计报表。

6.2 登记账簿

6.2.1 登记日记账

日记账是根据企业发生交易或事项时间的先后顺序，逐日逐笔登记的会计账簿，包括普通日记账和特种日记账。特种日记账包括现金日记账和银行存款日记账。无论是现金日记账还是银行存款日记账，均需采用订本式账簿，企业不得用银行对账单或其他方式代替日记账。

1. **登记现金日记账**

现金日记账是用来核算和监督每天的现金收入、支出和结存情况的账簿。现金日记账应按币种设置，它是出纳员根据审核无误的与现金收付有关的记账凭证，如现金收款、现金付款或银行付款（提现业务）凭证，按交易或事项发生的时间顺序逐日逐笔登记的账簿。现金日记账分为三栏式日记账和多栏式日记账两种。登记现金日记账，应按以下步骤进行。

（1）登记日期

日期栏填写的是据以登记账簿的会计凭证上的日期。现金日记账一般依据记账凭证登记。因此，此处的日期为编制该记账凭证的日期。不能填写原始凭证上记载交易或事项发生或完成情况的日期，也不能填写实际登记该账簿的日期。

（2）登记凭证字号

凭证字号栏填写的是登账会计凭证的类型及编号。如果企业采用通用记账凭证格式，根据记账凭证登记现金日记账时，填写“记×号”；如果企业采用专用记账凭证格式，根据收款或付款凭证登记现金日记账时，填写“收×号”或“付×号”。

（3）登记摘要

“摘要”栏简要说明登记入账的交易或事项的内容，力求简明扼要。摘要一般从左端开始写。一般与记账凭证的摘要相同。

（4）登记对方科目

对方科目栏应填写记账凭证中“库存现金”科目对应的科目，用以反映库存现金增减变化的来龙去脉。如“将现金存银行”的业务分录：借记“银行存款”科目，贷记“库存现金”科目，登记现金日记账时，其对方科目应填写“银行存款”。填写对方科目时，应注意以下方面：

①对方科目只填写总账科目，不需填写明细科目。

②当对方科目有多个时，应填写主要对方科目。如职工报销差旅费2 000元，其中出差时已借差旅费1 500元，另500元补付现金。此项交易登记现金日记账时的对方科目应填写“其他应收款”，借方金额为2 000元。

③当对方科目有多个，且无法区分主次科目时，应填写其中金额较大的科目，并在其后加上“等”字。例如，用现金900元购买办公用品，其中车队领用300元，管理部门领用500元，销售部门领用100元。此笔业务应在“库存现金”的对方科目栏中填入“管理费用”等，在贷方金额栏中填入支付的现金总额900元。

（5）登记“借方金额”和“贷方金额”

“借方金额”栏和“贷方金额”栏应根据相关凭证中记录的“库存现金”科目的借、

贷方向及金额登记。若会计分录是借记“库存现金”，金额是500元，则在现金日记账的借方登记500即可。

（6）登记“余额”

“余额”栏应根据“本日余额 = 昨日余额 + 本日收入金额合计 - 本日支出金额合计”计算得出。每日终了时，要在摘要栏中写明“本日合计”字样，并在“收入”和“支出”栏内分别计算出本日的收入合计与本日的支出合计，同时在“余额”栏内登记本日现金金额。

结计“本日合计”时，应在本日的最后一笔交易或事项后，画一条通栏单红线，表示本日涉及现金的交易或事项已经结束；在本日最后一笔交易或事项下行的“摘要”栏填写“本日合计”，并计算出本日的“收入合计”和“支出合计”及“余额”，同时再画一条通栏单红线，表示该日的结计结果。若每天只有一笔现金业务，可不用进行本日“收入合计”和“支出合计”的计算，只结出当日余额即可。

正常情况下企业的库存现金是不会出现贷方余额的。因此，现金日记账“余额”栏前未印有借贷方向，其余额方向默认为借方。若在记账过程中，由于某种原因出现了贷方余额，则在“余额”栏用红字表示。

【案例6.1】宏达物流有限责任公司20×3年12月1日库存现金余额为2 890元，当日发生涉及现金的交易或事项见表6.3。

表6.3　宏达物流有限责任公司20×3年12月1日涉及现金的交易或事项统计表

记账凭证的种类及编号	摘要	会计分录
记1号	提取现金	借：库存现金　1 000 贷：银行存款　1 000
记2号	购办公用品	借：管理费用　90 应交税费——应交增值税（进项税额）　11.70 贷：库存现金　101.70
记3号	李燕借差旅费	借：其他应收款——李燕　1 000 贷：库存现金　1 000
记4号	付招待费	借：管理费用　85 贷：库存现金　85
记5号	收回欠款	借：库存现金　117 贷：应收账款　117

要求：若该企业采用三栏式现金日记账的格式，根据上述登记会计账簿的基本要求，完成现金日记账的登记。

【案例解析及登记结果】

根据现金日记账的登记要求，其登记结果如表6.4所示。

表 6.4　　　　现金日记账

币种：人民币　　　　　　　　　　　　第 7 页

20×3年		凭证		摘要	对方科目	借方(收入)									贷方(支出)									余额(结余)								
月	日	种类	编号			百	十	万	千	百	十	元	角	分	百	十	万	千	百	十	元	角	分	百	十	万	千	百	十	元	角	分
12	1			期初余额																							2	8	9	0	0	0
	1	记	1	提取现金	银行存款				1	0	0	0	0	0													3	8	9	0	0	0
	1	记	2	购办公用品	管理费用														1	0	1	7	0				3	7	8	8	3	0
	1	记	3	李燕借差旅费	其他应收款													1	0	0	0	0	0				2	7	8	8	3	0
	1	记	4	付招待费	管理费用															8	5	0	0				2	7	0	3	3	0
	1	记	5	收回欠款	应收账款					1	1	7	0	0													2	8	2	0	3	0
				本日合计					1	1	1	7	0	0				1	1	8	6	7	0				2	8	2	0	3	0

注：上表中的第一条双线，其中有一条是通栏单红线，表示本日的最后一笔业务，此日现金业务结束；第二条双线，其中有也有一条是通栏单红线，表示当日结计的结果。以下所有日记账中的双线含义相同，不再重述。

2. 登记银行存款日记账

银行存款日记账是序时登记银行存款收支及结存业务的账簿，用来反映银行存款的增加、减少和结存情况。银行存款日记账应按企业在银行开立的账户设置。

银行存款日记账的格式与现金日记账的格式基本相同。所不同的是，企业为了便于与银行对账，在银行存款日记账中增加了一栏“结算方式”栏，这一栏目在银行存款账目的核对中起着非常重要的作用。同时要求对于发生的每笔业务随时结余额，以随时了解企业在银行的存款情况。

银行存款日记账的登记方法与现金日记账的登记方法基本相同。它是由出纳员根据审核后的银行存款收、付款凭证和现金的付款凭证（现金存银行的业务）逐日逐笔登记。银行存款的“收入”栏是根据银行存款的收款凭证和现金的付款凭证（现金存银行的业务）登记的；银行存款的“支出”栏是根据银行存款的付款凭证登记的；结算凭证的种类和号数，根据每笔银行存款收、付款业务所依据的结算方式的种类和号数填列，结算方式的种类包括转账支票、现金支票、信汇、电汇、银行汇票及银行本票等。号数根据结算方式后四位数字填列；银行存款日记账其余栏目的填列与现金日记账相同，不再重述。

【案例 6.2】 宏达物流有限责任公司 20×3 年 12 月 1 日银行存款余额为 6 000 元，当日发生的涉及银行存款的交易或事项见表 6.5。

表 6.5　　宏达物流有限责任公司 20×3 年 12 月 1 日涉及银行存款的交易或事项

记账凭证的种类及编号	摘要	会计分录
记 6 号	提现金（现支#0271）	借：库存现金　　1 000 　贷：银行存款　　1 000

续 表

记账凭证的种类及编号	摘要	会计分录
记 7 号	支付购料款（转支#0412）	借：应付账款　　　2 340 　贷：银行存款　　　2 340
记 8 号	收回欠款（电汇）	借：银行存款　　　1 170 　贷：应收账款　　　1 170

要求：若该企业银行存款日记账采用三栏式格式，请完成银行存款日记账的登记。

【案例解析及登记结果】

银行存款日记账采用三栏式格式，银行存款日记账的登记见表 6. 6。

表 6. 6　　　　银行存款日记账

开户银行：工商银行　　　　第 8 页

20×3年		凭证		摘要	结算方式		对方	借方(收入)							贷方(支出)							余额(结存)						
月	日	种类	编号		种类	号数	科目	万	千	百	十	元	角	分	万	千	百	十	元	角	分	万	千	百	十	元	角	分
12	1			期初余额																			6	0	0	0	0	0
	1	记	6	提 现 金	现支	0271	库存现金									1	0	0	0	0	0		5	0	0	0	0	0
	1	记	7	支付购料款	转支	0412	应付账款									2	3	4	0	0	0		2	6	6	0	0	0
	1	记	8	收回欠款	电汇		应收账款		1	1	7	0	0	0									3	8	3	0	0	0
				本日合计					1	1	7	0	0	0		3	3	4	0	0	0		3	8	3	0	0	0

6. 2. 2　登记明细分类账

微课：
明细分类账的格式与登记方法

常用的明细分类账的格式有三栏式、多栏式、数量金额式及横线登记式等。

1. 登记三栏式明细分类账

三栏式明细分类账的格式同三栏式总账的格式相同，它只设“借方”“贷方”“余额”三个金额栏，不设数量栏。这种账页适用于采用金额核算而不需进行数量核算的债权债务结算科目的核算，如“应收账款”“应付账款”“短期借款”“长期借款”等科目的核算。该类明细分类账的登记，一般根据记账凭证逐笔登记，登记时根据记账凭证依次登记填入各栏目内容并结出余额。其登记方法见表 6. 7。

2. 登记数量金额式明细账

数量金额式明细分类账是一种钱物结合，适用于那些既要进行金额核算，又要进行数量核算的明细分类账户。该账户分别设有“收入”“发出”“结存”三个栏目，每个栏目下又设有“数量”“单价”“金额”栏，适用于如“原材料”“周转材料”等账户的明细分类核算。其格式见表 6. 8。

表 6.7　　应收账款明细分类账

单位名称：阳光物流有限责任公司　　第 1 页

20×3年		凭证		摘要	对方科目	借方								贷方								借或贷	余额									
月	日	种类	编号			十	万	千	百	十	元	角	分	十	万	千	百	十	元	角	分		千	百	十	万	千	百	十	元	角	分
1	1			期初余额																		借				3	0	0	0	0	0	0
	1	记	5	收回欠款	银行存款										1	0	0	0	0	0	0	借				2	0	0	0	0	0	0
	1	记	7	运输服务	主营业务收入		5	8	5	0	0	0	0									借				7	8	5	0	0	0	0
				⋮																												
				本月合计			7	0	0	0	0	0	0		4	0	0	0	0	0	0	借				6	0	0	0	0	0	0

表 6.8　　原材料明细分类账

材料名称：轴承　　计量单位：个　　第 3 页

20×3年		凭证字号	摘要	收入								发出								结存							
月	日			数量	单价	千	百	十	元	角	分	数量	单价	千	百	十	元	角	分	数量	单价	千	百	十	元	角	分
2	1		期初余额																	2	100		2	0	0	0	0
	5	收料001	购入承轴	20	100	2	0	0	0	0	0									22	100	2	2	0	0	0	0
	7	发料005	车间用料									16′	100	1	6	0	0	0	0	6	100		6	0	0	0	0
			⋮																								

登记数量金额式明细分类账时，首先应将明细科目的名称、计量单位等填写在数量金额式明细分类账的对应项目上。交易或事项发生后，根据记账凭证中原始凭证记录的具体信息，详细登记明细账户的增减数量、单价及金额。然后根据选定的原材料的计价方法，计算出结余材料的数量、单价及金额。具体登记时应特别注意以下方面的问题。

（1）日期栏

根据原材料、库存商品等的原始凭证登记数量金额式明细分类账时，账页中的“日期栏”填写据以入账的原始凭证日期。

（2）凭证字号栏

“凭证字号”栏填写据以入账的原始凭证的种类及编号，如收料凭证 1 号、领料凭证 3 号或收料凭证汇总表 1 号等。

（3）单价栏

登记原材料及库存商品的收入、发出及结存时的单价。要注意同时在账簿中详细登记该实物的数量及金额。至于“单价”栏是否要随时登记，主要取决于计价方式，但期末必须填写清楚单价。

一般而言，原材料、库存商品明细分类账不应出现负结存，因此在该明细分类账未设有余额方向的情况下，由于某种原因（如原材料、库存商品入库未记账）账面中出现负结存时，应在结存栏中用红字进行登记。

3. **登记多栏式明细分类账**

多栏账一般根据记账凭证逐笔登记。

①登记方向与栏目设计方向相反时，用红字登记。

②根据记账凭证登记时，一方面要计入相应的具体项目专栏，另一方面将本行合计数加总计入“合计栏”。此种明细分类账的登记方法详见表6.9。

表6.9　　　　　　　　　　管理费用明细账

第3页

20×3年		凭证		摘　要	借　方																												
月	日	种类	编号		办公费							水电费							职工薪酬							…	合　计						
					万	千	百	十	元	角	分	万	千	百	十	元	角	分	万	千	百	十	元	角	分		万	千	百	十	元	角	分
2	10	记	10	购办公用品			8	6	5	0	0																		8	6	5	0	0
	13	记	16	购电费									1	0	0	0	0	0										1	0	0	0	0	0
	25	记	37	分配职工工资																3	6	8	0	0	0			3	6	8	0	0	0
	25	记	39	计提社会保险																	7	5	0	0	0				7	5	0	0	0

6.2.3　登记总分类账

微课：
账务处理程序概述

各企业可以根据实际情况，选择不同的方法和程序登记总分类账。根据登记总分类账的依据和方法不同，可划分出不同的账务处理程序。

账务处理程序也称会计核算程序，是指将账簿组织和记账程序有机结合的方法和体系，包括怎样编制、审核和传递会计凭证，根据什么登记总分类账和明细分类账，根据什么编制会计报表等一系列的方法和程序。目前我国常用的账务处理程序有记账凭证账务处理程序和科目汇总表账务处理程序等。虽然各种账务处理程序都有其特点，但基本账务处理流程是相同的，即登记日记账和明细分类账的方法和依据相同，所不同的是登记总分类账的方法和程序。规模较小、业务简单的企业一般使用记账凭证账务处理程序；规模较大、业务复杂的企业一般使用科目汇总表账务处理程序。

微课：
总分类账的格式和登记方法

1. **根据记账凭证登记总账**

根据记账凭证登记总账，也称记账凭证账务处理程序，它是一种最基本的账务处理程序。记账凭证可采用通用记账凭证，也可采用收款凭证、付款凭证和转账凭证；需要设置现金日记账、银行存款日记账、明细分类账和总分类账，其中日记账和总分类账一般采用订本三栏式账簿，明细分类账可根据需要采用活页式或订本三栏式、多栏式和数量金额式账簿。

微课：
记账凭证账务处理程序

（1）记账凭证账务处理程序的特点及业务流程

记账凭证账务处理程序的特点：直接根据各种记账凭证逐笔登记总分类账。记账凭证业务流程如下：

①根据原始凭证编制汇总原始凭证。

②根据原始凭证或汇总原始凭证编制记账凭证。

③根据收款凭证和付款凭证逐笔登记现金日记账和银行存款日记账。

④根据原始凭证、汇总原始凭证和记账凭证，登记各种明细分类账。

⑤根据记账凭证逐笔登记总分类账。

⑥会计期末，定期将总分类账与日记账、明细分类账相核对。

⑦会计期末，根据核对后的账簿编制会计报表。

该账务处理操作流程如图6.3所示。

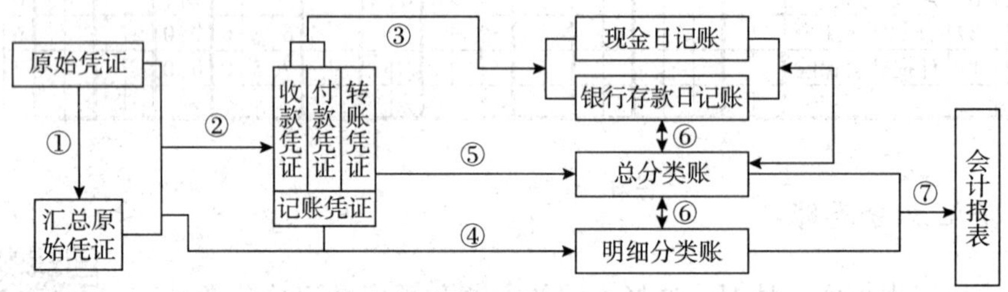

图6.3　记账凭证账务处理程序操作流程

（2）记账凭证账务处理程序的优、缺点及适用范围等

记账凭证账务处理程序的优点：层次清楚、简单明了、易于掌握。因它是根据记账凭证直接登记总分类账，可以较详细地反映交易或事项的发生情况，便于对账、用账及查账。

记账凭证账务处理程序的缺点：登记总分类账的工作量较大。为此，应尽可能地将同类经济业务的原始凭证汇总编制成汇总原始凭证，减少记账凭证数量，从而减少登记总账的工作量。

记账凭证账务处理程序的适用范围：一般适用于规模较小、交易或事项较少的单位。

记账凭证账务处理程序的主要特点是根据记账凭证登记总账。

【案例6.3】某物流企业20×3年7月10日发生的交易和事项形成的记账凭证见表6.10。

表6.10　记账凭证

日期	凭证号	摘要	借方	贷方	金额
20×3.07.10	记01	运输收入（转支1234）	银行存款		5 450
				主营业务收入	5 000
				应交税费——应交增值税（销）	450
20×3.07.10	记02	收回应收款（电汇）	银行存款		1 170
				应收账款	1 170

续 表

日期	凭证号	摘要	借方	贷方	金额
20×3. 07. 10	记 03	偿还货款（转支 2467）	应付账款		3 510
				银行存款	3 510
20×3. 07. 10	记 04	提现金（现支 7890）	库存现金		2 000
				银行存款	2 000
20×3. 07. 10	记 05	运输收入	应收账款		7 630
				主营业务收入 应交税费——应交增值税（销）	7 000 630
20×3. 07. 10	记 06	缴所得税	应交税费（所）		1 500
				银行存款	1 500

要求：采用记账凭证账务处理程序登记银行存款总账和应交税费总账。

【案例分析及登记结果】见表 6. 11 和表 6. 12。

表 6. 11 **总分类账**

账户名称：银行存款 第 3 页

20×3年		凭证		摘　要	借方							贷方							借或贷	余额									
月	日	种类	编号		万	千	百	十	元	角	分	万	千	百	十	元	角	分		千	百	十	万	千	百	十	元	角	分
7	1			期初余额															借			1	3	0	5	0	0	0	0
	10	记	01	运输收入		5	4	5	0	0	0																		
	10	记	02	收回应收款		1	1	7	0	0	0																		
	10	记	03	偿还货款									3	5	1	0	0	0											
	10	记	04	提现金									2	0	0	0	0	0											
	10	记	06	缴所得税									1	5	0	0	0	0	借			1	3	0	1	1	0	0	0

表 6. 12 **总分类账**

账户名称：应交税费 第 20 页

20×3年		凭证		摘　要	借方							贷方							借或贷	余额									
月	日	种类	编号		万	千	百	十	元	角	分	万	千	百	十	元	角	分		千	百	十	万	千	百	十	元	角	分
7	1			期初余额															贷					3	5	0	0	0	0
	10	记	01	运输收入										4	5	0	0	0											
	10	记	05	运输收入										6	3	0	0	0											
	10	记	06	缴所得税		1	5	0	0	0	0								贷					3	0	8	0	0	0

其他总分类账的登记与上述银行存款和应交税费总分类账的登记相同，不再重述。

微课：科目汇总表账务处理程序

2. **根据科目汇总表登记总账**

（1）科目汇总表账务处理程序

根据科目汇总表登记总账，也称科目汇总表账务处理程序，又称记账凭证汇总表账务处理程序。其账簿设置、各种账簿的格式以及记账凭证的格式与记账凭证账务处理程序基本相同，但需另外增加科目汇总表，通过科目汇总表可以起到试算平衡的作用。科目汇总表的汇总频率，可以是每月或每半月汇总一次，也可以是每5天或每10天汇总一次，应视业务量的多少而定。

（2）科目汇总表账务处理程序的特点及账务处理流程

科目汇总表账务处理程序的主要特点：根据记账凭证定期编制科目汇总表，再根据科目汇总表登记总账。其具体流程如下：

①根据原始凭证编制汇总原始凭证。

②根据原始凭证或汇总原始凭证编制记账凭证。

③根据收款凭证和付款凭证逐笔登记现金日记账和银行存款日记账。

④根据原始凭证、汇总原始凭证和记账凭证，登记各种明细分类账。

⑤根据各种记账凭证定期编制科目汇总表。

⑥根据科目汇总表登记总分类账。

⑦会计期末，将现金日记账、银行存款日记账和明细分类账的余额同有关总分类账的余额相核对。

⑧会计期末，根据核对后的账簿编制会计报表。

科目汇总表账务处理流程如图6.4所示。

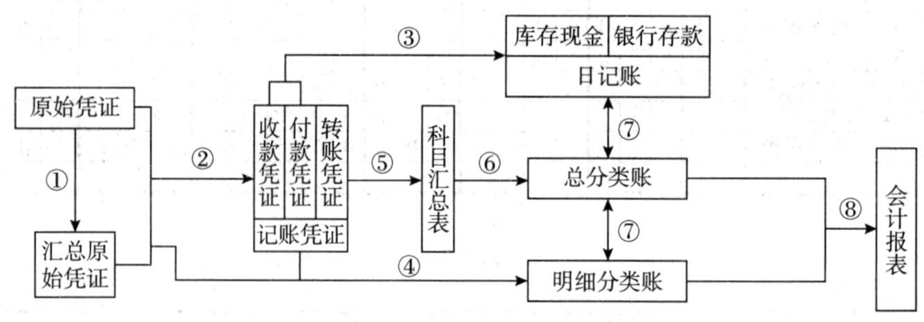

图6.4 科目汇总表账务处理流程

（3）科目汇总表账务处理程序的适用范围及优缺点

科目汇总表账务处理程序一般适用于规模较大、经济业务较多及记账凭证数量较大的企业。

优点：由于每月对每个科目汇总只登记一次或几次总分类账，大大简化了登记总分类账的工作量，并可做到试算平衡，便于及时发现差错，保证了总分类账记录的正确性。

缺点：科目汇总表不能反映账户的对应关系，不能分析经济业务的来龙去脉，不便于错账的查找和账目核对。

微课：

科目汇总表账务处理程序案例分析

（4）编写科目汇总表

采用科目汇总表账务处理程序时，应定期编写科目汇总表，根据科目汇总表登记总分类账。以表6.10为例，其科目汇总表的编制及账簿登记过程如下：

①开设T形账户。会计人员应为每项业务涉及的会计科目开设T形账户，并将记账凭证的内容记入相应的T形账户，结出每个账户的借方和贷方发生额。若以表6.10为例，采用科目汇总表账务处理程序，其开设的T形账户及登记结果如图6.5所示。注意按记账凭证的顺序登记T形账户，避免漏登。

银行存款

①5 450 ②1 170	③3 510 ④2 000 ⑥1 500
6 620	7 010

主营业务收入

	①5 000 ⑤7 000
	12 000

应交税费

⑥1 500	①450 ⑤630
1 500	1 080

应收账款

⑤7 630	②1 170
7 630	1 170

应付账款

③3 510	
3 510	

库存现金

④2 000	
2 000	

图6.5　T形账户

②假定企业采用每10天汇总一次，根据T形账户的借方、贷方发生额编制的科目汇总表（见表6.13）。科目汇总表的具体编制要求如下：

a. 日期。指科目汇总表本次汇总凭证所属的时间段。若每10天汇总一次，其日期为20×3年7月1日至20×3年7月10日，或20×3年7月11日至20×3年7月20日，或20×3年7月21日至20×3年7月31日。

b. 凭证起讫号。指本次汇总记账凭证的实际起止编号。如上旬共6张记账凭证，中旬共20张记账凭证，下旬共22张记账凭证，则其凭证的起讫号分别为01号至06号、07号至26号、27号至48号。

c. 编号。指科目汇总表的编号。该编号应单独编制，切不可与记账凭证混在一起编号。如本月按旬汇总，则其编号分别为汇总1号、汇总2号、汇总3号。

d. 科目汇总表的编制。编制科目汇总表时，应按工作底稿中T形账户顺序登记科目汇总表，而不必按总账账户的排列顺序登记科目汇总表，其目的是避免总账登记过程出现错漏。

若企业的交易或事项很多，需要编制两张科目汇总表，则应在第一张科目汇总表的最后一行“会计科目”栏处写上“小计”，并在借方、贷方金额栏结计出本张科目汇总表的“借方”“贷方”发生额的合计数。同时还要在第二张科目汇总表倒数第二行“会计科目”

栏填入“小计”，并在借方、贷方金额栏结计出第二张科目汇总表的“借方”“贷方”发生额的合计数。最后在第二张科目汇总表的最后一行“会计科目”栏处写上“合计”，并结计两张科目汇总表“借”“贷”方发生额合计数，并试算平衡。如不平衡，应查找原因直至平衡为止。

科目汇总表若有未填满的空行，无须注销。同时在所有的签章处需相关人员复核后签章，用于明确责任。

表 6.13

科目汇总表

20×3年 07 月 01日至20×3 年 07 月10 日

凭证起讫号：01 号至 06 号共 6 张

汇总 01 号

会计科目	借方								贷方								记账
	十	万	千	百	十	元	角	分	十	万	千	百	十	元	角	分	
银行存款			6	6	2	0	0	0			7	0	1	0	0	0	√
主营业务收入										1	2	0	0	0	0	0	√
应交税费			1	5	0	0	0	0			1	0	8	0	0	0	
应收账款			7	6	3	0	0	0			1	1	7	0	0	0	
应付账款			3	5	1	0	0	0									
库存现金			2	0	0	0	0	0									
合　计	¥	2	1	2	6	0	0	0	¥	2	1	2	6	0	0	0	

③根据表 6.13，登记银行存款总分类账和应交税费总分类账（见表 6.14 和表 6.15）。其他总分类账的登记方法相同，不再重述。

表 6.14

总分类账

账户名称：银行存款

第 3 页

20×3年		凭证		摘　要	借　方										贷　方										借或贷	余　额									
月	日	种类	编号		千	百	十	万	千	百	十	元	角	分	千	百	十	万	千	百	十	元	角	分		千	百	十	万	千	百	十	元	角	分
7	1	期初	余额																						借			1	3	0	5	0	0	0	0
	10	汇	01	1–10日汇总					6	6	2	0	0	0					7	0	1	0	0	0	借			1	3	0	1	1	0	0	0

表 6.15

总分类账

账户名称：应交税费

第 20 页

20×3年		凭证		摘　要	借　方										贷　方										借或贷	余　额									
月	日	种类	编号		千	百	十	万	千	百	十	元	角	分	千	百	十	万	千	百	十	元	角	分		千	百	十	万	千	百	十	元	角	分
7	1			期初余额																					贷					3	5	0	0	0	0
	10	汇	01	1–10日汇总					1	5	0	0	0	0					1	0	8	0	0	0	贷					3	9	2	0	0	0

6.3 检查会计账簿记账的正确性

为了保证会计核算的质量，需对依据会计凭证登记的账簿的正确性进行检查。主要从三个方面进行：一是检查总分类账登记的正确性；二是检查总分类账与明细分类账登记的一致性；三是检查总分类账与日记账登记的一致性。

6.3.1 检查总分类账登记的正确性

将本期所有记账凭证登记完毕后，需从两方面对总分类账登记的正确性进行检查。

1. 本期发生额正确性检查

总分类账记账完毕，需结出所有总分类账户的借方和贷方发生额，并按着“所有总分类账户的本期借方发生额合计 = 所有总分类账户的本期贷方发生额合计”的会计原则进行试算平衡检查。如果平衡，说明记账基本没有问题，如果不平衡，根据差额数据的特征，分析错误的性质，查找原因，直至平衡为止。

2. 期末余额正确性检查

总分类账记账完毕，结出所有账户的期末余额，并按“资产 = 负债 + 所有者权益”或资产 = 负债 + 所有者权益 + 收入 - 费用”的记账原则进行试算平衡检查。如果试算平衡，说明总分类账的登记基本没有问题；如果不平衡，而本期总分类账的借贷方发生额平衡，则说明在计算期末余额时出现了计算上的错误。

微课：
总分类账与明细账平行登记

6.3.2 检查总分类账与所属明细分类账登记的一致性

为保证总分类账登记与明细分类账登记的质量，需要从两方面对本期登记的总分类账与明细分类账的一致性进行检查：一是本期发生额检查，二是期末余额检查。由于有些实物类财产物资既需要反映其实物数量又需要反映其货币结存；而其他一些明细分类账只需要反映货币结存，因此其一致性检查所采用的表格有所不同，具体格式见表 6.16 和表 6.17。

表 6.16 实物类财产物资总分类账与明细分类账核对试算平衡表

总账账户名称：

明细分类账户	计量单位	月初余额		本期发生额				月末余额	
		数量	金额	收入		发出		数量	金额
				数量	金额	数量	金额		
合计									

表 6.17　　　　　　　　其他总分类账与明细分类账核对试算平衡表

总账账户名称：

明细分类账户	月初余额		本期发生额		月末余额	
	借方	贷方	借方	贷方	借方	贷方
合计						

对于实物类财产物资总分类账与明细分类账的试算平衡，合计处只需结计出金额即可，然后将其与总分类账核对，看是否相符。如果出现总分类账与明细分类账不符，应从如下方面检查：

①检查登记总分类账和明细分类账的会计期间是否相同。即对于每项交易或事项，在计入有关的总分类账户时，在同一期是否也计入了其所属的明细分类账户。

②检查登记总分类账和明细分类账的依据是否相同。即对于每项交易或事项，计入总分类账户和计入所属明细分类账户的原始依据相同。

③检查登记总分类账和明细分类账的方向是否相同。即对于每项交易或事项，计入总分类账户和计入所属明细分类账户的方向相同。若总分类账户记借方，则所属明细分类账户也记借方；若总分类账户记贷方，则所属明细分类账户也记贷方。

④检查登记总分类账和明细分类账的金额是否相等。即对于每项交易或事项，计入总分类账户的金额与计入所属明细分类账户的金额之和相等。

6.3.3　检查总分类账与所属日记账登记的一致性

由于总分类账是会计人员登记的，而现金日记账和银行存款日记账是出纳人员登记的，因此需对两者登记结果的一致性进行检查，查看登记结果是否一致。检查时应首先检查银行存款总分类账余额及现金总分类账余额与银行存款日记账余额和库存现金日记账余额是否一致。如果不一致，双方各自检查借、贷方发生额是否一致，如不一致，根据差额数据的特征，分析错误的性质并进行查找，直至平衡为止。

任务训练

根据“登记会计账簿”的教学活动，按要求完成记账凭证的编制和账簿的登记。

航海物流有限责任公司，20×3 年 6 月 1 日部分账户余额如下：库存现金账户余额为 3 500 元。银行存款余额为 350 000 元，原材料总账账户余额为 70 000 元。20×3 年 6 月发生了如下交易或事项：

（1）6月3日，开出转账支票200 000元支付职工工资，支票号码165879312。

（2）6月4日，从银行提现金5 000元备用，支票号码136879012。

（3）6月4日，管理人员王军报销差旅费2 200元，其中机票费1 308元（信息齐全符合进项税抵扣条件），全部报销款项已转存至王军公务卡，出差前无借款。

（4）6月5日，管理人员张力报销招待费4 200元，企业支付现金，报销前无借款。

（5）6月6日，用现金购买办公用品300元。当即被领用。其中：运输一队领用150元，公司管理部门领用90元，车站领用60元。

（6）6月7日，企业用现金支付印花税50元。

（7）6月8日，收到转账支票一张，系前欠运输收入20 000元，将其存入银行。支票号码126453789。

（8）6月9日，购买修车用材料一批，不含税货款50 000元，增值税税率13%。取得增值税发票，材料入库（收料单5号），企业开出转账支票，号码6654123789。

（9）6月10日，运输一队领用修理用材料1 050元，运输二队领用修理用材料580元。

（10）6月10日，收到运输一队运输不含税收入30 000元，增值税税率为9%，收到转账支票一张，转账支票号码6654123789。

要求：（1）根据上述交易或事项（原始凭证略），在30分钟内，编制通用记账凭证（见凭证6.1～凭证6.10），记账凭证号为交易或事项的顺序号，凭证的日期均为交易或事项的发生日期，登记银行存款总分类账、库存现金总分类账、管理费用总分类账及原材料总分类账（见凭证6.11～凭证6.14）。

（2）根据上述编制完成的记账凭证，登记T形账户和科目汇总表并根据科目汇总表（见图6.6和凭证6.15）登记银行存款总分类账、库存现金总分类账、管理费用总分类账及原材料总分类账（见凭证6.16～凭证6.19），并检查记账的正确性。

凭证6.1

记 账 凭 证

年 月 日　　　　　　　　第 号

摘要	借方科目			贷方科目			金额									
	总账科目	明细科目	记账	总账科目	明细科目	记账	千	百	十	万	千	百	十	元	角	分
合计																

附单据　　张

会计主管：　　记账：　　复核：　　出纳：　　制单：

凭证 6.2

记 账 凭 证

年 月 日 第 号

摘要	借方科目			贷方科目			金额									
	总账科目	明细科目	记账	总账科目	明细科目	记账	千	百	十	万	千	百	十	元	角	分
合 计																

附单据 张

会计主管： 记账： 复核： 出纳： 制单：

凭证 6.3

记 账 凭 证

年 月 日 第 号

摘要	借方科目			贷方科目			金额									
	总账科目	明细科目	记账	总账科目	明细科目	记账	千	百	十	万	千	百	十	元	角	分
合 计																

附单据 张

会计主管： 记账： 复核： 出纳： 制单：

凭证 6.4

记 账 凭 证

年 月 日 第 号

摘要	借方科目			贷方科目			金额									
	总账科目	明细科目	记账	总账科目	明细科目	记账	千	百	十	万	千	百	十	元	角	分
合 计																

附单据 张

会计主管： 记账： 复核： 出纳： 制单：

凭证 6.5

记 账 凭 证

年 月 日　　　　　　　　　　第 号

摘要	借方科目			贷方科目			金额									
	总账科目	明细科目	记账	总账科目	明细科目	记账	千	百	十	万	千	百	十	元	角	分
合计																

附单据 张

会计主管：　　记账：　　复核：　　出纳：　　制单：

凭证 6.6

记 账 凭 证

年 月 日　　　　　　　　　　第 号

摘要	借方科目			贷方科目			金额									
	总账科目	明细科目	记账	总账科目	明细科目	记账	千	百	十	万	千	百	十	元	角	分
合计																

附单据 张

会计主管：　　记账：　　复核：　　出纳：　　制单：

凭证 6.7

记 账 凭 证

年 月 日　　　　　　　　　　第 号

摘要	借方科目			贷方科目			金额									
	总账科目	明细科目	记账	总账科目	明细科目	记账	千	百	十	万	千	百	十	元	角	分
合计																

附单据 张

会计主管：　　记账：　　复核：　　出纳：　　制单：

凭证 6.8

记 账 凭 证

年 月 日　　　　第 号

摘要	借方科目			贷方科目			金额									
	总账科目	明细科目	记账	总账科目	明细科目	记账	千	百	十	万	千	百	十	元	角	分
合计																

附单据 张

会计主管：　记账：　复核：　出纳：　制单：

凭证 6.9

记 账 凭 证

年 月 日　　　　第 号

摘要	借方科目			贷方科目			金额									
	总账科目	明细科目	记账	总账科目	明细科目	记账	千	百	十	万	千	百	十	元	角	分
合计																

附单据 张

会计主管：　记账：　复核：　出纳：　制单：

凭证 6.10

记 账 凭 证

年 月 日　　　　第 号

摘要	借方科目			贷方科目			金额									
	总账科目	明细科目	记账	总账科目	明细科目	记账	千	百	十	万	千	百	十	元	角	分
合计																

附单据 张

会计主管：　记账：　复核：　出纳：　制单：

凭证 6. 11

总分类账

账户名称： 第　页

年		凭证		摘要	借方										贷方										借或贷	余额									
月	日	种类	编号		千	百	十	万	千	百	十	元	角	分	千	百	十	万	千	百	十	元	角	分		千	百	十	万	千	百	十	元	角	分

凭证 6. 12

总分类账

账户名称： 第　页

年		凭证		摘要	借方										贷方										借或贷	余额									
月	日	种类	编号		千	百	十	万	千	百	十	元	角	分	千	百	十	万	千	百	十	元	角	分		千	百	十	万	千	百	十	元	角	分

凭证 6. 13

总分类账

账户名称： 第　页

年		凭证		摘要	借方										贷方										借或贷	余额									
月	日	种类	编号		千	百	十	万	千	百	十	元	角	分	千	百	十	万	千	百	十	元	角	分		千	百	十	万	千	百	十	元	角	分

凭证 6. 14

总分类账

账户名称： 第　页

年		凭证		摘要	借方										贷方										借或贷	余额									
月	日	种类	编号		千	百	十	万	千	百	十	元	角	分	千	百	十	万	千	百	十	元	角	分		千	百	十	万	千	百	十	元	角	分

图 6.6 T 形账户

凭证 6.15

科目汇总表

年 月 日至 年 月 日

凭证起讫号： 号至 号共 张

汇总 号

会计科目	借方								贷方								记账
	十	万	千	百	十	元	角	分	十	万	千	百	十	元	角	分	
合 计																	

凭证 6.16

总分类账

账户名称： 第 页

年		凭证		摘 要	借 方										贷 方										借或贷	余 额									
月	日	种类	编号		千	百	十	万	千	百	十	元	角	分	千	百	十	万	千	百	十	元	角	分		千	百	十	万	千	百	十	元	角	分

凭证 6.17

总分类账

账户名称：　　　　第　　页

年		凭证		摘　要	借　　方										贷　　方										借或贷	余　额									
月	日	种类	编号		千	百	十	万	千	百	十	元	角	分	千	百	十	万	千	百	十	元	角	分		千	百	十	万	千	百	十	元	角	分

凭证 6.18

总分类账

账户名称：　　　　第　　页

年		凭证		摘　要	借　　方										贷　　方										借或贷	余　额									
月	日	种类	编号		千	百	十	万	千	百	十	元	角	分	千	百	十	万	千	百	十	元	角	分		千	百	十	万	千	百	十	元	角	分

凭证 6.19

总分类账

账户名称：　　　　第　　页

年		凭证		摘　要	借　　方										贷　　方										借或贷	余　额									
月	日	种类	编号		千	百	十	万	千	百	十	元	角	分	千	百	十	万	千	百	十	元	角	分		千	百	十	万	千	百	十	元	角	分

岗课赛证融合测试

要求： 请学生在25分钟内独立完成下列测试。

一、单项选择题（将正确答案的字母填在括号内）

1. 各种账务处理程序之间的主要区别在于（　　）。

A. 原始凭证的格式和种类不同

B. 登记明细分类账的程序和方法不同

C. 登记总分类账的程序和方法不同

D. 登记日记账的程序和方法不同

2. 已知企业月初结存低值易耗品 A 8 件，单位生产成本 80 元，1 月领用发出 A 2 件，售价 100 元，记账凭证号是 10 号，原始凭证的出库单是 6 号，则应根据出库单登记周转材料 A 明细分类账的方法是（　　）。

A. 以单价 80 元在收入栏登记　　B. 以单价 80 元在发出栏登记

C. 以单价 100 元在收入栏登记　　D. 以单价 100 元在发出栏登记

3. 上述 2 题，登记周转材料 A 明细分类账凭证号的填写方法是（　　）。

A. 出库单 6 号　　B. 记账凭证 10 号

C. 出库单 6 号或记账凭证 10 号　　D. 可以空着不填

4. 现金日记账的日期栏，应为（　　）。

A. 现金收付的日期　　B. 记账凭证的编制日期

C. 登记现金日记账的日期　　D. 每月的月末

5. 登记数量金额式明细分类账时，账页中的“日期栏”填入（　　）。

A. 原始凭证日期　　B. 记账凭证的编制日期

C. 登记明细账的日期　　D. 每月的月末

6. 下列不可以用红字登记的有（　　）。

A. 无余额方向登记减少数　　B. 冲销错误记录

C. 注销空行、空页　　D. 登记期初余额

7. 下列不符合银行存款日记账登记规则的是（　　）。

A. 根据科目汇总表登记　　B. 根据记账凭证登记

C. 必须填写结算方式　　D. 必须登记凭证号

8. 会计账簿记账正确性检查不包括的内容是（　　）。

A. 总分类登记正确性的检查

B. 总分类账与所属明细分类账登记一致性的检查

C. 总分类账与所属日记账登记一致性的检查

D. 明细分类账与日记账登记一致性的检查

9. 下列不能作为登记银行存款日记账依据的是（　　）。

A. 银行存款收款凭证　　B. 银行存款付款凭证

C. 现金收款凭证　　D. 现金付款凭证

10. 下列关于账簿登记过程“过次页、承前页”说法不正确的是（　　）。

A. 对需要结计本月发生额的账户，结计“过次页”的本页合计数应当为“自本月初起至本页末止的发生额合计数”

B. 对需要结计本年累计发生额的账户，结计“过次页”的本页合计数应当为“自年初起至本页末止的累计数”

C. 对既不需要结计本月发生额也不需要结计本年累计发生额的账户，可以只将每页

末的余额结转次页

D. 对既不需要结计本月发生额也不需要结计本年累计发生额的账户，也需结计出“自月初起至本页末止的累计数”

二、多项选择题（下列各题中均有两个或两个以上正确答案，请将正确答案的字母填在括号）

1. 在账簿中，红字可用于（　　）。

A. 按照红字更正的记账凭证，冲销错误记录

B. 在只设借方或贷方栏目的多栏式账页中，登记减少金额

C. 在余额栏前未设借贷方向时，用以登记反向金额

D. 注销空行或空页

2. 登记现金日记账的依据有（　　）。

A. 现金收款凭证　　B. 现金付款凭证

C. 银行存款收款凭证　　D. 银行存款付款凭证

3. 登记银行存款日记账的依据有（　　）。

A. 现金收款凭证　　B. 现金付款凭证

C. 银行存款收款凭证　　D. 银行存款付款凭证

4. 各种账务处理程序下登记明细分类账的依据是（　　）。

A. 原始凭证　　B. 汇总原始凭证

C. 记账凭证　　D. 科目汇总表

5. 下列关于“过次页”说法正确的是（　　）。

A. 对需要结计本月发生额的账户，结计“过次页”的本页合计数应当为“自本月初起至本页末止的发生额合计数”。

B. 对需要结计本年累计发生额的账户，结计“过次页”的本页合计数应当为“自年初起至本页末止的累计数”

C. 对既不需要结计本月发生额也不需要结计本年累计发生额的账户，可以只将每页末的余额结转次页

D. 对需要结计本月发生额的账户，结计“过次页”的本页合计数应当为“自本年初起至本页末止的发生额合计数”

6. 下列关于日记账的说法正确的有（　　）。

A. 日记账包括普通日记账和特种日记账

B. 特种日记账包括银行存款日记账和现金日记账两种，日记账必须采用订本式

C. 普通日记账代替了记账凭证，即采用普通日记账可不再编记账凭证

D. 在实际工作中，经济业务简单、总账科目不多的单位，为简化记账工作，可以将序时账簿和分类账簿合并设置联合账簿

7. 关于明细分类账说法正确的是（　　）。

A. 三栏式明细分类账只适用于采用金额核算而不需进行数量核算的债权债务结算科目的核算，如“应收账款”“应付账款”等账户

B. 数量金额式明细分类账适用于那些既要进行金额核算，又要进行数量核算的明细分类账户，如“原材料”“库存商品”等账户的明细分类核算

C. “管理费用”明细账应采用多栏式明细分类账

D. 贷方多栏式明细账一般适用于“主营业务收入”“其他业务收入”明细账

8. 下列符合账簿登记要求的是（　　）。

A. 账簿书写的文字和数字上面要留适当空距，一般应占格的二分之一

B. 登记账簿要用圆珠笔、蓝黑或黑色墨水书写

C. 各种账簿按页次连续登记，不得跳行、隔页

D. 账簿登记后，要在记账凭证上签名或盖章，并注明已登账的符号，表示已记账

9. 无论何种账务处理程序都必须采用的程序有（　　）。

A. 根据原始凭证编制记账凭

B. 所有记账凭证必须审核后才能记账

C. 记账后要在记账凭证的记账栏做出标记以示记账

D. 必须根据记账凭证登记总分类账

10. 登记明细分类账的依据包括（　　）。

A. 原始凭证或原始凭证汇总表　　B. 记账凭证

C. 现金日记账　　D. 银行存款日记账

三、判断题（正确的在括号中画“√”，错误的在括号中画“×”）

1. 会计账簿应当按照连续编号的页码顺序登记。会计账簿发生错误或者隔页、跳行的，不能对会计账簿进行更正，只能重新更换会计账簿。（　　）

2. 总分类账一般采用订本式。（　　）

3. 登记账簿要用蓝黑墨水钢笔书写，不得使用铅笔或圆珠笔书写。（　　）

4. 总分类账户及其所属明细分类账户必须在同一会计期间内登记。（　　）

5. 银行存款日记账既是序时账簿又是订本式账簿。（　　）

6. 新的会计年度开始时，必须更换全部账簿，不得只更换总分类账、现金日记账和银行存款日记账。（　　）

7. 现金和银行存款总分类账是由出纳人员根据现金和银行存款的收、付款凭证分别汇总登记。（　　）

8. 现金日记账应在每日终了时结出余额，并与库存现金核对。（　　）

9. 总分类账和明细分类账都是根据记账凭证逐笔登记的。（　　）

10. 在整个账簿体系中，日记账和明细分类账是主要账簿，备查账为辅助账簿。（ ）

11. 总分类账可用采用三栏式账页，也可采用其他形式的账页。（ ）

12. 各种账务处理程序的主要区别在于登记总分类账的依据不同，登记其他明细分类账的依据基本相同。（ ）

13. 材料明细分类账必须根据出库、入库材料的原始凭证登记。（ ）

14. 既可以根据科目汇总表登记总分类账，也可以根据科目汇总表登记明细分类账。（ ）

15. 各种账务处理的主要区别在于登记总分类账的依据和方法不同。（ ）

谈谈说说讲讲。结合党的二十大报告和任务6教学内容，谈谈说说讲讲“弘扬诚信文化”的重要性。

任务6 学习成绩评价表

班级____ 姓名____ 任务名称____ 任务学习时间____ 任务组长____

评价项	评价内容及关键点	评价标准	评价者与评分比重			任务得分		项目得分
			教师评价（30%）	本人评价（30%）	组员评价（40%）	每项分值	任务总分值	
任务6	典型任务完成情况 任务训练完成情况 岗课赛证融合测试情况 谈谈说说讲讲情况							

任务7 对账与结账

课程思政：
执业谨慎
精益求精

1. 典型任务引入

月末的一天，记账会计小王、小孙还有出纳小李三人正在轻松地聊着天，被此时进来的财务科长发现了，问：“你们三人为什么这么轻松？看样子这月的会计工作做完并结账了吧？”他们三人说已记完了账，马上结账。财务科长又接着问：“你们对账了吗？账平吗？”他们三人小声说，还没呢！于是，财务科长说：“对账可不是那么容易的。必须对账正确后方可结账。”于是他们三个低下头开始对账和结账。请问：

（1）对账和结账谁先谁后，其下一步的会计工作是什么？

（2）对账包括哪些内容，如何对账？

（3）如何结账？

2. **典型任务分析**

三位会计人员首先应检查本月发生的所有交易或事项是否已登记入账并结出余额；其次应督促财产物资保管和使用部门做好财产物资的登记工作并结出余额；最后进行对账和结账。对账与结账任务如图7.1所示。

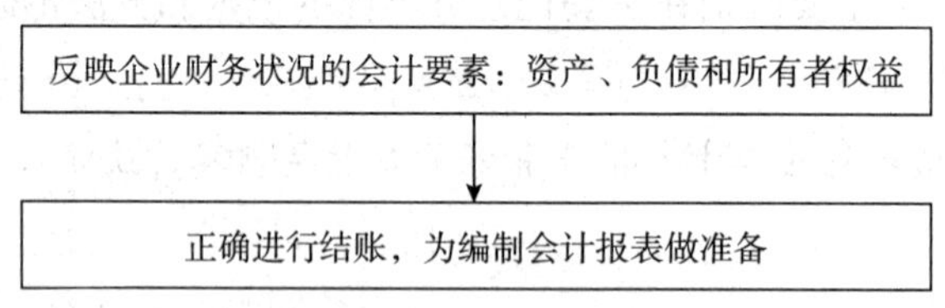

图7.1　对账与结账任务

3. **典型任务实施**

典型任务实施过程见表7.1。

表7.1　典型工作任务实施过程

序号	实施步骤	使用的资源	实施结果
1	做好对账前的准备工作	记账凭证、账簿	本月发生的所有交易或事项均已入账
2	对账	账簿	账证、账账、账实一致
3	结账	账簿	结账正确

4. **典型任务总结**

学生通过学习活动，完成典型任务分析与总结，填写表7.2。

表7.2　典型工作任务分析总结

问题	答案
（1）	
（2）	
（3）	

任务知识和技能

7.1 对账

7.1.1 对账的内容

对账是指对账簿记录进行的检查和核对工作，以及账目记录与有关财产物资、往来款项实存数之间的核对。一般分为内部对账和外部对账两种。内部对账是指对本企业内部的账证、账账、账实之间的核对，它通常在月末、季末和年终进行。外部对账是指与本企业有结算关系的银行及往来单位进行的核对，如银行存款的核对和往来结算款项的核对。对账具体包括以下内容。

1. 账证核对

账证核对是指将各种账簿的记录与有关的会计凭证进行核对，以保证账证相符。

①账簿与原始凭证进行核对，主要是对账簿记录的交易或事项的真实性、合法性和合理性进行检查。

②账簿与记账凭证进行核对，主要是检查记账是否正确，即是否根据记账凭证记入相关的日记账、明细分类账和总分类账，记录的金额和方向是否与记账凭证上指明的金额和方向相同。

账证核对主要在日常工作中通过复核进行。月末，如果对账时发现账账不符或账实不符，应根据错误或不平数字的特点，按一定的线索将账簿记录与会计凭证进行核对，确保账证相符。

2. 账账核对

账账核对是指各账簿之间的相关数据的相互核对。由于账簿之间存在内在的关联关系，通过账账核对，可以检查、验证账簿间数据的勾稽关系，从而及时发现问题，纠正错误。账账核对的具体内容包括：

①总分类账的核对。即全部总分类账户的期末借方余额合计数与期末贷方余额合计数核对相符。此项核对通过编制总分类账试算平衡表进行，从总体上检查总分类账记录的正确性。如不相符，再查看本期全部总分类账户的借方发生额合计与本期全部总分类账户的贷方发生额合计是否相符，如果不符，可采用逆查法进行检查，直至一致为止。

②总分类账与所属明细分类账的核对。即某一总分类账户的期末余额与所属明细分类账户期末余额之和核对相符。此项核对主要检查总分类账与其所属明细账双方记载的交易或事项的内容、记账方向及金额是否一致。如有不符，再进一步查找差错原因，直至一致为止。

③现金总账、银行存款总账与库存现金日记账、银行存款日记账的余额核对。此项核对主要检查库存现金、银行存款总分类账与库存现金、银行存款日记账双方记载的交易或事项的内容、记账方向及金额是否一致。如有不符，再进一步查找差错原因，直至一致为止。

④会计部门的各种财产物资明细分类账与财产物资保管和使用部门的有关财产物资明细分类账的核对。此项核对一般是将财会部门的各类财产物资明细分类账的结存数量或金额直接与财产物资保管和使用部门有关财产物资明细分类账的数量或金额进行核对，以保证二者相符。如有不符，再进一步查明原因，直至相符为止。

3. 账实核对

账实核对是指各种财产物资明细账的账面余额与财产物资的库存数额的核对，以保证账实相符。这一核对方法又称财产清查，核对的内容具体包括：

①现金日记账的账面余额与库存现金核对。一般要求每日下班前核对一次。

②银行存款日记账的账面记录与开户银行对账单账面记录核对。每月至少核对一次。

③各种财产物资明细分类账的账面余额与财产物资实存数核对。每年至少核对一次。

④各种应收及应付款明细分类账账面余额与有关债务和债权单位（个人）核对。每年至少核对一次。

7.1.2 对账前的准备工作

为使对账工作有序、有效、顺利进行，应在对账前，将所有发生的交易或事项登记入账，有关账目登记齐全，结出余额，核对清楚，为账实核对工作提供正确的账存数。

①财产物资的保管和使用部门，应对所要核实的财产物资进行整理、排列、挂上标签，标明品种、规格和结存数量，以便盘点核对。

②准备并校正各种器具。在数量上应保证需要，并事先检查调试好，以保证计量准确。

③向银行索取银行对账单及往来单位的函证材料。

④准备好清查中需要使用的各种空白单据、表格等。如“库存现金盘点报告表”“账存实存对比表”等。

7.1.3 账实对

1. 库存现金的核对

库存现金的核对是指在库存现金日记账与总分类账核对一致的基础上，通过实地盘点确定现金的实有数，将两者进行比较，以查明现金的盈亏情况。

在库存现金清点前，出纳人员应将收、付凭证全部登记入账，并结计出余额。清点时，出纳人员应在现场逐张查点库存现钞。盘点结束后，根据盘点结果和现金日记账余额编制“库存现金盘点报告单”（见表7.3），并由盘点人员和出纳员在盘点报告单上签章，作为调整账簿记录的重要原始凭证，它也是分析账实差异原因、明确经济责任的依据。

表7.3 库存现金盘点报告单

单位名称： 20×3年×月×日 单位：元

币别	实存金额	账存金额	对比结果		备注
			盘盈	盘亏	

盘点人： 出纳员： 负责人：

在库存现金的核对过程中，除了要查明库存现金是否账实相符，还要查明管理制度的执行情况，如是否有挪用现金、白条抵库存、现金库存超限额或坐支现金等现象。

2. **银行存款的核对**

银行存款的核对是将银行对账单的余额与企业银行存款日记账的账面余额相互核对，以查明银行存款账款是否相符以及银行存款的实际可动用数额。企业至少应每个月与银行对账单核对一次。

银行对账单是银行记账时打印的账页，它详细地记录了企业银行存款的增加、减少和结余情况。银行对账单上的余额，通常情况下与企业银行存款日记账上余额不一致，其原因：一是由于某一方记账错误，如有的企业同时在几家银行开户，记账时会发生银行之间记账串户的错误，同样，银行也可能把各存款单位的账目相互混淆；二是存在未达账项，未达账项是指企业与银行之间对于同一项交易或事项，由于取得凭证的时间不同，导致记账时间不一致，即交易或事项发生的一方已取得结算凭证并登记入账，另一方由于结算凭证未到达而未入账。

因此，物流企业银行存款日记账的账面余额和银行对账单的余额核对不一致时，应首先查明是否存在记账错误。如果不存在记账错误，再查明是否存在未达账项。如存在未达账项，应编制“银行存款余额调节表”，待调整后，再确定企业与银行之间记账是否一致、双方账面余额是否相符，以及企业目前可动用的银行存款是多少。

3. **存货的核对**

存货的核对，主要是指将存货的账面数与存货的库存数进行核对，以确定存货实存数的一种方法。对于存货实存数主要采取实地盘点和技术推算盘点两种方法。

（1）实地盘点法

这种方法主要是通过对财产物资的逐一清点计件及过磅等方法来确定其实存数量。此方法适用范围较广，大多数财产物资都可以通过此方法进行核对。

（2）技术推算盘点法

这种方法主要适用于一些体积较大、笨重、不易搬动的财产物资。主要通过计尺、量方等技术推算手段来确定某些财产物资的实存数量。

盘点时，除了清点财产物资的实有数，还要检查其质量，采用物理或化学的方法来重新确定等级，同时还要查明财产物资在保管上是否存在问题。

为了明确经济责任，在进行盘点清查时，保管人员必须在场。对于盘点结果，应如实登记在存货盘点表上，并由盘点人员和保管人员签字盖章。盘点表是记录盘点结果的书面证明，也是反映财产物资实存数的原始凭证。其一般格式见表7.4。

表7.4　　存货盘点表

盘点编号：

盘点时间：　　财产名称：　　存放地点：

序号	名称	规格	计量单位	数量	单价	金额	备注

盘点人：　　保管人：　　负责人：

该盘点表一式三份：一份由清点人员留存备查；一份交实物保管人员保管；一份交财会部门与账面记录相核对。

为了查明实存数与账存数是否一致，确定盘亏或盘盈情况，还要根据盘点表和有关账簿记录，编制账存与实存对比表（见表7.5）。通过对比，揭示账面结存数与实际结存数之间的差异。该表既是用以调整账簿记录的重要原始凭证，又是分析产生差异原因和明确经济责任的依据。

表7.5　　存货账存与实存对比表

单位名称：　　年　月　日　　编号：

编号	名称规格	计量单位	单价	实存		账存		对比结果		备注
				数量	金额	数量	金额	数量	金额	

在实际工作中，为了简化编制对比表工作，账存实存对比表通常只列账实不符的财产物资，并不列入账实完全相符的财产物资。这样的账存实存对比表，主要是反映盘盈、盘亏的情况，因而也被称为盘盈盘亏报告表。

4. 往来款项的核对

往来款项的核对主要包括应收账款、其他应收款、应付账款和其他应付款等应收应付款项的账面余额与往来单位账面记录的核对。

往来款项的核对，一般采用询证法，即同对方核对账目的方法。企业在核对各项往来款项时，应在核对日期截止时，将有关往来款项的全部结算凭证登记入账，对账簿记录确定无误后，逐户编制一式两联的“往来结算款项对账单”，其格式见表7.6。然后通过电函、信函或派人等方式送交对方进行核对。“往来结算款项对账单”一联由对方保存，另一联作为回执联，由对方将核对结果在对账单上注明，并盖章寄回。如果对方发现数额不符，则在回执联上注明不符情况，或另抄对账单退回，以便进一步核对。函证信具体内容及格式如下所示。

函证信

××单位：

本公司与贵单位因业务发生产生下列往来款项，为了清兑账目，特函请查证，是否相符，请在回执联注明后盖章寄回。

此致

敬礼。

××有限责任公司

××年×月×日

表7.6 往来结算款项对账单

单位：	地址：		编号：
会计科目名称	截止日期	交易或事项摘要	账面余额（元）

发出单位收到对方的回执后，对错误的账目应及时查明原因，并按规定的手续和方法加以更正；对有争议或确实无法收回的款项，要及时处理，避免产生坏账损失；最后根据清查结果编制“往来款项清查结果报告单”，其格式见表7.7。

表7.7 往来款项清查结果报告单

总分类账户名称： 年 月 日 单位：元

明细分类账户		清查结果		不符的原因分析				
单位名称	金额	相符	不符	未达账项	拖付账项	争执账项	无法收回	其他

7.2 结账

结账是指将一定时期（月度、季度、年度）发生的交易或事项全部登记入账后，于期末结算出本期发生额及余额的会计工作。另外，企业因撤销、合并、分立等原因办理账务交接手续时，也需要办理结账。

7.2.1 结账的前期准备

结账按其结算时期不同，分为月结、季结和年结。会计期末采用画通栏红线的方法进行结账，月结、季结画通栏单红线，年结画通栏双红线。由于各种账户所提供的指标作用不同，期末结账的具体方法也有所不同。结账前应做好以下准备工作：

①检查本期内发生的所有交易或事项是否全部登记入账。不得提前结账，也不得将已发生的交易或事项延后记账。若有遗漏，应及时补记。

②确认本期的收入和费用。按照权责发生制的要求，应由本期承担的费用和享有的收入，填制凭证登记入账；不应由本期承担的费用和享有的收入，本期不予处理。

③对账。认真对账，做到账证、账账和账实相符。并在结账前编制试算平衡表，检查记账是否平衡。

7.2.2 结账的方法

结账时应根据不同的会计期间和账户的性质，按照会计基础工作规范的要求，分别采用不同的方法结账。

1. 应收款、应付款及各项财产物资明细分类账的结账

对于不需要结计本期发生额的账户，如应收款、应付款、各项财产物资明细账等，每次记账后，都要随时结出余额，每月最后一笔余额即为月末余额。月末结账时，只需要在最后一笔经济业务记录之卜画一条通栏单红线，不需要再结计一次余额。年末结账时，要在最后一笔经济业务下面画两条通栏单红线。

2. 现金、银行存款日记账的结账

现金、银行存款日记账需按日结计本日发生额，按月结计本月发生额，但不需结计本年累计发生额。

每日终了，先在本日最后一笔业务记录下画通栏单红线，结计出本日借贷方发生额和余额，分别填在下一行的借贷方发生额和余额栏内，在摘要栏内注明“本日合计”字样，并在下面画通栏单红线。

每月结账时，要在最后一笔经济业务下面画一条单红线，结出本月发生额和余额，在摘要栏内注明“本月合计”字样，在下面再画一条通栏单红线，年终画通栏双红线。这样做的目的是将账户记录中的月初余额加减本期发生额得到月末余额，便于账户记录的稽核。其结账方法见表 7. 8。

表 7. 8　　　　　　现金日记账

币种：人民币　　　　　　　　　　　　　　　　　　　　　　　　　　　　　　　第 7 页

20×3年		凭证		摘要	对方科目	收入								支出								结余							
月	日	种类	编号			十	万	千	百	十	元	角	分	十	万	千	百	十	元	角	分	十	万	千	百	十	元	角	分
12	1			期初余额																				2	8	9	0	0	0
	1	记	1	提取现金	银行存款			1	0	0	0	0	0																
	1	记	2	购办公用品	管理费用													9	0	0	0								
	1	记	3	李燕借差旅费	其他应收款											1	0	0	0	0	0								
	1	记	4	付招待费	管理费用													8	5	0	0								
	1	记	6	收回欠款	应收账款			1	1	7	0	0	0																
				本日合计				2	1	7	0	0	0			1	1	7	5	0	0			3	8	8	5	0	0
12	2	收	1	运输收入	主营业务收入		4	6	8	0	0	0	0																
	31			本日合计		3	4	4	5	0	0	0	0		3	2	9	0	0	0	0			1	8	3	0	0	0
				本月合计		9	5	0	0	0	0	0	0	9	5	1	0	6	0	0	0			1	8	3	0	0	0

注：上表中的第一条双线，其中有一条是通栏单红线，表示本日的最后一笔业务，此日现金业务结束；第二条双线，其中也有一条是通栏单红线，表示当日结计的结果。以下所有日记账中的双线含义相同，不再重述。

3. 损益类及成本类明细分类账的结账

损益类账户期末一般无余额，期末结账主要对其发生额进行结计。损益类明细分类账户无论采用何种账页格式，期末结账时均需结计本期发生额和本年累计发生额。对于成本类明细账有余额的还要结计出余额。

结账时，首先在最后一笔业务下画一条通栏单红线。若采用的是三栏账页，则结计出本月借贷方发生额；若采用的是多栏式账页，则结计出各栏目本月实际发生额，记入下一行相应金额栏内，在摘要栏内注明“本月合计”字样，并在下面画一条通栏单红线。接着，结计出年初至本月末止的累计发生额，记入下一行相应的金额栏内，在摘要栏内注明“本年累计”字样。若为月结在下面画通栏单红线，若为年结则在下面画通栏双红线。

应该注意的是，结账时在账户中画线是为了突出有关数字，表示本期的会计记录已截止或已结束，并将本期与下期的记录明显分开。因此，必须画通栏的红线，不能只在金额下画线。月结画单红线，年结时画通栏双红线。

另外，若账簿中本期记录为一笔时，则可直接画线作为月结即可，但是除 1 月外还需结计“本年累计数”，若某账户本期无发生额，不需要进行结计，具体方法见表 7. 9。

表 7.9 明细分类账

账户名称：主营业务收入

20×3		凭证		摘要	配送收入								运输收入								…	金额							
月	日	种类	编号		十	万	千	百	十	元	角	分	十	万	千	百	十	元	角	分		十	万	千	百	十	元	角	分
12	20	记	5	运输收入										2	0	0	0	0	0	0			2	0	0	0	0	0	0
	31	记	30	配送收入			5	0	0	0	0	0												5	0	0	0	0	0
	31			本月合计		9	0	0	0	0	0	0		8	0	0	0	0	0	0		1	7	0	0	0	0	0	0
				本年累计	1	1	9	0	0	0	0	0	1	0	9	0	0	0	0	0		2	2	8	0	0	0	0	0

注：①“本月合计”行上下各有一条通栏单红线。②“本年累计”行下有一条通栏双红线；若为 1－11 月份该红线为通栏单红线。

4. **总分类账的结账**

总分类账账户平时只需结计月末余额。年终结账时，为了反映全年各项资产、负债及所有者权益增减变动的全貌，便于核对账目，要将所有总分类账户结计全年发生额和年末余额。其方法是在摘要栏内注明“本年合计”字样，并在合计数下画通栏双红线。具体操作见表 7.10。

表 7.10 总分类账

账户名称：原材料 第 11 页

20×3年		凭证		摘要	借方								贷方								借或贷	余额							
月	日	种类	编号		十	万	千	百	十	元	角	分	十	万	千	百	十	元	角	分		十	万	千	百	十	元	角	分
				承前页	2	2	4	0	0	0	0	0		6	1	0	0	0	0	0	借		1	1	0	0	0	0	0
11	30	汇1	30	汇 1–30日											6	0	0	0	0	0	借			5	0	0	0	0	0
12	30	记1	10	汇 1–31日		1	6	0	0	0	0	0									借		2	1	0	0	0	0	0
	31			本年合计	2	4	0	0	0	0	0	0		6	7	0	0	0	0	0	借		2	1	0	0	0	0	0

5. **只发生一笔业务的结账方法**

如果本月只发生一笔经济业务，由于这笔记录的金额就是本月发生额，结账时只需在此行记录下画一单红线，表示与下月的发生额分开就可以了，不需另结出“本月合计”数。若某账户本期无发生额，则不需进行月结。

6. **账户余额的填写方法**

每月结账时，应将月末余额写在本月最后一笔经济业务记录的同一行内。但对于现金日记账、银行存款日记账和其他需要按月结计发生额的账户，如各种成本、费用、收入的明细分类账等，每月结账时，还应将月末余额和本月发生额写在同一行内，在摘要栏内注明“本月合计”字样。每月结账时，“本月合计”行已有余额的，“本年累计”行就不必再写余额了。

7.3 年末余额的结转

一般情况下，总分类账、日记账和大多数明细分类账应每年更换一次。但有些财产物资明细账和债权债务明细账，由于材料品种、规格和往来单位较多，更换新账工作量较大，可以跨年度使用，不必每年更换一次。各种备查账簿也可以连续使用。

更换新账时，要把各账户余额结转到下一会计年度，并在摘要栏内注明“结转下年”字样；在下一会计年度新建有关会计账簿的第一行余额栏内填写上年结转的余额及余额方向，并在摘要栏注明“上年结转”字样。建新账时不需编制任何记账凭证，也不需登记借方或贷方发生额。

任务训练1：通过“对账”的教学活动，在20分钟时间内完成下列关于对账工作表格的填写任务。

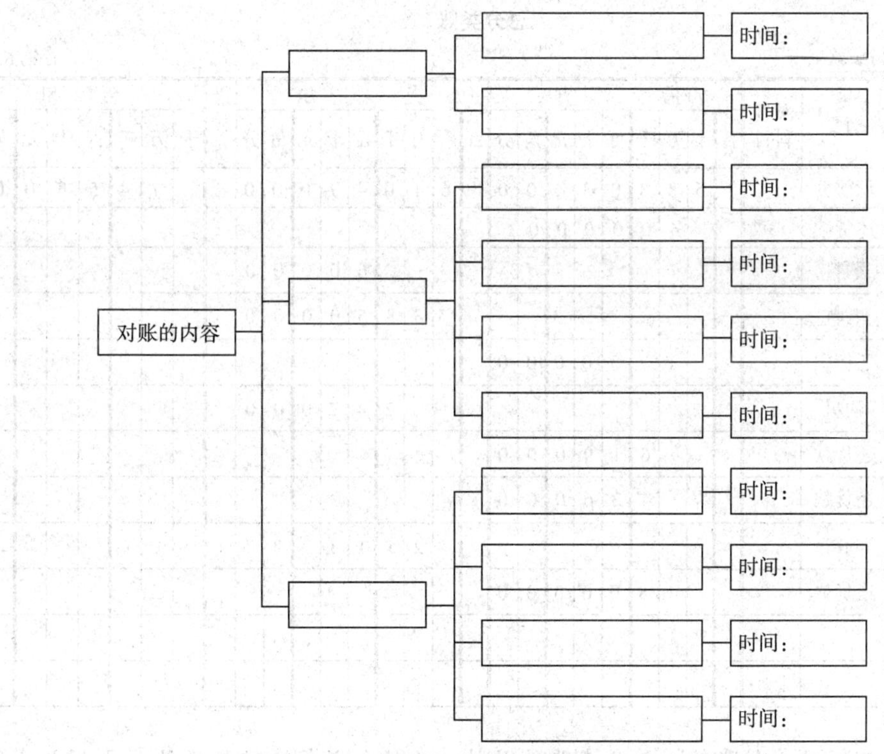

图7.2 对账内容的填写

任务训练2：通过“结账“的教学活动，在20分钟时间内完成下列账户的结账业务。

1. 宏利物流有限公司20×3年现金日记账登记的有关资料见表7.11。

表 7.11 **现金日记账**

币种：人民币 第7页

20×3年		凭证		摘要	对方科目	收入								支出							结余								
月	日	种类	编号			十	万	千	百	十	元	角	分	万	千	百	十	元	角	分	百	十	万	千	百	十	元	角	分
1	1			结转上年																				2	8	9	0	0	0
	1	付	1	支付差旅费	管理费用										5	0	0	0	0	0									
12	1	付	1	提取现金	银行存款			1	0	0	0	0	0																
	1	付	2	购办公用品	管理费用											9	0	0	0	0									
	1	付	3	李燕借差旅费	其他应收款									1	0	0	0	0	0	0									
	1	付	4	付招待费	管理费用											8	5	0	0	0									
	1	收	1	收回欠款	应收账款		1	3	1	1	7	0	0																
				本日合计																									
12	2	收	1	销售产品	主营业务收入			4	6	8	0	0	0																
	31			本日合计			3	4	4	5	0	0	0	2	9	0	0	0	0	0				1	8	3	0	0	0
				本月合计			6	5	0	0	0	0	0	6	5	6	0	0	0	0				1	8	3	0	0	0

要求：根据上述现金日记账账簿资料，进行日结、月结和年结。

2. 某公司 20×3 年 12 月 1 日—31 日“应付账款”账户的有关资料见表 7.12。

表 7.12 **总分类账**

账户名称：应付账款 第6页

20×3年		凭证		摘要	对方科目	借方									贷方									借或贷	余额							
月	日	种类	编号			百	十	万	千	百	十	元	角	分	百	十	万	千	百	十	元	角	分		十	万	千	百	十	元	角	分
11	30			承前页			5	8	8	0	3	4	0	0		6	1	0	4	7	0	0	0	贷		7	4	5	8	0	0	0
	30	略	略	还货款				4	0	0	0	0	0																			
12	7			购料														3	6	0	0	0	0									
12	13			购料													3	8	5	0	0	0	0									
12	18			还货款				1	7	3	0	0	0	0																		
12	20			购料														2	4	7	0	0	0									
12	23			还货款					6	1	9	0	0	0																		
12	24			还货款					4	2	6	0	0	0																		
12	28			购料													2	1	1	3	0	0	0									
12	30			还货款				1	8	0	0	0	0	0																		

要求：完成“应付账款”总分类账的月结、年结和新年度建账（见表 7.13）等会计工作。

表 7.13 总分类账

账户名称：＿＿＿＿＿＿ 第 页

年		凭证		摘要	对方科目	借方									贷方									借或贷	余额							
月	日	种类	编号			百	十	万	千	百	十	元	角	分	百	十	万	千	百	十	元	角	分		十	万	千	百	十	元	角	分

岗课赛证融合测试

要求：请学生在25分钟内独立完成下列测试。

一、单项选择题（将正确答案的字母填在括号内）

1. 在下列有关账项的核对中，不属于账账核对的是（ ）。

A. 银行存款日记账和银行对账单余额的核对

B. 银行存款日记账余额与其总账余额的核对

C. 总分类账账户余额与其所属明细账余额的核对

D. 会计部门的明细分类账与物资保管部门明细分类账的核对

2. 下列事项中，属于账实核对的是（ ）。

A. 现金日记账余额和库存现金实有数核对

B. 总分类账余额与其所属明细分类账余额核对

C. 原始凭证与记账凭证核对

D. 会计报表与会计账簿核对

3. 现金清查时，在盘点结束后，应根据盘点结果编制（ ），由相关人员签字后作为调整账簿记录的重要原始凭证。

A. 账存实存对比表　　B. 盘点表

C. 现金盘点报告单　　D. 对账单

4. 在企业和银行双方记账均无错误的情况下，银行对账单与企业银行存款日记账的余额不一致的原因是（ ）。

A. 结账时间不一致　　B. 外埠存款

C. 未达账项　　D. 应收账款的存在

5. 下列单据中，应由财会部门编制，并可以直接作为调整账簿记录原始凭证的是（ ）。

A. 银行存款余额调节表　　B. 存货盘存单

C. 存货账存与实存对比表　　D. 银行对账单

6. 结账时，应当画通栏双红线的是（　　）。

A. 12 月末结出全年累计发生额后　　B. 各月末结出本月累计发生额后

C. 结出本季累计发生额后　　D. 结出当月发生额后

7. 下列不属于对账内容的有（　　）。

A. 现金日记账和库存现金的核对

B. 总分类账和会计报表的核对

C. 固定资产卡片和固定资产实物的核对

D. 总分类账和所属明细分类账的核对

8. 下列既需要进行“本月合计”月结，又需要进行“本年累计”月结的是（　　）。

A. 总分类账　　B. 银行存款日记账

C. 产品销售收入明细分类账　　D. 应收、应付款明细分类账

9. 下列关于账户余额结转下年的说法中，正确的是（　　）。

A. 更换新账时，要把各账户的余额结转到下一会计年度，并在摘要栏内注明“结转下年”即可

B. 建新账将余额结转下年，需编制记账凭证

C. 将本账户的年末余额，以相反方向记入最后一笔账下的发生额内，并在摘要栏内填明“结转下年”字样，在借贷栏内写上“平”字，余额栏“元”位上填写货币符号

D. 在“本年累计”发生额的次行，将年初余额按其同方向记入发生额栏内，并在摘要栏内填明“上年结转”字样；在此行将年末余额反方向登记在发生额栏内，并在摘要栏内填写“结转下年”字样；同时在该行的下端加计借、贷各方的总计，并在摘要栏内填列“总计”两字

10. 下列不属于账实核对的是（　　）。

A. 库存现金总分类账与日记账核对

B. 银行存款日记账与银行对账单核对

C. 应收账款明细分类账与债务单位核对

D. 库存商品明细分类账与库存商品库存核对

二、多项选择题（下列各题中均有两个或两个以上的正确答案，请将正确答案的字母填在括号内）

1. 为了保证账簿记录的正确性，需要对有关账项进行核对，对账具体包括（　　）。

A. 账账核对　　B. 账表核对　　C. 账实核对　　D. 账证核对

2. 账账核对是指各种账簿之间有关数据的核对，包括（　　）。

A. 总分类账借贷方发生额的核对　　B. 总分类账与其所属明细分类账的核对

C. 总分类账与序时账的核对　　　　　　D. 明细分类账与实物资产的核对

3. 下列属于账实核对内容的有（　　）。

A. 现金日记账的账面余额应与库存现金实存数额逐日核对

B. 银行存款日记账的账面余额应与开户银行送来的对账单余额定期核对

C. 各种财产物资明细分类账的账面余额应与财产物资的实有数额核对

D. 各种应收、应付款明细分类账的账面余额应与有关债务、债权单位核对

4. 现金清查的内容主要包括（　　）。

A. 是否账实一致　　　　　　B. 是否有白条顶库

C. 是否超限额留存现金　　　　　　D. 是否坐支现金

5. 在财产清查中，可采用函证核对方法进行账实核对的项目有（　　）。

A. 其他应收款　　B. 其他应付款　　C. 应收账款　　D. 应付账款

6. 下列关于结账的说法正确的是（　　）。

A. 单位因撤销、合并、分立等原因办理账务交接手续时，需要办理结账

B. 所有会计账簿都要在年终结束旧账并启用新账

C. 现金日记账要在每日结计出本日余额，其方法是在当日最后一笔业务下画一条通栏单红线，然后在下一行摘要栏中写上“本日合计”，并计算出借、贷方发生额和余额分别填在借、贷方金额栏及余额栏内。同时再画一条通栏单红线表示该日的结计结果

D. 对于总分类账，一般月结时，平时只需结计月末余额。年终结账时，为了反映全年各项资产、负债、所有者权益增减变动的全貌，便于核对账目，要将所有总分类账户结计全年总额和年末余额。其方法是在摘要栏内注明“本年合计”字样，并在合计数下画通栏双红线

7. 下列关于结账的说法正确的是（　　）。

A. 结账按其结算的时期不同，分为月结、季结和年结

B. 结账前应检查本期内发生的所有交易或事项是否全部登记入账

C. 结账前应确认本期的收入和费用，按照权责发生制的要求，应由本期承担的费用和享有的收入填制凭证登记入账

D. 结账前应认真对账，并在结账前编制试算平衡表，检查记账是否平衡

8. 下列属于账实核对的有（　　）。

A. 库存现金与库存现金日记账余额的核对

B. 银行存款日记账余额与银行对账单的核对

C. 应收账款明细账与债务单位的核对

D. 库存商品总账与库存商品的核对

9. 下列关于对账和结账说法正确的是（　　）。

A. 对账在前，结账在后，最后才能编制会计报表

B. 对于本月只发生一笔经济业务，由于这笔记录的金额就是本月发生额，结账时只需在此行记录下画一单红线，表示与下月的发生额分开，不需另结出“本月合计”数

C. 会计期末采用画通栏红线的方法进行结账，月结、季结画通栏单红线，年结画通栏双红线。由于各种账户所提供的指标作用不同，期末结账的具体方法也有所不同

D. 账证核对主要是在日常工作中通过复核进行。没有必要一定等到月末进行。除非到月末发现账证、账实不符，根据差错数字的特点，将账簿记录与会计凭证进行核对

10. 存货核对过程中必须填制的表格有（　　）。

A. 存货盘点表　　B. 存货账存与实存对比表

C. 函证信　　D. 往来款项清查结果报告单

三、判断题（正确的在括号中画“√”，错误的在括号中画“×”）

1. 固定资产总分类账和固定资产卡片核对属于账证核对。（　　）

2. 现金日记账应在每日终了时结出余额，并与库存现金核对。（　　）

3. 所有账户办理月结时，应在最后一笔记录下面画一条通栏单红线，在红线下边的栏次内计算本月发生额及月末余额，并在摘要栏注明“本月合计”字样，然后在其下面画一条通栏单红线。（　　）

4. 年终新旧账有关账户之间结转余额，不必编制记账凭证，只需要在旧账“摘要”栏注明“结转下年”字样，同时在新账有关账户第一行“摘要”栏注明“上年结转”字样即可。（　　）

5. 银行存款日记账账面记录与银行对账单账面记录每年至少核对一次。（　　）

谈谈说说讲讲。结合党的二十大报告和任务7教学内容，谈谈说说讲讲如何努力实现新时代职教学生的使命与担当。

任务7　学习成绩评价表

班级____　姓名____　任务名称____　任务学习时间____　任务组长____

评价项	评价内容及关键点	评价标准	评价者与评分比重			任务得分		项目得分
			教师评价（30%）	本人评价（30%）	组员评价（40%）	每项分值	任务总分值	
任务7	典型任务完成情况 任务训练1完成情况 任务训练2完成情况 岗课赛证融合测试情况 谈谈说说讲讲情况							

项目总结

期初建账、填制和审核会计凭证、登记会计账簿、对账与结账是从事物流会计的基本工作。

期初建账是企业会计工作的第一步，每个企业都必须在年初根据物流企业经济管理及会计核算要求，开设总分类账、明细分类账和日记账，有的物流企业根据需要还需开设备查账。总分类账和日记账必须是订本式，总分类账格式都是三栏式，日记账和明细分类账的格式可根据实际需要选择。无论期初建立何种账簿，其过程基本相同，即填写扉页、开设账户、登记期初余额和填写账户目录。

填制和审核会计凭证是对物流企业发生的交易或事项进行日常监督和核算的重要环节，任何物流企业对于发生的每一项交易，都必须填制或取得原始凭证，经审核无误后编制记账凭证，据以记账。原始凭证又称单据，是物流企业在交易或事项发生或完成时取得或填制的，用以记录交易或事项的发生及完成情况的原始凭据。对原始凭证要从真实性、合法性、合理性、完整性、正确性和及时性等方面认真审核，对符合要求的原始凭证应及时编制记账凭证登记入账，不符合要求的原始凭证按规定进行处理。

记账凭证又称为记账凭单，是物流企业会计人员根据审核无误的原始凭证或原始凭证汇总表填制的，用来记录交易或事项的简要内容和确定会计分录，并直接作为记账依据的会计凭证。记账凭证按所反映的经济内容不同，分为专用记账凭证（收款凭证、付款凭证、转账凭证）和通用记账凭证。无论何种格式的记账凭证都包括凭证名称、编号、凭证的填制日期、经济业务的内容摘要、会计科目及所附原始凭证张数及制证、审核、记账、会计主管等有关人员的签章。会计人员要对记账凭证进行认真审核，主要包括是否附原始凭证、应借应贷的会计科目是否正确、摘要是否清楚及项目是否填写齐全等。

虽然各物流企业发生的具体交易或事项不同，但会计账簿登记明细分类账和日记账的基本流程一样，但登记总分类账的流程不一样，因此形成了记账凭证账务处理程序和科目汇总表账务处理程序。登记时，将涉及现金和银行存款收付业务的会计凭证，传递给出纳员，由其完成收、付款业务，登记现金、银行存款日记账，之后转给记账会计；对于不涉及现金和银行存款收付业务的记账凭证直接传递给记账会计；记账会计按分工及账务处理程序完成各自的账簿登记任务。记账时要将会计凭证的内容一一过入账簿中去。

所有的账簿登记完毕后，要进行对账和结账。对账是将账簿记录与凭证、账簿及财产物资进行核对，具体包括账证核对（账簿记录与原始凭证、记账凭证的核对）、账账核对（总分类账与明细分类账、日记账的核对）和账实核对（现金日记账账面余额与库存现金实际数核对、银行存款日记账与银行对账单核对、财产物资明细分类账与财产物资的实存数的核对、应收应付款项明细分类账与有关债权债务单位核对）。在核对相符后，由会计人员于会计期末结出本期发生额及余额，结账分月结、季结和年结。

项目3　处理好物流企业特殊会计事项

物流企业的会计人员尽管在工作上十分认真、尽职尽责，但在对账或财产清查过程中也会发现账证、账账、账实不符等特殊会计事项。因此会计人员应针对对账过程中发现的特殊会计事项，实事求是地做出正确的会计处理，以便向会计信息使用者提供对决策有用的真实会计信息，保证会计目标的实现。

项目目标

1. 终极目标：对于会计核算中遇到的特殊会计事项做出正确的会计处理。

2. 促成目标：

（1）认真履行职责，实事求是更正错账。

（2）坚持准则，遵守职业道德与规范，认真进行财产清查，不做假账。

（3）结合对党的二十大报告的学习，让学生在学习和工作中努力做到自信自强、守正创新、踔厉奋发、勇毅前行。

1. 更正错账。
2. 财产清查。

任务8　更正错账

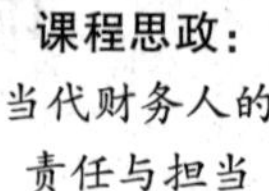

1. 典型任务引入

物流企业的会计人员在20×3年2月月末对账时，发现以下三个错误：

①一张66号的记账凭证："借：库存现金3 000，贷：银行存款3 000"，记账凭证正确并已记账，但记账时将银行存款误记为30 000元。

②一张77号的记账凭证：应是"借：应付职工薪酬2 000，贷：银行存款2 000"，却填成"借：其他应付款2 000，贷：银行存款2 000"，并已登记入账。

③一张89号记账凭证，应是"借：生产成本2 000，贷：原材料2 000"，但却填成"借：生产成本200，贷：原材料200"，并已登记入账。

请问会计人员如何对上述情况的错账进行更正？

2. 典型任务分析

会计人员在编制记账凭证及登记账簿的过程中，出现记账凭证填写错误或账簿登记错误是难免的。出现了记账凭证填写错误或记账凭证正确但记账错误，我们既不能刮擦，也不能涂改、挖补，更不能将账簿毁掉重新登记，只能按照规定的方法进行错账的更正。首先，应区分错误的性质，是记账凭证错误，还是记账凭证正确、记账错误；其次，如果是记账凭证错误，看是否记账；最后，根据错误的性质采用相应的方法进行错账的更正。更正错账流程如图8.1所示。

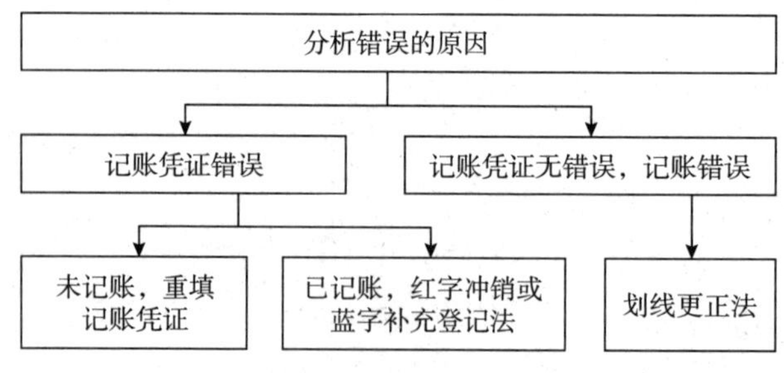

图8.1　更正错账流程

3. 典型任务实施

典型任务实施过程见表8.1。

表 8.1　典型工作任务实施过程

序号	实施步骤	使用的资源	实施结果
1	判断错账的类型	凭证、账簿	准确判断错账类型
2	更正错账	凭证、账簿	正确更正错账

4. 典型任务总结

学生通过学习活动，完成典型任务分析与总结，填写表 8.2。

表 8.2　典型任务分析总结表

问题	答案
(1)	
(2)	
(3)	

任务知识和技能

8.1 错账的类型

会计人员填制会计凭证和登记会计账簿，必须严肃认真，以保证会计账簿记录的正确性。会计期末结账前，要将记账凭证与原始凭证及会计账簿进行核对，以检查记账凭证在编制过程中会计科目运用是否正确、金额计算是否准确无误，以及根据记账凭证登记的相关账簿是否正确。若发现差错应及时按规定的方法进行更正，不得采用涂改、挖补、刮擦或药水消除等手段更正，也不允许重抄。

错账的表现形式虽然千差万别，但归纳起来共有三种类型：一是在账簿的登记过程中，记账凭证没错，只是登账过程中出现了文字或数字的抄写错误；二是记账后，发现记账凭证中的会计科目运用错误或会计科目没错但所填金额大于应记金额；三是在记账后，发现记账凭证会计科目填写正确，只是所填金额小于实际金额。因此，当发现错账时，首先应分析确认错账类型，然后根据错账的类型及特点，按规定的方法，进行错账的更正。

8.2 错账的更正方法

针对上述错账，应当分别采用划线更正法、红字更正法和补充登记法进行更正。

8.2.1 划线更正法

微课：
划线更正法

在账簿登记过程中，如果记账凭证没错，只是登记账簿过程中出现了文字或数字的抄写错误，可采用划线更正法进行更正。即先在错误的文字或数字上划一红线，然后在红线上方用蓝色或黑色墨水填写正确的记录。在划线时，如果是文字错误，可只划去错误的文字；如果是数字错误，应将数字全部划线，不得只划去错误数字。划线时必须注意使原来的错误字迹仍可辨认。更正后，经办人在划线一端盖章，以示负责。

【案例 8.1】华中物流企业 20×3 年 8 月 5 日收到甲客户通过银行交来的预付款 30 000 元。该企业编制的记账凭证编号为记 15 号，其账务处理如下：

借：银行存款　　　　　　　　30 000

　　贷：预收账款——甲　　　　　　30 000

根据该记账凭证登记的预收账款明细分类账见表 8.3。

表 8.3　　　　**预收账款明细分类账**

单位名称：甲企业　　　　第 18 页

20×3年		凭证		摘要	借方								贷方								借或贷	余额									
月	日	种类	编号		十	万	千	百	十	元	角	分	十	万	千	百	十	元	角	分		千	百	十	万	千	百	十	元	角	分
8	5	记	15	收到预收账款										3	0	0	0	0	0	0	借				3	0	0	0	0	0	0

【案例分析与操作更正】根据该笔交易或事项编制的记账凭证（15）无误并且已登记入账，但在记账过程中其余额方向填写错误，因此应采用划线更正法。具体操作是在错误的文字上划一条红线，然后在其上方用蓝色或黑色墨水填写正确的记录，同时会计人员在划线的一端盖章以示负责。其操作见表 8.4。

表 8.4　　　　**预收账款明细分类账**

单位名称：甲企业　　　　第 18 页

20×3年		凭证		摘要	借方								贷方								借或贷	余额									
月	日	种类	编号		十	万	千	百	十	元	角	分	十	万	千	百	十	元	角	分		千	百	十	万	千	百	十	元	角	分
8	5	记	15	收到预收账款										3	0	0	0	0	0	0	贷 借	张波			3	0	0	0	0	0	0

8.2.2 红字更正法

记账后，如果在当年内发现记账凭证中会计科目运用错误或会计科目没错但所填金额大于应记金额时，可以采用红字更正法进行更正。红字更正法主要适用于以下两种情况，因错误类型不同，具体操作也不同。

微课：
红字更正法

1. 填写记账凭证时会计科目运用错误

步骤1：填写一张与原错误凭证完全相同的红字金额凭证，红字登记入账。

该凭证的摘要栏注明“冲销×年×月×日×号错误凭证”，日期采用填写当前红字凭证的日期，编号为当前编制红字凭证时的记账凭证的顺序编号，会计科目栏填写与原错误凭证相同的会计科目，金额栏用红字填写与原错误凭证相同的金额。同时将上述红字金额凭证按记账凭证登记入账的要求用红字金额登记入账。

步骤2：再编写一张正确的蓝字凭证，并用蓝字或黑色墨水入账。

该凭证摘要栏注明“更正×年×月×日×号错误凭证”，日期采用编制当前正确凭证时的日期，编号为当前编制正确凭证的记账凭证的顺序编号，会计科目和金额均用蓝字或黑色墨水填入正确的内容。同时根据编制的正确的记账凭证记账。

步骤3：在原错误凭证上填写更正记录。

在上述操作均已规范登记入账的基础上，在原错误凭证的摘要栏内注明“已用×年×月×日×号凭证更正”。

【案例8.2】华中物流企业某企业20×3年9月29日因购置固定资产发生了长期借款利息支出10 000元（分期付息），该固定资产已达到预定可使用状态，此时会计编制的记账凭证编号为26号，见表8.5。根据该记账凭证登记的账簿，见表8.6和表8.7。

表8.5 **记账凭证**

20×3年9月29日 第26号

摘要	借方科目			贷方科目			金额								
	总账科目	明细科目	记账	总账科目	明细科目	记账	百	十	万	千	百	十	元	角	分
计提借款利息	在建工程	办公楼	√	长期借款	建行	√			1	0	0	0	0	0	0
结算方式、票号：				合计金额				¥	1	0	0	0	0	0	0

附原始凭证1张

会计主管：周某 记账：张某 复核：李某 出纳：赵某 制证：张某

表8.6 **总分类账**

账户名称：在建工程 第39页

20×3年		凭证		摘要	借方								贷方								借或贷	余额							
月	日	种类	编号		十	万	千	百	十	元	角	分	十	万	千	百	十	元	角	分		十	万	千	百	十	元	角	分
9	1			期初余额																	借			5	0	0	0	0	0
	29	记	26	计提借款利息		1	0	0	0	0	0	0									借		1	5	0	0	0	0	0
	30	记	31	冲销20×3年9月29号第26号错误凭证		1	0	0	0	0	0	0									借			5	0	0	0	0	0

表 8.7　　　　　　　　　　　　　　　　**总分类账**

账户名称：长期借款　　　　　　　　　　　　　　　　　　　　　　　　　第 18 页

20×3年		凭证		摘要	借方							贷方							借或贷	余额								
月	日	种类	编号		万	千	百	十	元	角	分	万	千	百	十	元	角	分		百	十	万	千	百	十	元	角	分
9	1			期初余额															贷				5	0	0	0	0	0
	29	记	26	计提借款利息								1	0	0	0	0	0	0	贷			1	5	0	0	0	0	0
	31	记	31	冲销20×3年9月29号第26号错误凭证								1	0	0	0	0	0	0	贷				5	0	0	0	0	0

【案例分析与操作更正】

由于上述第 26 号凭证的账务处理是错误的。因此应采用红字更正法进行更正。其具体更正操作如下。

（1）用红字金额填制一张与原错误凭证相同的记账凭证，假定其记账凭证的顺序号为 31 号，日期是 20×1 年 9 月 30 日，摘要栏填入“冲销 20×3 年 9 月 29 日 26 号错误凭证”，会计科目栏填入的会计科目与原错误凭证相同的科目，金额栏中用红字填入与原错误凭证相同的金额。具体填制的红字金额凭证见表 8.8。

表 8.8　　　　　　　　　　　　　　　　**记账凭证**

20×3年9月30日　　　　　　　　　　　　　　第 31 号

摘要	借方科目			贷方科目			金额									附原始凭证张
	总账科目	明细科目	记账	总账科目	明细科目	记账	百	十	万	千	百	十	元	角	分	
冲销20×3年9月29日26号错误凭证	在建工程	办公楼	√	长期借款	建行	√			1	0	0	0	0	0	0	
结算方式、票号：				合计金额				¥	1	0	0	0	0	0	0	

会计主管：周某　　记账：张某　　复核：李某　　出纳：赵某　　制证：张某

（2）将上述 31 号凭证登记入账，用以冲销原记账错误。见表 8.6 和表 8.7 记账凭证 31 号行次。

（3）编写一张正确的蓝字凭证，用以更正错误的记录。记账凭证的日期填写实际编制正确蓝字凭证的日期，即 20×3 年 9 月 30 日；凭证编号按编制时当前凭证顺序编号，即 32 号；摘要栏填写“更正 20×3 年 9 月 29 日 26 号错误凭证”；会计科目和金额栏填入正确的内容。具体填写的蓝字凭证见表 8.9。

（4）将编制的蓝字凭证用蓝字登记入账，见表 8.10 和表 8.11 记账凭证编号 32 号行次。

（5）在原错误凭证摘要栏中标明“已用 20×1 年 9 月 30 日 32 号凭证更正”，以防重复更正，见表 8.12。

表 8.9　　记账凭证

20×3年9月30日　　第32号

摘要	借方科目			贷方科目			金额									
	总账科目	明细科目	记账	总账科目	明细科目	记账	百	十	万	千	百	十	元	角	分
更正20×3年9月29日26号错误凭证	财务费用		√	应付利息		√			1	0	0	0	0	0	0
结算方式、票号：				合计金额				¥	1	0	0	0	0	0	0

附原始凭证　张

会计主管：周某　　记账：张某　　复核：李某　　出纳：赵某　　制证：张某

表 8.10　　总分类账

账户名称：财务费用　　第43页

20×3年		凭证		摘要	借方							贷方							借或贷	余额							
月	日	种类	编号		万	千	百	十	元	角	分	万	千	百	十	元	角	分		十	万	千	百	十	元	角	分
9	30	记	32	更正20×3年9月29日26号错误凭证	1	0	0	0	0	0	0								借		1	0	0	0	0	0	0

表 8.11　　总分类账

账户名称：应付利息　　第26页

20×3年		凭证		摘要	借方								贷方								借或贷	余额							
月	日	种类	编号		十	万	千	百	十	元	角	分	十	万	千	百	十	元	角	分		十	万	千	百	十	元	角	分
9	1			期初余额																	贷			5	0	0	0	0	0
	30	记	32	更正20×3年9月29日26号错误凭证										1	0	0	0	0	0	0	贷		1	5	0	0	0	0	0

表 8.12　　记账凭证

20×3年9月29日　　第26号

摘要	借方科目			贷方科目			金额								
	总账科目	明细科目	记账	总账科目	明细科目	记账	百	十	万	千	百	十	元	角	分
计提借款利息	在建工程	办公楼	√	长期借款	建行	√			1	0	0	0	0	0	0
已用20×3年9月30日32号凭证更正															
结算方式、票号：				合计金额				¥	1	0	0	0	0	0	0

附原始凭证　张

会计主管：周某　　记账：张某　　复核：李某　　出纳：赵某　　制证：张某

2. **记账凭证中的会计科目填写正确，但所记金额大于应记金额并已登记入账**

按如下方法和步骤进行更正：

步骤1：先编制一张与原错误记账凭证会计科目相同、金额为多记金额的红字凭证。并用红字据以登记入账。

该凭证的日期为当前编制该红字凭证的日期，编号为编制该红字记账凭证的顺序排号，摘要栏填入“冲销×年×月×日×号错误凭证多记金额”，科目栏填入原错误凭证中相同的科目，金额栏用红字填入原错误凭证多记的金额。

步骤2：在凭证上填写更正记录，以免重复更正。冲销的红字凭证登记入账后，在原错误记账凭证的摘要栏中注明“已用×年×月×日×号凭证更正”，以防重复更正。

【案例8.3】华中物流企业20×3年9月29日为职工发放工资20 000元，但误记为200 000元，编制的凭证见表8.13，并已登记入账，见表8.14和表8.15。

表8.13　　记账凭证

20×3年9月29日　　第27号

摘要	借方科目			贷方科目			金额									
	总账科目	明细科目	记账	总账科目	明细科目	记账	百	十	万	千	百	十	元	角	分	附
发放工资	应付职工薪酬		√	银行存款		√		2	0	0	0	0	0	0	0	原始凭证
																1
																张
结算方式、票号：				合计金额			¥	2	0	0	0	0	0	0	0	

会计主管：周某　　记账：张某　　复核：李某　　出纳：赵某　　制证：张某

表8.14　　总分类账

账户名称：应付职工薪酬　　第41页

20×3年		凭证		摘要	借方								贷方								借或贷	余额							
月	日	种类	编号		十	万	千	百	十	元	角	分	十	万	千	百	十	元	角	分		十	万	千	百	十	元	角	分
9	1			期初余额																	贷		3	0	0	0	0	0	0
	29	记	27	发放工资	2	0	0	0	0	0	0	0									借	1	7	0	0	0	0	0	0

表8.15　　总分类账

账户名称：银行存款　　第19页

20×3年		凭证		摘要	借方								贷方								借或贷	余额							
月	日	种类	编号		十	万	千	百	十	元	角	分	十	万	千	百	十	元	角	分		十	万	千	百	十	元	角	分
9	1			期初余额																	借	2	2	6	0	0	0	0	0
	29	记	27	发放工资									2	0	0	0	0	0	0	0	借		2	6	0	0	0	0	0

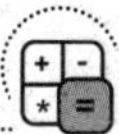

【案例分析与操作更正】

由于上述第27号记账凭证的金额栏多记了180 000元，因此应采用红字更正法对多记的180 000元进行更正。其具体操作如下。

（1）编制一张与原错误凭证会计科目相同、金额为多记金额的红字凭证，并据以登记入账，见表8.16—表8.18。

表8.16　　记账凭证

20×3年9月30日　　第33号

摘要	借方科目			贷方科目			金额								
	总账科目	明细科目	记账	总账科目	明细科目	记账	百	十	万	千	百	十	元	角	分
冲销20×3年9月29日27号错误凭证多记金额	应付职工薪酬		√	银行存款		√		1	8	0	0	0	0	0	0
结算方式、票号：				合计金额			¥	1	8	0	0	0	0	0	0

附原始凭证　张

会计主管：周某　　记账：张某　　复核：李某　　出纳：赵某　　制证：张某

表8.17　　总分类账

账户名称：应付职工薪酬　　第41页

20×3年		凭证		摘要	借方								贷方								借或贷	余额							
月	日	种类	编号		十	万	千	百	十	元	角	分	十	万	千	百	十	元	角	分		十	万	千	百	十	元	角	分
9	1			期初余额																	贷	3	0	0	0	0	0	0	0
	29	记	27	发放职工工资	2	0	0	0	0	0	0	0									贷	1	0	0	0	0	0	0	0
	30	记	33	冲销9月29日27号凭证多记金额	1	8	0	0	0	0	0	0									贷	2	8	0	0	0	0	0	0

表8.18　　总分类账

账户名称：银行存款　　第19页

20×3年		凭证		摘要	借方								贷方								借或贷	余额							
月	日	种类	编号		十	万	千	百	十	元	角	分	十	万	千	百	十	元	角	分		十	万	千	百	十	元	角	分
9	1			期初余额																	借	2	2	6	0	0	0	0	0
29	记	27		发放工资									2	0	0	0	0	0	0	0	借		2	6	0	0	0	0	0
30	记	33		冲销9月29日27号凭证多记金额									1	8	0	0	0	0	0	0	借	2	0	6	0	0	0	0	0

（2）在原错误记账凭证的摘要栏中注明“已用20×1年9月30日33号凭证更正”，以防重复更正，见表8.19。

表 8.19　　记账凭证

20×3年9月29日　　第 27 号

摘要	借方科目			贷方科目			金额								
	总账科目	明细科目	记账	总账科目	明细科目	记账	百	十	万	千	百	十	元	角	分
发放职工工资	应付职工薪酬		√	银行存款		√		2	0	0	0	0	0	0	0
已用20×3年9月30日33号凭证更正															
结算方式、票号：				合计金额			¥	2	0	0	0	0	0	0	0

附原始凭证1张

会计主管：周某　记账：张某　复核：李某　出纳：赵某　制证：张某

8.2.3　补充登记法

微课：补充登记法

在记账后，发现记账凭证会计科目填写正确，只是所填金额小于实际金额，可采用补充登记法进行更正。更正时，可将少记金额填写一张与原记账凭证会计科目完全相同的记账凭证，补充登记入账，并在摘要栏内注明“补充×年×月×日×号凭证少记金额”。

【案例 8.4】企业通过银行收到某企业偿还的前欠货款 9 800 元，但在填制记账凭证时，将金额误记为 8 900 元，少记 900 元，并已登记入账。其编制的记账凭证和登记的账簿见表 8.20—表 8.22。

表 8.20　　记账凭证

20×3年9月20日　　第 16 号

摘要	借方科目			贷方科目			金额								
	总账科目	明细科目	记账	总账科目	明细科目	记账	百	十	万	千	百	十	元	角	分
收回欠款	银行存款		√	应收账款		√				8	9	0	0	0	0
结算方式、票号：				合计金额					¥	8	9	0	0	0	0

附原始凭证1张

会计主管：周某　记账：张某　复核：李某　出纳：赵某　制证：张某

表 8.21　　总分类账

账户名称：银行存款　　第 3 页

20×3年		凭证		摘要	借方								贷方								借或贷	余额							
月	日	种类	编号		十	万	千	百	十	元	角	分	十	万	千	百	十	元	角	分		十	万	千	百	十	元	角	分
9	1			期初余额																	借	3	3	0	0	0	0	0	0
	20	记	16	收回欠款			8	9	0	0	0	0									借	3	3	8	9	0	0	0	0

表 8. 22　　　　　　　　　　　　　**总分类账**

账户名称：应收账款　　　　　　　　　　　　　　　　第 22 页

20×3年		凭证		摘　要	借　方								贷　方								借或贷	余　额							
月	日	种类	编号		十	万	千	百	十	元	角	分	十	万	千	百	十	元	角	分		十	万	千	百	十	元	角	分
9	1			期初余额																	借		1	6	0	0	0	0	0
	20	记	16	收回欠款											8	9	0	0	0	0	借			7	1	0	0	0	0

【案例分析与操作更正】

上述交易或事项编制的会计凭证，会计科目运用正确，只是所记金额 8 900 元少于应记金额 9 800 元，应采用补充登记法进行更正。具体操作如下。

（1）将少记的 900 元编制一张蓝字记账凭证并入账，其编制的凭证见表 8. 23—表 8. 25。

表 8. 23　　　　　　　　　　　　　**记账凭证**

20×3年9 月20 日　　　　　　　　　　第 34 号

摘要	借方科目			贷方科目			金额									
	总账科目	明细科目	记账	总账科目	明细科目	记账	百	十	万	千	百	十	元	角	分	附
补记20×3年9月20号16号凭证少记金额	银行存款		√	应收账款		√					9	0	0	0	0	原始凭证
																张
结算方式、票号：电汇				合 计 金 额						¥	9	0	0	0	0	

会计主管：周某　　记账：张某　　复核：李某　　出纳：赵某　　制证：张某

表 8. 24　　　　　　　　　　　　　**总分类账**

账户名称：银行存款　　　　　　　　　　　　　　　　第 3 页

20×3年		凭证		摘　要	借　方								贷　方								借或贷	余　额							
月	日	种类	编号		十	万	千	百	十	元	角	分	十	万	千	百	十	元	角	分		百	十	万	千	百	十	元	角	分
9	1			期初余额																	借		3	3	0	0	0	0	0	0
	20	记	16	收回前欠货款			8	9	0	0	0	0									借		3	3	8	9	0	0	0	0
	30	记	34	补记20×3年9月20日16号凭证少记金额				9	0	0	0	0									借		3	3	9	8	0	0	0	0

（2）补充登记完毕后，在原错误凭证摘要栏中标明“已用 20 ×1 年 9 月 30 日 34 号凭证更正”，以防止重复更正，见表 8. 26。

表 8.25 **总分类账**

账户名称：应收账款 第 22 页

20×3年		凭证		摘　要	借方							贷方							借或贷	余额								
月	日	种类	编号		万	千	百	十	元	角	分	万	千	百	十	元	角	分		百	十	万	千	百	十	元	角	分
9	1			期初余额															借			1	6	0	0	0	0	0
	20	记	16	收回前欠货款									8	9	0	0	0	0	借				7	1	0	0	0	0
	30	记	34	补充20×3年9月20日16号凭证少记金额										9	0	0	0	0	借				6	2	0	0	0	0

表 8.26 **记账凭证**

20×3年9月30日 第 16 号

摘要	借方科目			贷方科目			金额								
	总账科目	明细科目	记账	总账科目	明细科目	记账	百	十	万	千	百	十	元	角	分
收回前欠货款	银行存款		√	应收账款		√				8	9	0	0	0	0
已用20×3年9月30日34号凭证更正															
结算方式、票号：电汇				合计金额					¥	8	9	0	0	0	0

附原始凭证 1 张

会计主管：周某　记账：张某　复核：李某　出纳：赵某　制证：张某

任务训练

通过“更正错账”的教学活动，在 30 分钟内完成对下列错账的更正。

宏河物流公司在 20×3 年 10 月记账后结账前在有关总分类账户中发现如下记账错误：

1. 购买了 10 000 元的材料，错记为 1 000 元，记账凭证编制正确，其凭证编号为记账凭证 6 号，只有材料总分类账记录错误，见表 8.27。

表 8.27 **总分类账**

账户名称：原材料 第 3 页

20×3年		凭证		摘　要	借方								贷方								借或贷	余额							
月	日	种类	编号		十	万	千	百	十	元	角	分	十	万	千	百	十	元	角	分		十	万	千	百	十	元	角	分
10	20			承前页		2	0	0	0	0	0	0		1	5	0	0	0	0	0	借		9	8	0	0	0	0	0
	20	记	6	购材料			1	0	0	0	0	0																	
	23	记	26	销售材料										9	4	0	0	0	0	0									

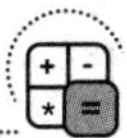

2. 结转本月销售材料的生产成本 49 000 元，原编记账凭证和登记的账簿见表 8.28—表 8.30。

表 8.28 **记账凭证**

20×3年10月23日 第26号

摘要	借方科目			贷方科目			金额								
	总账科目	明细科目	记账	总账科目	明细科目	记账	百	十	万	千	百	十	元	角	分
销售材料	其他业务成本		√	原材料	A	√			9	4	0	0	0	0	0
结算方式、票号:				合计金额				¥	9	4	0	0	0	0	0

附原始凭证1张

会计主管：周某 记账：张某 复核：李某 出纳：赵某 制证：张某

表 8.29 **总分类账**

账户名称：其他业务成本 第14页

20×3年		凭证		摘要	借方								贷方								借或贷	余额							
月	日	种类	编号		十	万	千	百	十	元	角	分	十	万	千	百	十	元	角	分		十	万	千	百	十	元	角	分
10	20			承前页		1	0	0	0	0	0	0																	
	23	记	26	销售材料		9	4	0	0	0	0	0																	

表 8.30 **总分类账**

账户名称：原材料 第4页

20×3年		凭证		摘要	借方								贷方								借或贷	余额							
月	日	种类	编号		十	万	千	百	十	元	角	分	十	万	千	百	十	元	角	分		十	万	千	百	十	元	角	分
10	20			承前页																	借			9	9	0	0	0	0
	23	记	26	销售材料										9	4	0	0	0	0	0									

3. 结转本月职工工资，生产工人工资为 14 000 元，原编制的记账凭证和登记的账簿见表 8.31—表 8.33。

表 8.31　　　　　　　　　　　　　　**记账凭证**

20×3年10月27日　　　　　　　　　　第 30 号

摘要	借方科目			贷方科目			金额								
	总账科目	明细科目	记账	总账科目	明细科目	记账	百	十	万	千	百	十	元	角	分
结转工资	生产成本	A	√	应付职工薪酬		√				1	4	0	0	0	0
结算方式、票号：				合计金额					¥	1	4	0	0	0	0

附原始凭证 1 张

会计主管：周某　　记账：张某　　复核：李某　　出纳：赵某　　制证：张某

表 8.32　　　　　　　　　　　　　　**总分类账**

账户名称：生产成本　　　　　　　　　　第 3 页

20×3年		凭证		摘要	借方								贷方								借或贷	余额							
月	日	种类	编号		十	万	千	百	十	元	角	分	十	万	千	百	十	元	角	分		十	万	千	百	十	元	角	分
10	20			承前页		1	8	0	0	0	0	0																	
	27	记	30	结转工资			1	4	0	0	0	0																	

表 8.33　　　　　　　　　　　　　　**总分类账**

账户名称：应付职工薪酬　　　　　　　　　　第 4 页

20×3年		凭证		摘要	借方								贷方								借或贷	余额							
月	日	种类	编号		十	万	千	百	十	元	角	分	十	万	千	百	十	元	角	分		十	万	千	百	十	元	角	分
10	20			承前页										2	9	0	0	0	0	0	贷		2	9	0	0	0	0	0
	27	记	30	结转工资											1	4	0	0	0	0									

要求：根据以上资料按规定的错账更正方法进行更正，并编制有关的记账凭证和登记有关的账簿（更正错账所用记账凭证见表 8.34 和表 8.35，账簿见表 8.27、表 8.29、表 8.32 和表 8.33）。假设发现错账的日期是月末，更正错账前最后一张记账凭证是 35 号。

表 8.34　　　　　　　　　　　　　　**记账凭证**

年　月　日　　　　　　　　　　第　号

摘要	借方科目			贷方科目			金额								
	总账科目	明细科目	记账	总账科目	明细科目	记账	百	十	万	千	百	十	元	角	分
结算方式、票号：				合计金额											

附原始凭证　张

会计主管：　　记账：　　复核：　　出纳：　　制证：

表 8.35　　　　　　　　　　　　　　**记账凭证**

年　月　日　　　　　　　　　　　　　　　　第　号

摘要	借方科目			贷方科目			金额								
	总账科目	明细科目	记账	总账科目	明细科目	记账	百	十	万	千	百	十	元	角	分
结算方式、票号:				合计金额											

附原始凭证　张

会计主管：　　　　记账：　　　　复核：　　　　出纳：　　　　制证：

谈谈说说讲讲。结合党的二十大报告和任务8教学内容，谈谈说说讲讲党跳出治乱兴衰历史周期率的第二个答案是什么？如何理解？

任务8　学习成绩评价表

学习成绩评价表

班级____　　姓名____　　任务名称____　　任务学习时间____　　任务组长____

评价项	评价内容及关键点	评价标准	评价者与评分比重			任务得分		项目得分
			教师评价（30%）	本人评价（30%）	组员评价（40%）	每项分值	任务总分值	
任务8	典型任务完成情况 任务训练完成情况 谈谈说说讲讲情况							

任务9　财产清查

课程思政：
会计人员不能触碰的工作底线

1. 典型任务引入

物流企业的会计人员在会计期末时，需对企业的财产进行清查，账实核对，主要从以下四个方面进行：

（1）银行对账单余额与银行存款日记账余额的核对。

（2）库存现金实存数与账存数的核对。

（3）存货账面数与库存数的核对。

（4）往来款项与债权、债务单位实有数额的核对。

请问会计人员针对上述方面如何进行清查？怎样做出账务处理？

2. 典型任务分析

物流企业的会计人员在财产清查过程中，在所有的会计凭证登记入账后，需要将银行存款日记账余额和银行对账单余额进行核对、库存现金日记账的账面余额与库存现金核对、存货明细账的余额与存货库存数核对、往来款项明细账的余额与往来单位进行核对，以查明账实是否相符。如果出现账实不符要填制相关的账存与实存对比表等原始凭证，根据原始凭证做出相应的账务处理，以达到账实相符。具体操作如图9.1所示。

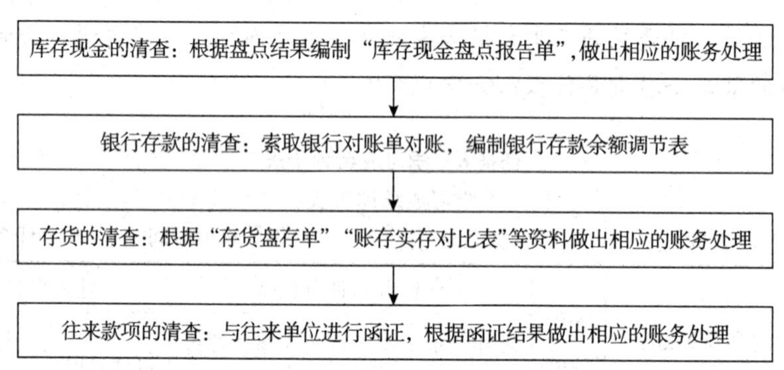

图9.1　财产清查流程

3. 典型任务实施

典型任务实施过程见表9.1。

表9.1　典型工作任务实施过程

序号	实施步骤	使用的资源	实施结果
1	库存现金的清查	现金日记账、库存现金盘点报告单	做出相应的账务处理、达到账实相符
2	银行存款的清查	银行存款日记账、银行对账单	编制银行存款调节表，确定可动用的银行存款数额
3	存货的清查	存货明细账、存货盘点报告单	做出相应的账务处理、达到账实相符
4	往来款项的清查	往来款项明细账、往来款项的函证	做出相应的账务处理、达到账实相符

4. 典型任务总结

学生通过学习活动，完成典型任务分析与总结，填入表9.2。

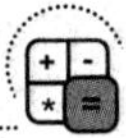

表 9.2　　典型任务分析总结表

问题	答案
(1)	
(2)	
(3)	
(4)	

任务知识和技能

微课：
库存现金的清查

9.1 库存现金的清查

为了保证货币资金的安全完整，我们对库存现金除日清月结外，还要经常进行定期或不定期的现金清查。现金清查就是通过盘点确定库存现金的实存数，然后与库存现金日记账的账存数进行比较。通过比较来查明现金的盈亏情况和管理制度的执行情况，以及是否有挪用现金、白条抵库、现金库存超限额、坐支现金等现象。若现金清查中结果实存数大于账存数，则为盘盈；反之，为盘亏。

1. **库存现金的盘点**

库存现金经账实核对清查后，将清查结果填入“库存现金盘点报告单”（见表9.3）。

表 9.3　　库存现金盘点报告单

单位名称：　　20×3 年×月×日　　单位：元

币别	实存金额	账存金额	对比结果		备注
			盘盈	盘亏	

盘点人：　　出纳员：　　负责人：

根据“库存现金盘点报告单”的内容，在经领导批准之前，做出调整账面记录的账务处理。

（1）现金若为盘盈

借：库存现金

贷：待处理财产损溢——待处理流动资产损溢

（2）现金若为盘亏

借：待处理财产损溢——待处理流动资产损溢

贷：库存现金

2. 将现金清点的结果报经有关领导批准，根据处理意见形成账务处理

（1）若现金盘盈

处理时，应借记“待处理财产损溢”，贷记“有关科目”。若原因为错收应支付给有关人员的现金，应贷记“银行存款”“库存现金”或“其他应付款”；无法查明原因的，则应贷记“营业外收入”。

借：待处理财产损溢——待处理流动资产损溢

贷：库存现金、其他应付款、营业外收入

【案例9.1】航海物流公司在现金清查中，形成的现金盘点报告单见表9.4。请做出现金清查的账务处理。

表9.4 **库存现金盘点报告单**

单位名称：航海物流公司　　20×3年3月28日　　单位：元

币别	实存金额	账存金额	对比结果		备注
			盘盈	盘亏	
人民币	2 050	1 980	70		领导审批意见：盘盈现金做营业外收入处理。 刘某 20×3－03－31

盘点人：于某　　出纳员：李某　　负责人：王某

【案例分析与账务处理】

①在报经批准前，根据“库存现金盘点报告表”确定的现金盘盈数，编制如下会计分录：

借：库存现金　70

贷：待处理财产损溢——待处理流动资产损溢　70

②在报经批准后，根据批准处理意见做营业外收入处理的会计分录如下：

借：待处理财产损溢——待处理流动资产损溢　70

贷：营业外收入　70

（2）若现金盘亏

根据盘亏的原因及批准处理意见，分别做如下账务处理：对于因出纳人员工作疏忽造成的现金短款，应由出纳人员负责赔偿或保险公司赔偿的，应借记“其他应收款”；如属于无法查明原因造成的现金短款，则借记“管理费用”，贷记“待处理财产损溢——待处理流动资产损溢”。其账务处理如下：

借：其他应收款（应由出纳人员、保险公司赔偿的部分）

　　管理费用（无法查明原因核销的部分）

　　贷：待处理财产损溢——待处理流动资产损溢

【案例9.2】宏河物流公司在现金清查中，形成的现金盘点报告单见表9.5。

表9.5　　库存现金盘点报告单

单位名称：宏河物流公司　　20×4年4月20日　　单位：元

币别	实存金额	账存金额	对比结果		备注
			盘盈	盘亏	
人民币	2 100	3 000		其中500元属出纳人员责任，400元无法查明原因	领导审批意见：出纳人员责任由机关出纳人员赔偿，无法查明原因记入“管理费用”。 胡某 20×4－04－25

盘点人：于某　　出纳员：李某　　负责人：王某

【案例分析与账务处理】

①在报经批准前，根据“库存现金盘点报告单”确定的库存现金盘亏数，账务处理如下：

借：待处理财产损溢——待处理流动资产损溢　　900

　　贷：库存现金　　900

②在报经批准后，根据批准处理意见账务处理如下：

借：其他应收款　　500

　　管理费用　　400

　　贷：待处理财产损溢——待处理流动资产损溢　　900

3. 库存现金清查使用的账户

设置“待处理财产损溢”账户，核算财产物资的盘盈、盘亏情况使用的账户。

性质：资产类账户。

核算内容：用来核算企业在财产清查过程中查明的各项财产物资的盘盈、盘亏和毁损及处理情况。

结构：借方登记发生的待处理财产物资的盘亏、毁损数及结转已批准处理的财产盘盈数；贷方登记发生的待处理财产盘盈、结转已批准处理的财产盘亏和毁损数。其借方余额表示尚待批准处理的财产物资的盘亏净损失；贷方余额则表示尚待批准处理的盘盈财产物资的净溢余。本账户会计期末应全部转销，无余额。

明细分类账设置：在该账户下设置“待处理固定资产损溢”和“待处理流动资产损溢”两个明细账户。其T形账户如图9.2所示。

待处理财产损溢（资产类）

发生的待处理财产盘亏、毁损数； 批准待处理财产物资盘盈转销数	发生的待处理财产盘盈数； 待处理财产物资盘亏和毁损转销数

图 9.2　待处理财产损溢 T 形账户

微课：
银行存款的清查

9.2　银行存款的清查

9.2.1　未达账项

银行存款是企业重要的流动资产，容易被盗和损失，因此必须加强银行存款的管理和审查。银行存款的清查是将银行记录银行存款数据的“银行对账单”与企业的“银行存款日记账”余额核对。若出现不符，首先查明是否记账错误、有无漏记重记等。在消除记账错误的基础上，若继续出现两者余额不一致，有可能是未达账项造成的，应查明是否存在未达账项。

未达账项是指企业与银行之间对于同一项交易或事项，由于取得凭证的时间不同，导致记账时间不一致，即发生的一方已取得结算凭证并登记入账，另一方由于尚未取得结算凭证还未入账的款项。产生未达账项的原因有以下四种。

（1）企业已收，银行未收

如企业收到转账支票填写进账单送存银行后，登记银行存款增加；而银行由于还未收妥该笔款项，尚未记账。因而形成企业已收款入账、银行尚未收款入账的情况。

（2）企业已付，银行未付

如企业开出支票支付某笔货款，并根据有关单据登记银行存款减少；而此时银行由于尚未接到该笔款项支付的凭证，未记减少。因而形成企业已付款记账、银行尚未付款记账的情况。

（3）银行已收，企业未收

如银行代企业收入一笔外地汇款，银行已记存款增加；而企业由于尚未收到汇款凭证，未记增加。因而形成银行已收款入账、企业尚未收款入账的情况。

（4）银行已付，企业未付

如银行代企业支付某种费用，银行已记存款减少；而企业尚未接到有关凭证，未记减少。因而形成银行已付款记账、企业尚未付款记账的情况。

9.2.2　编制银行存款余额调节表

解决未达账项的方法是编制“银行存款余额调节表”。其方法是将“银行存款对账

 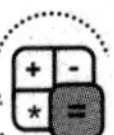

单”与“银行存款日记账”的发生额逐一核对，分析是否存在未达账项以及未达账项的类型，编制“银行存款余额调节表”来确认银行存款的余额。

【案例9.3】宏利物流有限责任公司20×3年7月银行存款日记账和银行对账单上的记录分别见表9.6和表9.7。

表9.6 银行存款日记账 单位：元

日期	凭证号	摘要	借方	贷方	余额
7.1		期初余额			3 000 000
7.5	#3506	付A材料款		35 100	
7.8	#3507	付B材料款		408 000	
7.10	#3508	收运输服务款	168 000		
7.15	#3509	支付广告费		20 000	
7.18	#3510	支付办公费		5 000	
7.20	#3512	收运输服务款	325 000		
7.25	#3515	交纳税金		49 500	
7.26	#3517	提取现金		380 000	

表9.7 中国工商银行太原市分行对账单 单位：元

账号：33011809032591 单位名称：宏利物流有限责任公司 第10页

日期	交易	凭证号	借方	贷方	余额
承上页					3 000 000
7.3	提取现金	#3504	20 000		
7.5	付采购款	#3506	35 100		
7.10	付采购款	#3507	408 000		
7.15	付广告费	#3509	20 000		
7.18	收运输服务款	#3512		325 000	
7.20	存入利息	#3513		19 300	
7.20	代付电费	#3515	10 000		
7.26	提取现金	#3517	380 000		

假定该有限责任公司银行存款双方记录均无错误，请计算银行对账单和银行存款日记账的银行存款余额，判断双方存款余额是否一致，银行存款余额不一致的原因是什么，以及截至20×3年7月月末该有限责任公司可动用的银行存款是多少。

【案例分析与账务处理】

（1）计算银行存款日记账和银行对账单余额，见表9.8和表9.9。

表 9.8　　银行存款日记账　　单位：元

日期	凭证号	摘要	借方	贷方	余额
7.1		期初余额			3 000 000
7.5	#3506	付 A 材料款		35 100√	2 964 900
7.8	#3507	付 B 材料款		408 000√	2 556 900
7.10	#3508	收运输服务款	168 000		2 724 900
7.15	#3509	支付广告费		20 000√	2 704 900
7.18	#3510	支付办公费		5 000	2 699 900
7.20	#3512	收运输服务款	325 000√		3 024 900
7.25	#3515	交纳税金		49 500	2 975 400
7.26	#3517	提取现金		380 000√	2 595 400

表 9.9　　中国工商银行太原市分行对账单

单位：元

账号：33011809032591　　单位名称：宏利物流有限责任公司　　第 10 页

日期	交易	凭证号	借方	贷方	余额
7.1	期初余额				3 000 000
7.3	提取现金	#3504	20 000		2 980 000
7.5	付采购款	#3506	35 100√		2 944 900
7.10	付采购款	#3507	408 000√		2 536 900
7.15	付广告费	#3509	20 000√		2 516 900
7.18	收运输服务款	#3512		325 000√	2 841 900
7.20	存入利息	#3513		19 300	2 861 200
7.20	代付电费	#3515	10 000		2 851 200
7.26	提取现金	#3517	380 000√		2 471 200

（2）核对未达账项。已达用“√”符号表示。未达无表示。核对结查见表 9.8 和表 9.9。

未达账项共有六笔，其中企业已收银行未收一笔：票号#3508 的收运输服务款 168 000 元。企业已付银行未付的两笔：票号#3510 支付办公费 5 000 元、票号#3515 交纳税金 49 500元。银行已收企业未收一笔：票号#3513 存入利息 19 300 元。银行已付企业未付两笔：票号#3515 代付电费 10 000 元和票号#3504 提取现金 20 000 元。

（3）根据上述的未达账项编制银行存款余额调节表（见表 9.10）。

通过编制银行存款余额调节表，发现银行对账单与银行存款日记账余额不一致的原因是存在未达账项。该企业实际可动用的银行存款余额是 2 584 700 元。

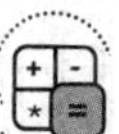

表 9.10 银行存款余额调节表

20×3 年 7 月 31 日 单位：元

项目	金额	项目	金额
企业银行存款日记账余额：	2 595 400	银行存款对账单余额：	2 471 200
加：银行已收，企业未收款项	19 300	加：企业已收，银行未收款项	168 000
减：银行已付，企业未付款项	10 000	减：企业已付，银行未付款项	5 000
	20 000		49 500
调节后余额：	2 584 700	调节后余额：	2 584 700

另外，企业不可以根据银行存款余额调节表来补记银行存款日记账，只能等结算凭证到达企业后，根据结算凭证编制记账凭证，然后登记银行存款日记账。

9.3 存货清查的账务处理

为了保证企业存货的安全、完整，需要对企业的存货进行定期或不定期的清查，可能出现账实不符的现象，需编制“存货盘点表”和“账存实存对比表”，对出现的账实不符做出相关的账务处理。

1. 盘盈存货的账务处理

①在报经有关领导审批之前，根据“存货盘存单”“账存实存对比表”等资料，做出的账务处理如下：

借：原材料、库存商品等

　　贷：待处理流动资产损溢

②盘盈的存货，对于无法查明原因的应计入“管理费用”，对于少发的存货应补发。其账务处理如下：

借：待处理财产损溢

　　贷：管理费用、原材料

【案例 9.4】宏利物流有限责任公司存货盘点时，形成的账存实存对比表见表 9.11.

表 9.11 账存实存对比表

单位名称：宏达物流有限责任公司　　20×3 年 11 月 30 日　　金额单位：元

编号	类别名称	规格型号	计量单位	单价	实存		账存		对比结果				备注
									盘盈		盘亏		
					数量	金额	数量	金额	数量	金额	数量	金额	
004	包装绳		千克	36	500	18 000	490	17 640	10	360			

盘点人：李某　　保管员：王某　　负责人：崔某

【案例分析与账务处理】

①在报经批准前，根据“账存实存对比表”确定的包装绳盘盈数，账务处理如下：

借：原材料——包装绳　　360

　　贷：待处理财产损溢——待处理流动资产损溢　　360

②经查明，盘盈的包装绳系收发不准而形成的溢余，报经批准冲减管理费用，账务处理如下：

借：待处理财产损溢——待处理流动资产损溢　　360

　　贷：管理费用　　360

2. **盘亏存货的账务处理**

①在报经有关领导审批之前，应先根据“存货盘存单”“账存实存对比表”等资料，账务处理如下：

借：待处理流动资产损溢——待处理流动资产损溢

　　贷：原材料、库存商品等

　　　　应交税费——应交增值税（进项税额转出）

②根据盘亏的原因及批准处理意见，账务处理如下：

属于非正常损失及人为因素引起的存货盘亏，应先将保险公司和过失人的赔偿，记入“其他应收款”等账户；属于非常损失部分，记入“营业外支出”账户；属于自然损耗等正常原因引起的存货盘亏，记入“管理费用”账户。其账务处理如下：

借：其他应收款

　　营业外支出

　　管理费用

　　贷：待处理流动资产损溢——待处理流动资产损溢

【案例9.5】宏利物流有限责任公司，在财产清查中填写的账存实存对比见表9.12。

表9.12　　账存实存对比表

单位名称：宏利物流有限责任公司　　20×3年6月30日　　金额单位：元

编号	类别名称	规格型号	计量单位	单价	实存		账存		对比结果				备注
									盘盈		盘亏		
					数量	金额	数量	金额	数量	金额	数量	金额	
006	原材料	包装泡沫	千克	300	80	24 000	100	30 000			20	6 000	均为火灾损失，保险公司赔偿60%

盘点人：李某　　保管员：王某　　负责人：崔某

【案例分析与账务处理】

（1）在报经批准前，根据“账存实存对比表”确定的材料盘亏数，账务处理如下：

借：待处理财产损溢——待处理流动资产损溢　　6 780

　　贷：原材料——包装泡沫　　6 000

　　　　应交税费——应交增值税（进项税额转出）　　780

（2）经有关领导批准，按财务制度的规定账务处理如下：

借：其他应收款——保险公司　　4 068

　　营业外支出　　2 712

　　贷：待处理财产损溢——待处理流动资产损溢　　6 780

3. 存货清查使用的账户

存货清查出现账实不符除了使用“待处理财产损溢——待处理流动资产损溢”账户外，对于盘亏的存货涉及的另一个账户就是“应交税费——应交增值税（进项税额转出）”账户。发生除自然灾害外的存货盘亏，一定将盘亏部分的进项税从借方转出，即贷记“应交税费——应交增值税（进项税额转出）”。

9.4 往来款项的清查

企业的财产清查，还包括对往来款项的清查，因为其结果准确与否直接影响企业资产的安全与完整。在往来款项的清查中，企业通过函证等方式与债权或债务等单位进行核实，以确定往来款项的实有数额。对于确实无法收回的应收账款和无法支付的应付账款，不通过“待处理财产损溢”账户进行核算，而是在原来账面记录的基础上，按规定程序报经批准后，直接转账冲销。

1. 对无法收回的应收账款

其账务处理如下：

借：坏账准备

　　贷：应收账款

【案例9.6】在宏利物流有限责任公司财产清查中，查明长期无法收回的应收账款1 000元，按规定程序报经批准后，其账务处理如下：

借：坏账准备　　1 000

　　贷：应收账款　　1 000

2. 对无法支付的应付账款

其账务处理如下：

借：应付账款

　　贷：营业外收入

【案例9.7】在宏利物流有限责任公司财产清查中查明因对方单位集贤纸箱厂已解散，而无法支付应付账款3 000元。经批准做销账处理，其账务处理如下：

借：应付账款——集贤纸箱厂　　3 000

　贷：营业外收入　　3 000

3. **往来款项清查使用的账户**

在应收账款核对过程中，对于确定无法收回的应收账款，应将其核销，使用的账户是“坏账准备”。

“坏账准备”账户。

性质：“应收账款”的备抵账户。

核算内容：核算和监督企业因应收款项无法收回而发生坏账准备的计提、核销等情况。

结构：贷方登记计提或补提的坏账准备，借方登记因发生坏账核销的坏账准备或冲销多提的坏账准备，期末余额为贷方，表示现有应收款项已计提的坏账准备数额。

明细账设置：本账户无须设置明细分类账。

任务训练1：通过“库存现金的清查”教学活动，在20分钟内完成如下现金清查的相关会计处理。

伟业物流公司20×3年5月30日在现金清查中发现下列事项：库存现金账面余额20 028元，实际库存19 922元，发现现金短款106元。经查该短款是由出纳人员工作疏忽造成的，应由其负责赔偿，赔偿款尚未收到。

要求：

(1) 根据上述资料，编制“现金盘点报告表”(见表9.13)。

(2) 根据上述清查结果，填制审批前的记账凭证（记账凭证号：50号）(见表9.14)。

表9.13　　**现金盘点报告表**

单位名称：伟业物流公司　　20×3年5月30日　　单位：元

实存金额	账存金额	对比结果		备注
		盘盈	盘	

负责人签章：　　盘点人签章：　　出纳人员签章：

表9.14　　**记账凭证**

年　月　日　　第　号

摘要	借方科目			贷方科目			金额									附
	总账科目	明细科目	记账	总账科目	明细科目	记账	百	十	万	千	百	十	元	角	分	
																原始凭证
结算方式、票号：				合计金额												张

会计主管：　　记账：　　复核：　　出纳：　　制证：

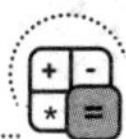

(3) 根据审批处理结果，填制审批后的记账凭证（记账凭证号：51 号）（见表9.15）。

表 9.15 **记账凭证**

年 月 日 第 号

摘要	借方科目			贷方科目			金额								
	总账科目	明细科目	记账	总账科目	明细科目	记账	百	十	万	千	百	十	元	角	分
结算方式、票号：				合计金额											

附原始凭证 张

会计主管： 记账： 复核： 出纳： 制证：

任务训练 2：通过“银行存款清查”教学活动，在 20 分钟内完成下方对账任务。

恒申物流公司 20×3 年 9 月银行存款日记账和银行对账单上的记录分别见表 9.16 和表 9.17。

表 9.16 **银行存款日记账**

日期	凭证号	摘要	借方	贷方	余额
9.1		期初余额			168 900
9.1	#9553	提现		3 000	
9.1	#6370	转存		60 000	
9.1		电汇收到欠款	150 000		
9.3		购结算凭证		180	
9.4	#1245	现销	585		
9.9	#6743	收回汇票余款	4 500		
9.10	#6371	开支		101 500	
9.14	#6229	收到货款	351 000		
9.15	#6205	本票		50 000	
9.16		贷款	500 000		
9.20	#0559	汇票		100 000	
9.26	#7543	付电话费		2 260	

假定企业与银行存款双方记录均无错误，请计算银行存款余额，并判断双方存款余额是否一致？如果银行存款余额不一致，原因是什么，以及截至 20×3 年 9 月月末该企业可动用的银行存款是多少（银行存款余额调节表见表 9.18）。

表 9.17　　中国工商银行湖州市分行对账单

账号：33011809032599　　单位名称：恒申物流公司　　第　页

日期	交易	凭证号	借方	贷方	余额
9.1	上月结存				168 900
9.1	提取现金	#9553	3 000		
9.1	转支	#6370	60 000		
9.1	汇划			150 000	
9.3	结算凭证		180		
9.3	电汇	#8746	81 900		
9.4	现收	#1245		585	
9.9	银汇	#6743		4 500	
9.10	转支	#6371	101 500		
9.14	转支	#6229		351 000	
9.15	本票	#6205	50 000		
9.16	贷款			500 000	
9.20	银行汇票	#0559	100 000		
9.25	委托收款	#7543	2 260		
9.30	汇划进账			10 000	
9.30	利息			3 019	

表 9.18　　银行存款余额调节表

20×1 年 9 月 30 日　　单位：元

项目	金额	项目	金额
企业银行存款日记账余额： 加：银行已收，企业未收款项 减：银行已付，企业未付款项		银行存款对账单余额： 加：企业已收，银行未收款项 减：企业已付，银行未付款项	
调节后余额：		调节后余额：	

任务训练 3：通过“存货清查“的教学活动，在 10 分钟内完成如下存货清查的账务处理。

宏利物流有限责任公司为增值税的一般纳税人，增值税税率为 13%，20×3 年年末在财产清查中发现下列事项：原材料的账面余额和盘点资料分别如表 9.19 和表 9.20 所示。

表 9.19 **原材料账面余额** 单位：元

材料编号	材料名称	单位	单价	结余（12 月 31 日）	
				数量	金额
1	甲材料	kg	20	1 220	24 400
2	乙材料	kg	15	820	12 300
3	丙材料	kg	8 000	40	320 000
4	丁材料	kg	30	2 720	81 600

表 9.20 **原材料盘点明细表** 单位：元

财产类别：原材料 20×3 年 12 月 31 日 存放地点：2 号仓库 编号：202354

编号	名称	单位	数量	单价	金额	备注
1	甲材料	kg	1 240	20	24 800	收发计量差错
2	乙材料	kg	800	15	12 000	保管人员失职造成
3	丙材料	t	39	8 000	312 000	保管员责任
4	丁材料	kg	2 770	30	83 100	待存加工厂加工剩余材料

盘点人签章：王某 实物保管人签章：张某

上述各项盘盈、盘亏和损失，经查原因属实，报经领导审核批准，处理意见如下：

(1) 加工厂剩余材料直接运走。

(2) 材料收发计量上的差错，不论盘盈、盘亏，均列入管理费用处理。

(3) 管理人员失职造成的材料短缺，责成过失人赔偿。

要求：

(1) 根据上述资料，编制原材料账存实存对比表（见表 9.21）。

(2) 将上述清查结果填入相应的记账凭证，记账凭证号从 39 号开始。（见表 9.22 和表 9.23）。

表 9.21 **账存实存对比表**

单位名称：宏利物流有限责任公司 20×3 年 12 月 31 日 单位：元

编号	类别名称	规格型号	计量单位	单价	实存		账存		对比结果				备注
									盘盈		盘亏		
					数量	金额	数量	金额	数量	金额	数量	金额	

单位负责人签章： 填表人签章：

表 9.22

记账凭证

年 月 日　　　　第 号

摘要	借方科目			贷方科目			金额								
	总账科目	明细科目	记账	总账科目	明细科目	记账	百	十	万	千	百	十	元	角	分
结算方式、票号：				合计金额											

附原始凭证　张

会计主管：　记账：　复核：　出纳：　制证：

表 9.23

记账凭证

年 月 日　　　　第 号

摘要	借方科目			贷方科目			金额								
	总账科目	明细科目	记账	总账科目	明细科目	记账	百	十	万	千	百	十	元	角	分
结算方式、票号：				合计金额											

附原始凭证　张

会计主管：　记账：　复核：　出纳：　制证：

（3）根据清查处理意见，填制相应的记账凭证（见表9.24和表9.25）。

表 9.24

记账凭证

年 月 日　　　　第 号

摘要	借方科目			贷方科目			金额								
	总账科目	明细科目	记账	总账科目	明细科目	记账	百	十	万	千	百	十	元	角	分
结算方式、票号：				合计金额											

附原始凭证　张

会计主管：　记账：　复核：　出纳：　制证：

表 9.25

记账凭证

年 月 日　　　　第 号

摘要	借方科目			贷方科目			金额								
	总账科目	明细科目	记账	总账科目	明细科目	记账	百	十	万	千	百	十	元	角	分
结算方式、票号：				合计金额											

附原始凭证　张

会计主管：　记账：　复核：　出纳：　制证：

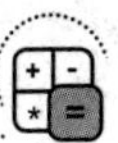

任务训练4：通过“往来款项清查”的教学活动，完成宏利物流有限责任公司往来款项清查的会计处理工作。

（1）查明应收某企业货款5 000元，已无法收回。

（2）查明其他应付款2 000元，已无法偿还。

上述各项清查结果，经查原因属实，报经领导审核批准。

要求：根据清查结果及批复意见做出相关的账务处理，并填制记账凭证（见表9.26和表9.27，记账凭证从43号开始）。

表9.26 记账凭证

年 月 日　　　　第 号

摘要	借方科目			贷方科目			金额								
	总账科目	明细科目	记账	总账科目	明细科目	记账	百	十	万	千	百	十	元	角	分
结算方式、票号：				合计金额											

附原始凭证 张

会计主管：　记账：　复核：　出纳：　制证：

表9.27 记账凭证

年 月 日　　　　第 号

摘要	借方科目			贷方科目			金额								
	总账科目	明细科目	记账	总账科目	明细科目	记账	百	十	万	千	百	十	元	角	分
结算方式、票号：				合计金额											

附原始凭证 张

会计主管：　记账：　复核：　出纳：　制证：

谈谈说说讲讲。结合党的二十大报告和任务9教学内容，请说出“三个不动摇”是什么？如何理解？

任务9 学习成绩评价表

班级____ 姓名____ 任务名称____ 任务学习时间____ 任务组长____

评价项	评价内容及关键点	评价标准	评价者与评分比重			任务得分		项目得分
			教师评价（30%）	本人评价（30%）	组员评价（40%）	每项分值	任务总分值	
任务9	典型任务完成情况							

续 表

评价项	评价内容及关键点	评价标准	评价者与评分比重			任务得分		项目得分
			教师评价（30%）	本人评价（30%）	组员评价（40%）	每项分值	任务总分值	
任务9	任务训练1完成情况 任务训练2完成情况 任务训练3完成情况 任务训练4完成情况 谈谈说说讲讲情况							

项目总结

（一）账账核对错账更正方法

在账账核对过程中，一旦发现记账错误，我们要查找错账的原因，分析错账的类型，按规定的方法进行更正。

1. 划线更正法

在账簿登记过程中，记账凭证没错，只是登账过程中出现了文字或数字的抄写错误，应采用划线更正法。更正办法：先在错误的文字或数字上划一红线，然后在划线上方用蓝色或黑色墨水填写正确的记录。在划线时，如果是文字错误，可只划去错误的文字；如果是数字错误，应将数字全部划去，不能只划去错误数字。划线时必须注意使原来的错误字迹仍可辨认。更正后，经办人在划线一端盖章，以示负责。

2. 红字更正法

记账后，发现记账凭证中的会计科目运用错误或会计科目没错但所填金额大于应记金额，应采用红字更正法。更正方法：①如果是会计科目运用错误，填写一张与原错误凭证完全相同的红字金额凭证，用红字金额登记入账，再编制一张正确的蓝字凭证，用蓝字登记入账。②如果记账凭证中的会计科目填写正确，但所记金额大于应记金额并已登记入账，只需编制一张与原错误记账凭证会计科目相同，金额为多记金额的红字凭证，并用红字登记入账即可。

3. 补充登记法

在记账后，发现记账凭证会计科目填写正确，只是所填金额小于实际金额，可采用补充登记法进行更正。更正时，可将少记金额填制一张与原记账凭证会计科目完全相同的记账凭证，用蓝字补充登记入账。

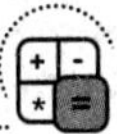

（二）账实核对账务处理

在账实核对过程中也难免出现账实不符的现象，应按规定的方法进行账务处理。

1. 现金的清查

对于现金和存货清查过程中出现的盘盈、盘亏，首先应通过“待处理财产损溢”账户，调整账面记录，使其账实相符；然后再对账实不符的原因进行分析，按其原因和责任做出相应的账务处理。

2. 银行存款清查

对于银行存款清查过程中出现的银行对账单和日记账余额不一致情况，首先应排除记账错误，然后将日记账与对账单逐笔核对，找出未达账项，编制银行存款余额调节表，以确定实际可动用的银行存款余额。但绝对不可以依据银行对账单来和银行存款余额调节表来调整银行存款日记账的账面余额。

3. 往来款项的清查

对于往来款项清查过程中发现的无法收回的应收账款，可直接冲减坏账准备，对于无法支付的应付款项可直接转入营业外收入。

项目4　编制物流企业会计报表

项目导言

物流企业的会计人员必须会编制企业的财务报表。编制财务报表，向财务报表使用者提供对决策有用的信息，是会计人员的一项重要工作。企业股东、债权人、内部经营决策者、供应商、客户、政府部门等报表使用者，从不同的角度，了解企业的财务报表，关心企业的财务状况和经营成果，获取各自所需的信息，得出各自所需的结论。因此会计人员责任重大，绝对不可出现略报、省报和错报，一定要按公允的会计准则完成财务报表的编制。到底物流企业需要编制哪些报表，如何编制这些报表，是本项目应解决的关键问题。

项目目标

1. 终极目标：能根据企业的客观实际，公允客观地完成资产负债表和利润表的编制，并能看懂其他报表。

2. 促成目标：

（1）弘扬劳动和工匠精神，根据企业的客观实际，完成资产负债表的编制。

（2）实事求是，完成利润表的编制。

（3）学法守规，熟悉会计档案保管的相关规定。

（4）结合对党的二十大报告的学习，培养学生的劳动精神、奋斗精神、奉献精神、创造精神、勤俭节约精神。

项目任务

1. 编制摸清企业家底的资产负债表。

2. 编制备受企业关注的利润表。

3. 认知其他报表，保管好会计档案。

任务10　编制摸清企业家底的资产负债表

课程思政：
深入学习贯彻党的二十大精神：
新时代坚持实事求是
要树立“四种意识”

1. 典型任务引入

20×3年12月月末，被红云制药厂录用的李刚同学试用期满，企业对其进行业务考核，准备签正式录用合同。于是，主抓财务的领导、人事科长、财务科长出了三个考核题，以答辩的方式对其进行了考核。

（1）财务报表的“四大成员”是谁，即企业会计期末需编制的会计报表有哪些？

（2）编制企业会计报表有哪些要求？

（3）简述会企01表的结构及其相互关系？

（4）说明存货、应收账款、应付账款、固定资产、长期借款、实收资本及合同资产的填列方法。

请问：如果你是李刚同学，应如何回答？

2. 典型任务分析

会计人员从期初建账开始，经过填制、审核原始凭证→填制、审核记账凭证→登记会计账簿→对账→结账，做了大量的工作，但这并不是会计工作的终点，也不是会计的目标。会计的目标是向会计信息使用者提供对其决策有用的会计信息，为会计信息使用者进行财务分析和决策提供依据。这些会计信息的具体表达形式是会计报表，会计报表的质量直接影响会计信息的质量。因此，正确编制会计报表，熟悉会计报表的种类、编制要求极其重要。企业应编制的第一个报表，即会企01资产负债表，是摸清企业家底，反映企业财务状况的重要报表。学习过程中应关注如图10.1所示的工作流程。

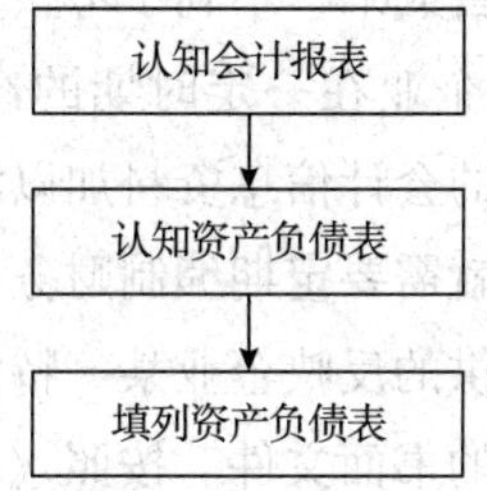

图10.1　编制资产负债表工作流程

3. **典型任务实施**

典型任务实施过程见表 10.1。

表 10.1　典型任务实施过程

序号	实施步骤	使用的资源	实施结果
1	认知会计报表	会计报表	熟悉会计报表的构成及填列要求
2	认知资产负债表	资产负债表	熟悉资产负债表的结构及各项目的含义和关系
3	填列资产负债表	会计账簿、资产负债表	正确、完整填列资产负债表

4. **典型任务总结**

学生通过学习活动，完成典型任务分析，并加以总结，填入表 10.2。

表 10.2　典型任务分析总结表

问题	答案
(1)	
(2)	
(3)	
(4)	

任务知识和技能

10.1　认知会计报表

10.1.1　财务报告的构成

企业在日常会计核算中，对所发生的各项交易或事项，按照会计核算的质量要求，采用一定的会计方法，进行了确认和计量，并将确认、计量的结果进行记录，登记到有关账簿中。但是，分散在许多账簿的资料，不能总括反映企业经济活动的全貌，不便于会计信息使用者了解企业的财务状况和经营成果，不利于考核企业的经营管理情况。为了使会计信息的使用者能够一目了然地了解企业在一定时期的经营成果和财务状况，便于进行预测、决策，就需要对分散在账簿中的会计信息资料加以汇总整理，形成一整套反映企业财务状况和经营成果的指标体系，这就需要定期编制财务会计报告。

财务会计报告是指企业对外提供的反映企业某一特定日期的财务状况和某一会计期间的经营成果、现金流量等会计信息的书面文件。按照《企业会计准则》规定，财务会计报告应当包括会计报表和其他应当在财务报告中披露的相关信息和资料。

会计报表是财务会计报告的主体和核心。它是根据会计账簿记录和有关资料按照规定的格式，总括反映企业一定期间经营活动和财务收支情况及其结果的一种报告文件。财务报表至少应当包括资产负债表、利润表、现金流量表、所有者权益（或股东权益）变动表及财务报表附注等。小企业编制的会计报表可不包括现金流量表。

相关信息和资料是在会计报表所反映情况的基础上，对企业财务状况、经营成果、资金周转情况及其发展前景所作的总括说明，它也是财务报告的重要组成部分。财务报告的构成如图10.2所示。

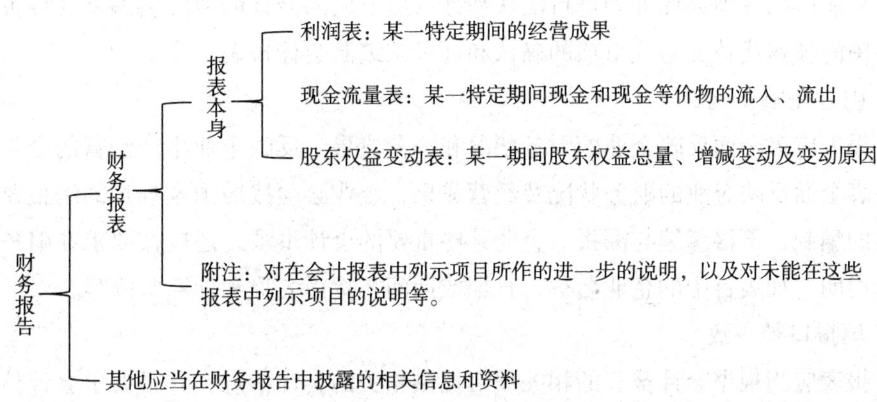

图10.2 财务报告的构成

10.1.2 财务报表的分类

财务会计报表可按照不同的标准进行分类。

第一，按财务报表按其反映的经济内容分类，可分为资产负债表、利润表、现金流量表和所有者权益变动表。

第二，按财务报表按其编制时间分类，可分为中期财务报表和年度财务报表。中期财务报表是以短于一个完整会计年度的报告期间为基础编制的财务报表，包括月报、季报和半年报等。中期财务报表至少应当包括资产负债表、利润表、现金流量表和附注。其中，中期资产负债表、利润表和现金流量表应当是完整报表，其格式和内容应当与年度资产负债表、利润表和现金流量表相一致。附注作为中期报表内容可简单些，若作为年度报表必须全面披露。所有者权益变动表是年度财务报表。

第三，按财务报表按其报送的对象分类，可分为对内财务报表和对外财务报表。对内财务报表是指为企业内部服务、向企业管理者提供的财务报表，如成本报表。对外财务报表是指对企业外部有关方面提供的财务报表，如资产负债表、利润表等。

第四，按财务报表按编报的主体分类，可分为个别报表和合并报表。个别报表是由企业在自身会计核算基础上，对账簿记录进行加工而编制的财务报表，它主要反映企业自身的财务状况、经营成果和现金流量情况。合并报表是以母公司和子公司组成的企业集团为会计主体，根据母公司和所属子公司的财务报表，由母公司编制的综合反映企业集团财务状况、经营成果和现金流量的财务报表。

10.1.3 财务报表的编报要求

为了充分发挥财务报表的作用，保证会计信息的质量，在编制财务报表时，应符合以下基本要求。

（1）依据会计准则确认和计量的结果编制会计报表

企业只能依据各项会计准则进行确认和计量后形成的会计账簿资料编制会计报表。不应以附注中的披露代替交易或事项的确认和计量来编制会计报表。

（2）内容完整

财务报表应该全面反映企业的财务状况和经营成果，反映企业生产经营的全貌。为了使会计报表全面反映企业的财务状况及经营成果，企业必须按照国家规定的编报要求进行财务报表的编制，不得漏编与漏报。企业某些重要的会计事项，还应按要求在财务报表附注中进行说明。如表首中的企业名称、日期或期间、货币名称和计算单位等。

（3）填报口径一致

财务报表应当根据会计报表的相关项目提供相关的会计信息，并且要求会计信息在前后各期核算口径一致，具有可比性。这将有利于会计信息使用者预测未来事项及分析其变化趋势，有利于做出正确的经营决策。

（4）填列比较信息

企业填列的会计报表，至少应当提供所有列报项目上一可比会计期间的比较数据，如上期数或期初数，以利于报表使用者正确使用。

（5）企业至少应编制年度财务报表

企业的会计年度是公历 1 月 1 日起至 12 月 31 日止。在编制年度报表时，可能存在年度的财务报表涵盖的期间短于一年的情况。在这种情况下，企业应当披露财务报表的实际期间及短于一年的原因，以及财务报表项目与比较数据不具可比性这一事实。

10.2 认知资产负债表

微课：
资产负债表的内容与结构

10.2.1 资产负债表内涵

资产负债表是企业对外编制的第一张报表，简称会企 01。它反映企业在某一特定日期的财务状况，其主要内容包括企业拥有的资产、承担的债务及所享有的权益。时点不同，企业的财务状况不同，是现阶段企业的经济实力和家底的具体体现，表明企业取得资金的方式与来路和这些资金的使用状态与去向。特定日期分别指会计期间中会计年度的年末及中期的月末、季末和半年末（如 6 月 30 日）等。

 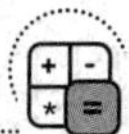

资产负债表是根据“资产 = 负债 + 所有者权益”这一平衡公式，依照一定的分类标准和一定的次序，将某一特定日期的资产、负债、所有者权益的具体项目予以适当排列编制而成。资产、负债和所有者权益是资产负债表的三大件。通过资产负债表，可以反映企业在某一特定日期所拥有或控制的经济资源、所承担的现时义务和所有者对净资产的要求权，帮助财务报表使用者全面了解企业的财务状况，分析企业的偿债能力等情况，从而为其做出经济决策提供依据。

10.2.2 资产负债表的结构

资产负债表一般由表首、表体两部分组成。表首部分应列明报表名称、编制单位名称，资产负债表日、报表编号和计量单位；表体部分是资产负债表的主体，列示了用以说明企业财务状况的各个项目。

资产负债表的表体格式一般有两种：报告式资产负债表和账户式资产负债表。报告式资产负债表是上下结构，上半部分列示资产各项目，下半部分列示负债和所有者权益各项目。账户式资产负债表是左右结构，左边列示资产各项目，反映全部资产的分布及存在状态；右边列示负债和所有者权益各项目，反映全部负债和所有者权益的内容及构成情况。不管采取什么格式，资产各项目的合计一定等于负债和所有者权益各项目的合计。

我国企业的资产负债表采用账户式结构，分为左右两方，左方为资产项目，大体按资产的流动性大小排列，流动性大的资产如“货币资金”“交易性金融资产”等排在前面，流动性小的资产如“长期股权投资”“固定资产”等排在后面。右方为负债及所有者权益项目，一般按要求清偿时间的先后顺序排列，“短期借款”“应付票据”及“应付账款”等须在一年以内或者长于一年的一个正常营业周期内偿还的流动负债排在前面，“长期借款”等在一年以上才须偿还的非流动负债排在中间，在企业清算之前不须偿还的所有者权益项目排在后面。

账户式资产负债表中的资产各项目的合计等于负债和所有者权益各项目的合计，即资产负债表左方和右方平衡。通过账户式资产负债表，可以反映资产、负债、所有者权益之间的内在关系，即“资产 = 负债 + 所有者权益”。我国一般企业资产负债表格式如表10.3所示。

表10.3　　资产负债表

会企01表

编制单位：　　　　____年____月____日　　　　单位：元

资产	期末余额	上年年末余额	负债和股东权益	期末余额	上年年末余额
流动资产：			流动负债：		
货币资金			短期借款		
交易性金融资产			交易性金融负债		

续 表

资产	期末余额	上年年末余额	负债和股东权益	期末余额	上年年末余额
衍生金融资产			衍生金融负债		
应收票据			应付票据		
应收账款			应付账款		
应收款项融资			预收款项		
预付款项			合同负债		
其他应收款			应付职工薪酬		
存货			应交税费		
合同资产			其他应付款		
持有待售资产			持有待售负债		
一年内到期的非流动资产			一年内到期的非流动负债		
其他流动资产			其他流动负债		
流动资产合计			流动负债合计		
非流动资产：			非流动负债：		
债权投资			长期借款		
其他债权投资			应付债券		
长期应收款			其中：优先股		
长期股权投资			永续债		
其他权益工具投资			租赁负债		
其他非流动金融资产			长期应付款		
投资性房地产			预计负债		
固定资产			递延收益		
在建工程			递延所得税负债		
生产性生物资产			其他非流动负债		
油气资产			非流动负债合计		
使用权资产			负债合计		
无形资产			所有者权益（或股东权益）：		
开发支出			实收资本（或股本）		
商誉			其他权益工具		
长期待摊费用			其中：优先股		
递延所得税资产			永续债		

续 表

资产	期末余额	上年年末余额	负债和股东权益	期末余额	上年年末余额
其他非流动资产			资本公积		
非流动资产合计			减：库存股		
			其他综合收益		
			专项储备		
			盈余公积		
			未分配利润		
			所有者权益（或股东权益）合计		
资产总计			负债和所有者权益（或股东权益）总计		

10.3 填列资产负债表

微课：
资产负债表的编制

10.3.1 资产负债表项目的填列方法

1. “上年年末余额”栏填列方法

资产负债表的“上年年末余额”栏内各项数字，应根据上年年末资产负债表的“期末余额”栏内所列数字填列。如果上年度资产负债表规定的各个项目的名称和内容与本年度不一致，应按照本年度的规定对上年年末资产负债表各项目的名称和数字进行调整，填入本表“上年年末余额”栏内。

2. “期末余额”栏填列方法

“期末余额”栏，由于各栏目的性质和内容不同，有以下五种填列方法。

（1）根据总账科目余额直接填列或计算填列

如“短期借款”“资本公积”等项目，根据“短期借款”“资本公积”各总账科目的余额直接填列；有些项目则需根据几个总账科目的期末余额计算填列，如“货币资金”项目，需根据“库存现金”“银行存款”“其他货币资金”三个总账科目的期末余额的合计数填列。

（2）根据明细账科目余额分析计算填列

如“应付账款”项目，需要根据“应付账款”和“预付账款”两个科目所属的相关明细科目的期末贷方余额计算填列；“预付款项”项目，需要根据“应付账款”科目和“预付账款”科目所属的相关明细科目的期末借方余额减去与“预付账款”有关的坏账准备贷方余额计算填列；“预收款项”项目，需要根据“应收账款”科目和“预收账款”科目所属相关明细科目的期末贷方金额合计填列；“开发支出”项目，需要根据“研发支出”科目中所属的“资本化支出”明细科目期末余额计算填列；“应付职工薪酬”项目，需要根据“应付职工薪酬”科目的明细科目期末余额计算填列；“一年内到期的非流动资产”“一年内到期的非流动负债”项目，需要根据相关非流动资产和非流动负债项目的明细科目余额计算填列。

（3）根据总账科目和明细账科目余额分析计算填列

如“长期借款”项目，需要根据“长期借款”总账科目余额扣除“长期借款”科目所属的明细科目中将在一年内到期且企业不能自主地将清偿义务展期的长期借款后的金额计算填列；“其他非流动资产”项目，应根据有关科目的期末余额减去将于一年内（含一年）收回数后的金额计算填列，“其他非流动负债”项目，应根据有关科目的期末余额减去将于一年内（含一年）到期偿还数后的金额计算填列。

（4）根据有关科目余额减去其备抵科目余额后的净额填列

如资产负债表中“应收票据”“应收账款”“长期股权投资”“在建工程”等项目，应当根据“应收票据”“应收账款”“长期股权投资”“在建工程”等科目的期末余额减去“坏账准备”“长期股权投资减值准备”“在建工程减值准备”等备抵科目余额后的净额填列。“投资性房地产”（采用成本模式计量）、“固定资产”项目，应当根据“投资性房地产”“固定资产”科目的期末余额，减去“投资性房地产累计折旧”“投资性房地产减值准备”“累计折旧”“固定资产减值准备”等备抵科目的期末余额，以及“固定资产清理”科目期末余额后的净额填列；“无形资产”项目，应当根据“无形资产”科目的期末余额，减去“累计摊销”“无形资产减值准备”等备抵科目余额后的净额填列。

（5）综合运用上述填列方法分析填列。如资产负债表中的“存货”项目，需要根据“原材料”“库存商品”“委托加工物资”“周转材料”“材料采购”“在途物资”“发出商品”“材料成本差异”等总账科目期末余额的分析汇总数，再减去“存货跌价准备”科目余额后的净额填列。

10.3.2 资产负债表项目的填列说明

1. 简单常用资产项目的填列

（1）“货币资金”项目填列

反映企业库存现金，为银行结算户存款、外埠存款、银行汇票存款、银行本票存款、信用卡存款、信用证保证金存款等的合计数。本项目应根据“库存现金”“银行存款”“其他货币资金”科目期末余额的合计数填列。

【案例10.1】 20×3年12月31日，森达物流公司“库存现金”科目余额为0.2万元，“银行存款”科目余额为689.8万元，“其他货币资金”科目余额为283.5万元。请填列资

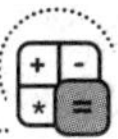

产负债表相关项目。

【案例解析及报表项目填列】

20×3 年 12 月 31 日，森达物流公司资产负债表中“货币资金”项目“期末余额”栏的列报：

货币资金（期末余额）=0.2+689.8+283.5=973.5（万元）。

（2）“应收票据”项目的填列

反映资产负债表日企业因销售商品、提供服务等收到的商业汇票，包括银行承兑汇票和商业承兑汇票。该项目应根据“应收票据”科目的期末余额，减去“坏账准备”科目中因“应收票据”计提的坏账准备期末余额后的金额分析填列。

【案例 10.2】 20×3 年 12 月 31 日，森达物流公司“应收票据”科目的余额为 130 万元；“坏账准备”科目中有关应收票据计提的坏账准备余额为 45 万元。请填列资产负债表相关项目。

【案例解析及报表项目填列】

20×3 年 12 月 31 日，森达物流公司资产负债表中“应收票据”项目“期末余额”栏的列报：

应收票据（期末余额）=130－45=85（万元）。

（3）“应收账款”项目的填列

反映资产负债表日企业因销售商品、提供服务等经营活动应收取的款项。该项目应根据“应收账款”和“预收账款”科目所属各明细科目的期末借方余额合计数减去“坏账准备”科目中根据“应收账款”和“预收账款”期末余额计提的坏账准备的金额分析填列。若“应收账款”和“预收账款”科目所属明细科目期末为贷方余额的，应在资产负债表“预收账款”项目内填列。

【案例 10.3】 20×3 年 12 月 31 日，森达物流公司，其有关科目余额如下：“应收账款”明细分类账的借方余额合计为 1 600 000 元，明细分类账贷方余额合计为 100 000 元；“预收账款”明细分类账的借方余额合计为 600 000 元，明细分类账贷方余额合计为 1 400 000 元，根据“应收账款”计提的坏账准备为 20 000 元。请填列资产负债表相关项目。

【案例解析及报表项目填列】

则资产负债表中有关“应收账款”和“预收账款”项目的填列如下：

应收账款（期末余额）=1 600 000+600 000－20 000=2 180 000（元）

预收账款（期末余额）=1 400 000+100 000=1 500 000（元）

（4）“预付款项”项目的填列

反映企业按照购货合同规定预付给供应单位的款项等。本项目应根据“预付账款”和“应付账款”科目所属各明细科目的期末借方余额合计数，减去“坏账准备”科目中有关预付账款计提的坏账准备期末余额后的净额填列。如“预付账款”“应付账款”科目所属明细科目期末为贷方余额的，应在资产负债表“应付账款”项目内填列。

【案例10.4】 20×1年12月31日，森达有限责任公司，其有关科目余额如下：“应付账款——甲”贷方余额为200 000元，“应付账款——乙”借方余额为100 000元，“应付账款——丙”贷方余额为80 000元；“预付账款——丁”借方余额为50 000元，“预付账款——戊”贷方余额为40 000元，请填列资产负债表相关项目。

【案例解析及报表项目填列】

应付账款 =200 000 +80 000 +40 000 =320 000（元）

预付账款 =100 000 +50 000 =150 000（元）

（5）“其他应收款”项目的填列

反映企业除应收票据、应收账款、预付账款等经营活动以外的其他各种应收、暂付的款项。本项目应根据“应收利息”“应收股利”和“其他应收款”科目的期末余额合计数，减去“坏账准备”科目中相关坏账准备期末余额后的金额填列。其中，“应收利息”仅反映相关金融工具已到期可收取但于资产负债表日尚未收到的利息。

（6）“存货”项目的填列

反映企业期末在库、在途和在加工中的各种存货的可变现净值或成本（成本与可变现净值孰低）。存货包括各种材料、商品、在产品、半成品、包装物、低值易耗品、发出商品等。本项目应根据“材料采购”“原材料”“库存商品”“周转材料”“委托加工物资”“发出商品”“生产成本”“受托代销商品”等科目的期末余额合计数，减去“受托代销商品款”“存货跌价准备”科目期末余额后的净额填列。材料采用计划成本核算、库存商品采用计划成本核算或售价核算的企业，还应按加或减材料成本差异、减商品进销差价后的金额填列。

【案例10.5】 20×3年12月31日，森达物流公司有关科目余额如下：“发出商品”科目借方余额为700万元，“生产成本”科目借方余额为400万元，“原材料”科目借方余额为150万元，“委托加工物资”科目借方余额为200万元，“材料成本差异”科目借方余额为25万元，“存货跌价准备”科目贷方余额为100万元，“受托代销商品”科目借方余额为400万元，“受托代销商品款”科目贷方余额为400万元，请填列资产负债表相关项目。

【案例解析及报表项目填列】

则20×3年12月31日，森达物流公司资产负债表中“存货”项目“期末余额”栏的列报：

存货（期末余额）=700 +400 +150 +200 +25 −100 +400 −400 =1 375（万元）。

（7）“合同资产”项目的填列

反映企业按照《企业会计准则第14号——收入》的相关规定，根据本企业履行履约义务与客户付款之间的关系在资产负债表中列示的合同资产。“合同资产”项目应根据

“合同资产”科目的相关明细科目期末余额分析填列，同一合同下的合同资产和合同负债应当以净额列示，其中净额为借方余额的，应当根据其流动性在“合同资产”或“其他非流动资产”项目中填列，已计提减值准备的，应以减去“合同资产减值准备”科目中相关的期末余额后的金额填列；其中净额为贷方余额的，应当根据其流动性在“合同负债”或“其他非流动负债”项目中填列。

（8）“持有待售资产”项目的填列

反映资产负债表日持有待售类别的处置组中的流动资产和非流动资产的期末账面价值。该项目应根据“持有待售资产”科目的期末余额，减去“持有待售资产减值准备”科目的期末余额后的金额填列。

【案例10.6】森达物流公司计划出售一项固定资产，该固定资产于20×3年12月31日被划分为持有待售固定资产，其账面价值为300万元，从划归为持有待售的下个月起停止计提折旧。不考虑其他因素，请填列资产负债表相关项目。

【案例解析及报表项目填列】

20×3年12月31日，森达物流公司资产负债表中“持有待售资产”项目“期末余额”栏的列报：

持有待售资产（期末余额）=300万元。

（9）“一年内到期的非流动资产”项目的填列

反映企业预计自资产负债表日起一年内变现的非流动资产。本项目应根据有关科目的期末余额分析填列。

（10）“固定资产”项目的填列

反映资产负债表日企业固定资产的期末账面价值和企业尚未清理完毕的固定资产清理净损益。该项目应根据“固定资产”科目的期末余额，减去“累计折旧”和“固定资产减值准备”科目的期末余额后的金额，以及“固定资产清理”科目的期末余额填列。

【案例10.7】20×3年12月31日，森达物流公司“固定资产”科目借方余额为3 800万元，“累计折旧”科目贷方余额为1 500万元，“固定资产减值准备”科目贷方余额为500万元，“固定资产清理”科目借方余额为500万元。请填列资产负债表相关项目。

【案例解析及报表项目填列】

20×3年12月31日，森达有限责任公司资产负债表中“固定资产”项目期末余额栏的列报：

固定资产（期末余额）=3 800－1 500－500+500=2 300（万元）。

（11）“在建工程”项目的填列

反映资产负债表日企业尚未达到预定可使用状态的在建工程的期末账面价值和企业为在建工程准备的各种物资的期末账面价值。该项目应根据“在建工程”科目的期末余额，减去“在建工程减值准备”科目的期末余额后的金额，以及“工程物资”科目的期末余额，减去“工程物资减值准备”科目的期末余额后的金额填列。

(12)“无形资产”项目的填列

反映企业持有的专利权、非专利技术、商标权、著作权、土地使用权等无形资产的成本减去累计摊销和减值准备后的净值。本项目应根据“无形资产”科目的期末余额，减去“累计摊销”和“无形资产减值准备”科目期末余额后的净额填列。

【案例 10.8】20×3 年 12 月 31 日，森达物流公司“无形资产”科目借方余额为1 000 万元，“累计摊销”科目贷方余额为 200 万元，“无形资产减值准备”科目贷方余额为 100 万元，请填列资产负债表相关项目。

【案例解析及报表项目填列】

20×3 年 12 月 31 日，森达物流公司资产负债表中“无形资产”项目“期末余额”栏的列报：

无形资产（期末余额）=1 000－200－100=700（万元）。

2. 简单常用负债项目的填列

(1)“短期借款”项目的填列

反映企业向银行或其他金融机构等借入的期限在一年以下（含一年）的各种借款。本项目应根据“短期借款”科目的期末余额直接填列。

【案例 10.9】20×3 年 12 月 31 日，森达物流公司“短期借款”科目的余额如下所示：银行质押借款 10 万元，信用借款 45 万元。请填列资产负债表相关项目。

【案例解析及报表项目填列】

20×3 年 12 月 31 日，森达物流公司资产负债表中“短期借款”项目“期末余额”栏的列报：

短期借款（期末余额）=10+45=55（万元）。

(2)“应付票据”项目的填列

反映资产负债表日企业因购买材料、商品和接受服务等开出、承兑的商业汇票，包括银行承兑汇票和商业承兑汇票。该项目应根据“应付票据”科目的期末余额填列。

【案例 10.10】20×3 年 12 月 31 日，森达物流公司“应付票据”科目的余额如下所示：银行承兑汇票为 20 万元，商业承兑汇票为 15 万元。请填列资产负债表相关项目。

【案例解析及报表项目填列】

20×3 年 12 月 31 日，森达有限责任公司资产负债表中“应付票据”项目“期末余额”栏的列报：

应付票据（期末余额）=20+15=35（万元）。

(3)“应付账款”项目的填列

反映资产负债表日企业因购买材料、商品和接受服务等经营活动应支付的款项。该项目应根据“应付账款”和“预付账款”科目所属的相关明细科目的期末贷方余额合计数填列。

(4)“预收款项”项目的填列

反映企业按照购货合同规定预收供应单位的款项。本项目应根据“预收账款”和“应收账款”科目所属各明细科目的期末贷方余额合计数填列。如“预收账款”科目所属明细科目期末为借方余额的，应在资产负债表“应收账款”项目内填列。

(5)“应付职工薪酬”项目的填列

反映企业为获得职工提供的服务或解除劳动关系而给予的各种形式的报酬或补偿。本项目应根据“应付职工薪酬”科目所属各明细科目的期末贷方余额分析填列。外商投资企业按规定从净利润中提取的职工奖励及福利基金，也在本项目列示。

【案例 10.11】20×3 年 12 月 31 日，森达物流公司“应付职工薪酬”科目明细项目为：工资 70 万元，社会保险费（含医疗保险、工伤保险）4 万元，设定提存计划（含基本养老保险费）2.5 万元，住房公积金 2 万元，工会经费 1 万元。请填列资产负债表相关项目。

【案例解析及报表项目填列】

20×3 年 12 月 31 日，森达物流公司资产负债表中“应付职工薪酬”项目“期末余额”栏的列报：

应付职工薪酬（期末余额）=70+4+2.5+2+1=79.5（万元）。

(6)“应交税费”项目的填列

反映企业按照税法规定计算应交纳的各种税费，包括增值税、消费税、城市维护建设税、教育费附加、企业所得税、资源税、土地增值税、房产税、城镇土地使用税、车船税等。企业代扣代缴的个人所得税，也通过本项目列示。企业所交纳的税金不需要预计应交数的，如印花税、耕地占用税等，不在本项目列示。本项目应根据“应交税费”明细科目的期末贷方余额分析计算填列。需要说明的是，“应交税费”科目下的“应交增值税”“未交增值税”“待抵扣进项税额”“待认证进项税额”“增值税留抵税额”等明细科目借方余额应根据情况，在资产负债表中“其他流动资产”或“其他非流动资产”项目列示；“应交税费——待转销项税额”等科目期末贷方余额应根据情况，在资产负债表中的“其他流动负债”或“其他非流动负债”项目列示；“应交税费”科目下的“未交增值税费”“简易计税”“转让金融产品应交增值税”“代扣代交增值税”等科目期末贷方余额应在资产负债表中的“应交税费”项目列示。

(7)“其他应付款”项目的填列

反映企业除应付票据、应付账款、预收账款、应付职工薪酬、应交税费等经营活动以外的其他各项应付、暂收的款项。本项目应根据“应付利息”“应付股利”“其他应付款”科目的期末余额合计数填列。其中，“应付利息”科目仅反映相关金融工具已到期应支付但于资产负债表日尚未支付的利息。

（8）“一年内到期的非流动负债”项目的填列

反映企业非流动负债中将于资产负债表日后一年内到期部分的金额，如将于一年内偿还的长期借款。本项目应根据非流动负债的有关科目的期末余额分析填列。

（9）“长期借款”项目的填列

反映企业向银行或其他金融机构借入的期限在一年以上（不含一年）的各项借款。本项目应根据“长期借款”科目的期末余额，扣除“长期借款”科目所属的明细科目中将在资产负债表日起一年内到期且企业不能自主地将清偿义务展期的长期借款后的金额计算填列。

【案例 10.12】森达有限责任公司 20×3 年 12 月 31 日，“长期借款”科目余额见表 10.4。请填列资产负债表相关项目。

表 10.4　　森达物流公司长期借款明细资料

长期借款到期日	借款期限/年	金额/万元
20×6 年 12 月 31 日	5	90
20×5 年 12 月 31 日	3	60
20×4 年 12 月 31 日	3	5
合计		155

【案例解析及报表项目填列】

森达物流公司在 20×3 年 12 月 31 日资产负债表中有关长期借款的填列：

长期借款（期末余额）=1 550 000 - 50 000 = 1 500 000（元）。

一年内到期的非流动负债（期末余额）=50 000（元）。

（10）“应付债券”项目的填列

反映企业为筹集长期资金而发行的债券本金及应付的利息。本项目应根据“应付债券”科目的期末余额分析填列。对于资产负债表日企业发行的金融工具，分类为金融负债的，应在本项目填列，对于优先股和永续债还应在本项目下的“优先股”项目和“永续债”项目分别填列。

（11）“其他非流动负债”项目的填列

反映除“长期借款”“应付债券”“租赁负债”“长期应付款”“预计负债”“递延收益”“递延所得税负债”等非流动负债以外的其他非流动负债。本项目应根据有关科目期末余额，减去将于一年内（含一年）到期偿还数后的余额分析填列。非流动负债各项目中将于一年内（含一年）到期的非流动负债，应在“一年内到期的非流动负债”项目内反映。

3. **常用所有者权益项目的填列**

（1）“实收资本（或股本）”项目的填列

反映企业各投资者实际投入的资本（或股本）总额。本项目应根据“实收资本（或股本）”科目的期末余额填列。

【案例10.13】森达物流公司成立时，其注册资本为人民币5 000万元，并由相关会计师事务所验资并出具了验资报告，投入的资本至今未发生变动。请填列资产负债表相关项目。

【案例解析及报表项目填列】

20×3年12月31日，森达物流公司资产负债表中“实收资本（或股本）”项目的填列：

实收资本（期末余额）=5 000万元。

（2）“其他权益工具”项目的填列

反映资产负债表日企业发行在外的除普通股以外分类为权益工具的金融工具的期末账面价值，并下设“优先股”和“永续债”两个项目，分别反映企业发行的分类为权益工具的优先股和永续债的账面价值。

（3）“资本公积”项目的填列

反映企业收到投资者出资超出其在注册资本或股本中所占的份额以及直接计入所有者权益的利得和损失等。本项目应根据“资本公积”科目的期末余额填列。

（4）“其他综合收益”项目的填列

反映企业其他综合收益的期末余额。本项目应根据“其他综合收益”科目的期末余额填列。

（5）“专项储备”项目的填列

反映高危行业企业按国家规定提取的安全生产费的期末账面价值。本项目应根据“专项储备”科目的期末余额填列。

（6）“盈余公积”项目的填列

反映企业盈余公积的期末余额。本项目应根据“盈余公积”科目的期末余额填列。

（7）“未分配利润”项目的填列

反映企业尚未分配的利润。本项目应根据“本年利润”科目和“利润分配”科目及上年的未分配利润的余额计算填列。未弥补的亏损在本项目内以“—”号填列。

【案例10.14】森达物流公司20×3年全年实现净利润为400万元，按当年净利润的60%提取盈余公积，20×2年年末，公司有未分配利润40万元，盈余公积为20万元。请填列资产负债表相关项目。

【案例解析及报表项目填列】

该公司20×3年年末资产负债表的未分配利润（年末余额）=40+400×40%=200（万元）

盈余公积（年末余额）=400×60%+20=260（万元）。

根据上述计算，森达物流公司编制 20×3 年 12 月 31 日的资产负债表如表 10.5 所示（上年年末余额略）。

表 10.5 **资产负债表**

会企 01 表

编制单位：森达有限责任公司 20×3 年 12 月 31 日 单位：元

资产	期末余额	上年年末余额	负债和股东权益	期末余额	上年年末余额
流动资产：			流动负债：		
货币资金	9 735 000		短期借款	550 000	
交易性金融资产			交易性金融负债		
衍生金融资产			衍生金融负债		
应收票据	850 000		应付票据	350 000	
应收账款	2 180 000		应付账款	320 000	
应收款项融资			预收款项	1 500 000	
预付款项	150 000		合同负债		
其他应收款			应付职工薪酬	795 000	
存货	13 750 000		应交税费		
合同资产			其他应付款		
持有待售资产	3 000 000		持有待售负债		
一年内到期的非流动资产			一年内到期的非流动负债	50 000	
其他流动资产			其他流动负债		
流动资产合计	29 665 000		流动负债合计	3 565 000	
非流动资产：			非流动负债：		
债权投资			长期借款	1 500 000	
其他债权投资			应付债券		
长期应收款			其中：优先股		
长期股权投资			永续债		
其他权益工具投资			租赁负债		
其他非流动金融资产			长期应付款		
投资性房地产			预计负债		
固定资产	23 000 000		递延收益		
在建工程			递延所得税负债		
生产性生物资产			其他非流动负债		

续　表

资产	期末余额	上年年末余额	负债和股东权益	期末余额	上年年末余额
油气资产			非流动负债合计	1 500 000	
使用权资产			负债合计	5 065 000	
无形资产	7 000 000		所有者权益（或股东权益）：		
开发支出			实收资本（或股本）	50 000 000	
商誉			其他权益工具		
长期待摊费用			其中：优先股		
递延所得税资产			永续债		
其他非流动资产			资本公积		
非流动资产合计	30 000 000		减：库存股		
			其他综合收益		
			专项储备		
			盈余公积	2 600 000	
			未分配利润	2 000 000	
			所有者权益（或股东权益）合计	54 600 000	
资产总计	59 665 000		负债和所有者权益（或股东权益）总计	59 665 000	

【案例10.15】森达物流公司20×2年12月31日的资产负债表（上年年末余额略）及20×3年12月31日科目余额表如表10.6和表10.7所示。

表10.6　资产负债表

会企01表

编制单位：森达物流公司　　20×2年12月31日　　单位：元

资产	期末余额	上年年末余额	负债和股东权益	期末余额	上年年末余额
流动资产：			流动负债：		
货币资金	1 406 400		短期借款	300 000	
交易性金融资产	15 000		交易性金融负债		
衍生金融资产			衍生金融负债		
应收票据	246 000		应付票据	200 000	

续 表

资产	期末余额	上年年末余额	负债和股东权益	期末余额	上年年末余额
应收账款	299 000		应付账款	953 800	
应收款项融资			预收款项		
预付款项	100 000		合同负债		
其他应收款	5 000		应付职工薪酬	110 000	
存货	2 580 000		应交税费	36 600	
合同资产			其他应付款	51 000	
持有待售资产			持有待售负债		
一年内到期的非流动资产			一年内到期的非流动负债	1 000 000	
其他流动资产	100 000		其他流动负债		
流动资产合计	4 751 400		流动负债合计	2 651 400	
非流动资产：			非流动负债：		
债权投资			长期借款	600 000	
其他债权投资			应付债券		
长期应收款			其中：优先股		
长期股权投资	250 000		永续债		
其他权益工具投资			租赁负债		
其他非流动金融资产			长期应付款		
投资性房地产			预计负债		
固定资产	1 100 000		递延收益		
在建工程	1 500 000		递延所得税负债		
生产性生物资产			其他非流动负债		
油气资产			非流动负债合计	600 000	
使用权资产			负债合计	3 251 400	
无形资产	600 000		所有者权益（或股东权益）：		
开发支出			实收资本（或股本）	5 000 000	
商誉			其他权益工具		
长期待摊费用			其中：优先股		
递延所得税资产			永续债		
其他非流动资产	200 000		资本公积		
非流动资产合计	3 650 000		减：库存股		
			其他综合收益		

续　表

资产	期末余额	上年年末余额	负债和股东权益	期末余额	上年年末余额
			专项储备		
			盈余公积	100 000	
			未分配利润	50 000	
			所有者权益（或股东权益）合计	5 150 000	
资产总计	8 401 400		负债和所有者权益（或股东权益）总计	8 401 400	

表 10.7　**科目余额表**

20×3 年 12 月 31 日

科目名称	借方余额	科目名称	贷方余额
库存现金	2 000	短期借款	50 000
银行存款	786 135	应付票据	100 000
其他货币资金	7 300	应付账款	953 800
应收票据	66 000	其他应付款	50 000
应收账款	600 000	应付职工薪酬	180 000
坏账准备	-1 800	应交税费	226 731
预付账款	100 000	应付股利	32 216
其他应收款	5 000	长期借款	1 160 000
原材料	324 250	股本	5 000 000
周转材料	38 050	盈余公积	124 770
库存商品	2 122 400	利润分配（未分配利润）	190 718
长期股权投资	340 000		
固定资产	2 610 900		
累计折旧	-170 000		
固定资产减值准备	-30 000		
工程物资	150 000		
在建工程	578 000		
无形资产	600 000		
累计摊销	-60 000		
合计	8 068 235	合计	8 068 235

注：上述科目余额表坏账准备有 200 元是根据其他应收款计提的；应收账款有两个所属明细分类账，其中，“应收账款——三星百货公司”为借方 650 000 元，“应收账款——四海公司”为贷方 50 000 元；应付账款有三个明细分类账，其中，“应付账款——红河公司”为贷方 600 000 元，“应付账款——海滨公司”为贷方 400 000 元，“应付账款——宏伟公司”为借方 46 200 元；预付账款只有一明细分类账，即洪鹤商品批发公司，借方余额为 100 000 元。

森达物流公司编制的20×3年度的资产负债表如表10.8所示。

表10.8 资产负债表

会企01表

编制单位：森达物流公司　　20×3年12月31日　　单位：元

资产	期末余额	上年年末余额	负债和股东权益	期末余额	上年年末余额
流动资产：			流动负债：		
货币资金	795 435	1 406 400	短期借款	50 000	300 000
交易性金融资产		15 000	交易性金融负债		
衍生金融资产			衍生金融负债		
应收票据	66 000	246 000	应付票据	100 000	200 000
应收账款	648 400	299 000	应付账款	1 000 000	953 800
应收款项融资			预收款项	50 000	
预付款项	146 200	100 000	合同负债		
其他应收款	4 800	5 000	应付职工薪酬	180 000	110 000
存货	2 484 700	2 580 000	应交税费	226 731	36 600
合同资产			其他应付款	82 216	51 000
持有待售资产			持有待售负债		
一年内到期的非流动资产			一年内到期的非流动负债		1 000 000
其他流动资产		100 000	其他流动负债		
流动资产合计	4 145 535	4 751 400	流动负债合计	1 688 947	2 651 400
非流动资产：			非流动负债：		
债权投资			长期借款	1 160 000	600 000
其他债权投资			应付债券		
长期应收款			其中：优先股		
长期股权投资	340 000	250 000	永续债		
其他权益工具投资			租赁负债		
其他非流动金融资产			长期应付款		
投资性房地产			预计负债		
固定资产	2 410 900	1 100 000	递延收益		
在建工程	728 000	1 500 000	递延所得税负债		
生产性生物资产			其他非流动负债		
油气资产			非流动负债合计	1 160 000	600 000

续　表

资产	期末余额	上年年末余额	负债和股东权益	期末余额	上年年末余额
使用权资产			负债合计	2 848 947	3 251 400
无形资产	540 000	600 000	所有者权益（或股东权益）：		
开发支出			实收资本（或股本）	5 000 000	5 000 000
商誉			其他权益工具		
长期待摊费用			其中：优先股		
递延所得税资产			永续债		
其他非流动资产		200 000	资本公积		
非流动资产合计	4 018 900	3 650 000	减：库存股		
			其他综合收益		
			专项储备		
			盈余公积	124 770	100 000
			未分配利润	190 718	50 000
			所有者权益（或股东权益）合计	5 315 488	5 150 000
资产总计	8 164 435	8 401 400	负债和所有者权益（或股东权益）总计	8 164 435	8 401 400

填报说明：

其他应收款 = 5 000 - 200 = 4 800；应收账款 = 650 000 - 1 600 = 648 400（元）；

预收账款 = 50 000（元）；应付账款 = 600 000 + 400 000 = 1 000 000（元）；

预付账款 = 100 000 + 46 200 = 146 200（元）；其他应付款 = 50 000 + 32 216 = 82 216（元）；

存货 = 275 000 + 45 000 + 38 050 + 2 122 400 + 4 250 = 2 484 700（元）；

固定资产 = 2 610 900 - 170 000 - 30 000 = 2 410 900（元）；在建工程 = 578 000 + 150 000 = 728 000（元）。

任务训练

通过“编制摸清企业家底的资产负债表”的教学活动，在30分钟的时间内完成下列资产负债表的填列工作。

航海物流公司20×3年12月31日有关账户的余额如表10.9所示。

表 10.9　　航海有限责任公司总分类账户期末余额表

20×3 年 12 月 31 日

账户名称	借方余额	账户名称	贷方余额
库存现金	1 000	短期借款	30 000
银行存款	115 000	应付票据	15 000
其他货币资金	1 000	应付账款	18 000
交易性金融资产	14 000	预收账款	4 000
应收票据	10 000	其他应付款	36 180
应收股利	10 000	应付职工薪酬	34 700
应收利息	8 000	应交税费	61 000
应收账款	23 000	应付股利	20 000
预付账款	6 700	坏账准备	5 000
其他应收款	5 000	累计折旧	60 000
原材料	39 000	长期借款	30 000
库存商品	20 000	其中：一年内到期的长期借款	5 000
周转材料	7 000	实收资本	590 000
生产成本	6 000	资本公积	10 000
合同资产	120 000	盈余公积	60 900
债权投资	180 000	利润分配（未分配利润）	159 920
工程物资	15 000		
在建工程	20 000		
固定资产	500 000		
无形资产	30 000		
其他长期资产	4 000		
合计	1 134 700	合计	1 134 700

其中："应收账款——利好百货"借方 28 000 元，"应收账款——纸箱有限公司"贷方 5 000 元；"应付账款——微利胶带公司"贷方 20 000 元，"应付账款——灯泡有限责任公司"借方2 000元；"预付账款"明细账借方余额为 7 000 元，明细账贷方余额为 300 元；"预收账款"所属明细账全部为贷方余额。债权投资中一年内到期的投资额为 20 000 元，坏账准备中有 500 元是根据其他应收款计提的，其余均根据应收账款计提。

要求：根据上列资料填列航海物流公司 20×3 年 12 月 31 日的资产负债表（见表 10.10）。（并注明主要栏目的计算过程）。

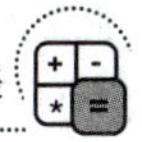

表 10.10　　　　　　　　　　**资产负债表**

会企 01 表

编制单位：　　　　　　　　____年____月____日　　　　　　　　单位：元

资产	期末余额	上年年末余额	负债和股东权益	期末余额	上年年末余额
流动资产：			流动负债：		
货币资金			短期借款		
交易性金融资产			交易性金融负债		
衍生金融资产			衍生金融负债		
应收票据			应付票据		
应收账款			应付账款		
应收款项融资			预收款项		
预付款项			合同负债		
其他应收款			应付职工薪酬		
存货			应交税费		
合同资产			其他应付款		
持有待售资产			持有待售负债		
一年内到期的非流动资产			一年内到期的非流动负债		
其他流动资产			其他流动负债		
流动资产合计			流动负债合计		
非流动资产：			非流动负债：		
债权投资			长期借款		
其他债权投资			应付债券		
长期应收款			其中：优先股		
长期股权投资			永续债		
其他权益工具投资			租赁负债		
其他非流动金融资产			长期应付款		
投资性房地产			预计负债		
固定资产			递延收益		
在建工程			递延所得税负债		
生产性生物资产			其他非流动负债		
油气资产			非流动负债合计		

续 表

资产	期末余额	上年年末余额	负债和股东权益	期末余额	上年年末余额
使用权资产			负债合计		
无形资产			所有者权益（或股东权益）：		
开发支出			实收资本（或股本）		
商誉			其他权益工具		
长期待摊费用			其中：优先股		
递延所得税资产			永续债		
其他非流动资产			资本公积		
非流动资产合计			减：库存股		
			其他综合收益		
			专项储备		
			盈余公积		
			未分配利润		
			所有者权益（或股东权益）合计		
资产总计			负债和所有者权益（或股东权益）总计		

岗课赛证融合测试

要求：请学生在25分钟内独立完成下列测试。

一、单项选择题（将正确答案的字母填在括号内）

1. 我国企业资产负债表采用的格式为（　　）。

A. 账户式　　B. 单步式　　C. 报告式　　D. 多步式

2. 下列不属于资产负债表中"存货"项目的有（　　）。

A. 周转材料　　B. 原材料　　C. 固定资产　　D. 库存商品

3. 某企业"应付账款"账户月末贷方余额50 000元，其中"应付账款——A公司"明细账户贷方余额70 000元："应付账款——B公司"明细账户借方余额20 000元，"预付账款"账户月末借方余额22 000元：其中，"预付账款——C公司"明细账户借方余额47 000元："预付账款——D公司"明细账户贷方余额25 000元。该企业月末资产负债表中"预付账款"项目的金额为（　　）元。

A. 6 200　　B. 67 000　　C. 50 000　　D. 45 000

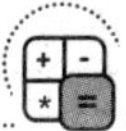

4. 某企业“应收账款”有三个明细分类账：其中“应收账款——甲企业”明细分类账月末借方余额为300 000元，“应收账款——乙企业”明细分类账月末借方余额为400 000元，“应收账款——丙企业”明细分类账月末贷方余额为100 000元，“预收账款”有两个明细分类账：其中“预收账款——丁公司”明细分类账月末借方余额45 000元，“预收账款——戊公司”明细分类账月末贷方余额为20 000元；“坏账准备”月末贷方余额为3 000元，并且均根据“应收账款”计提。则该企业月末资产负债表的“预收账款”项目应为（ ）元。

A. 697 000　　B. 717 000　　C. 742 000　　D. 120 000

5. 在资产负债表中，可按总分类账户的余额直接填列的是（ ）。

A. 货币资金　　B. 短期借款　　C. 固定资产　　D. 存货

6. “应收账款”科目所属明细账期末有借方余额，应在资产负债表中的（ ）项目中反映。

A. 应收账款　　B. 应付账款　　C. 预收账款　　D. 预付账款

7. 下列资产负债表项目，需要根据相关总账所属明细账户的期末余额分析填列的是（ ）。

A. 应收账款　　B. 应收票据　　C. 应付票据　　D. 短期借款

8. 在资产负债表中，应按几个总分类账户的余额计算填列的有（ ）。

A. 货币资金　　B. 应付职工薪酬

C. 应交税费　　D. 应付股利

9. 资产负债表中，排列资产项目顺序的依据是（ ）。

A. 项目的重要性　　B. 项目的流动性

C. 项目的时间性　　D. 项目的货币性

10. 下列不属于企业主要报表的是（ ）。

A. 资产负债表　　B. 利润表

C. 现金流量表　　D. 利润分配表

二、多项选择题（下列各题中均有两个或以上正确答案，请将正确答案的英文字母填在括号内）

1. 按现行会计准则规定，企业对外报送的财务报表有（ ）。

A. 资产负债表　　B. 利润表

C. 现金流量表　　D. 所有者权益变动表

2. 下列属于资产负债表中“货币资金”项目内容的有（ ）。

A. 备用金　　B. 库存现金

C. 银行存款　　D. 其他货币资金

3. 资产负债表中的“存货”项目包括的内容有（ ）。

A. 周转材料　　B. 原材料

C. 材料成本差异　　　　　　　　　　D. 生产成本

4. 下列账户余额中，可能影响资产负债表中“应收账款”项目金额的有（　　）。

A. 应收账款　　B. 预收账款　　C. 应付账款　　D. 坏账准备

5. 下列账户中可能影响资产负债表“应付账款”项目金额的有（　　）。

A. 应收账款　　B. 预收账款　　C. 预付账款　　D. 应付账款

三、判断题（正确的在括号中画“√”，错误的在括号中画“×”）

1. 如果按顺序划分，结账应在编制会计报表之后进行。（　　）

2. 资产负债表和利润表都是企业的主要报表，分别反映企业一定时期的财务状况和经营成果。（　　）

3. 账户式资产负债表依据的平衡公式是“资产 - 负债 = 所有者权益”。（　　）

4. 我国资产负债表内有关资产的排列顺序依次是流动资产、非流动资产。（　　）

5. 资产负债表中的存货只包括原材料、库存商品及生产成本。（　　）

6. 一年内到期的“长期借款”应在资产负债表中“长期借款”项目中反映。（　　）

7. 在资产负债表的项目中，“应收账款”项目应根据“应收账款”科目所属的明细科目的借方余额合计填列，如果“预付账款”科目所属明细科目有借方余额的，也应包括在本科目内。（　　）

8. 资产负债表中的“在建工程”项目的期末余额，应根据“在建工程”总账科目和明细科目的期末余额分析计算填列。（　　）

9. 资产负债表中的“固定资产”项目应包括“固定资产清理”的账面价值。（　　）

10. 企业与一年内到期偿还的长期借款应列入资产负债表的“长期借款”项目内。（　　）

谈谈说说讲讲。结合党的二十大报告和任务10教学内容，说说如何理解“实事求是”。

任务10　学习成绩评价表

班级____　　姓名____　　任务名称____　　任务学习时间____　　任务组长____

评价项	评价内容及关键点	评价标准	评价者与评分比重			任务得分		项目得分
			教师评价（30%）	本人评价（30%）	组员评价（40%）	每项分值	任务总分值	
任务10	典型工作任务完成情况 任务训练完成情况 岗课赛证融合测试情况 谈谈说说讲讲情况							

任务11 编制备受企业关注的利润表

课程思政：

二十大报告——弘扬“五种”精神，培育时代新风新貌

1. **典型任务引入**

20×2 年 12 月月末，李伟同学试用期满，红云物流公司准备对其进行业务考核签订正式录用合同。于是，主抓财务的领导、人事科长、财务科长出了四个考核题，以答辩的方式对其进行了考核。

（1）会企 02 表是什么报表？它提供的信息是什么？

（2）会企 02 表的核心要素是什么？如何计算？

（3）会企 02 表的上期金额含义是什么？

（4）请判断：出售固定资产利得、存货盘盈利得、企业接受股东现金捐赠利得、无法查明原因现金盘盈利得，哪个应计入利润表的“营业外收入”项目？

请问：如果你是李伟同学，应如何回答？

2. **典型任务分析**

如果说企业的资产负债表是企业的底子，那么利润表就是企业的面子，通过利润表能看到企业赚不赚钱。有利润说明企业能赚钱，大家就感觉企业还不错；没利润就说明企业不赚钱，大家对企业的印象就不好。因此，会计人员应熟悉利润表的结构及各项目的填列，为报表信息使用者提供精准的经营成果方面的会计信息。编制利润表的工作流程如图 11.1 所示。

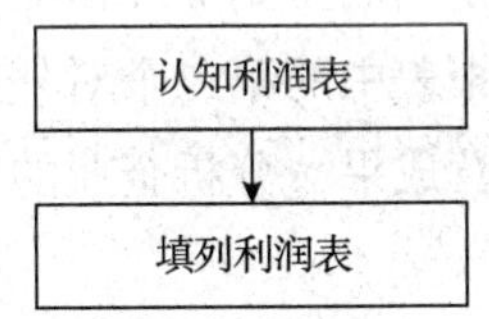

图 11.1 编制利润表的工作流程

3. **典型任务实施**

典型任务实施过程见表 11.1 所示。

表 11.1 典型任务实施过程

序号	实施步骤	使用的资源	实施结果
1	认知利润表	利润表	利润表的结构和内容
2	填列利润表	账簿利润表	熟悉利润表各项目的含义和填列方法

4. **典型任务总结**

学生通过学习活动，完成典型任务分析，并加以总结，填入表11.2。

表11.2　典型任务分析总结表

问题	答案
(1)	
(2)	
(3)	
(4)	

任务知识和技能

微课：
利润表的内容与结构

11.1　利润表的结构和内容

11.1.1　利润表的结构

利润表又称损益表，是反映企业在一定期间（月度、季度、半年度、年度）收入、费用和经营成果情况的财务报表。由于利润是企业经营业绩的综合体现，又是进行利润分配的主要依据，因此，利润表是财务报表中的第二个对外报送的主要报表，又称会企02表。它为报表使用者全面了解企业的经营成果、分析企业的获利能力及盈利增长趋势、做出决策提供依据。

利润表一般由表首、表体两部分组成。表首部分应列明报表名称、编制单位名称、编制日期、报表编号和计量单位。表体部分是利润表的主体部分，列示了形成经营成果的各个项目的计算过程。

利润表的结构有单步式和多步式两种。我国企业的利润表采用多步式格式，即通过对当期的收入、费用、支出项目按性质加以归类，按利润形成的主要环节，分步计算当期的净损益，以便财务报表使用者了解企业经营成果的具体来源。

为了使财务报表使用者通过比较不同期间利润的实现情况，判断企业经营成果的未来发展趋势，企业需要提供比较利润表。为此，如果为年度利润表，其金额栏分为“本期金额”和“上期金额”两栏分别填列，其格式如表11.3所示。如果是月度利润表，其金额栏分为“本月金额”和“本年累计金额”。

表 11.3　　**利润表**

会企 02 表

编制单位：　　　　____年　　　　单位：元

项目	本期金额	上期金额
一、营业收入		
减：营业成本		
税金及附加		
销售费用		
管理费用		
研发费用		
财务费用		
其中：利息费用		
利息收入		
加：其他收益		
投资收益（损失以“－”号填列）		
其中：对联营企业和合营企业的投资收益		
以摊余成本计量的金融资产终止确认收益（损失以“－”号填列）		
净敞口套期收益（损失以“－”号填列）		
公允价值变动收益（损失以“－”号填列）		
信用减值损失（损失以“－”号填列）		
资产减值损失（损失以“－”号填列）		
资产处置收益（损失以“－”号填列）		
二、营业利润（亏损以“－”号填列）		
加：营业外收入		
减：营业外支出		
三、利润总额（亏损以“－”号填列）		
减：所得税费用		
四、净利润（净亏损以“－”号填列）		
（一）持续经营净利润（净亏损以“－”号填列）		
（二）终止经营净利润（净亏损以“－”号填列）		

续 表

项目	本期金额	上期金额
五、其他综合收益的税后净额		
（一）不能重分类进损益的其他综合收益		
……		
（二）将重分类进损益的其他综合收益		
……		
六、综合收益总额		
七、每股收益		
（一）基本每股收益		
（二）稀释每股收益		

11.1.2 利润表的内容

利润表的编制依据是“收入 - 费用 = 利润”的会计平衡公式和收入与费用的配比原则。企业在生产经营中不断地取得各项收入，同时发生各种费用，收入减去费用后的部分为企业的盈利。如果企业经营不善，发生的生产经营费用超过取得的收入，费用超过收入部分为企业的亏损。将企业经营成果的核算过程和结果编成报表，即利润表。

我国一般企业利润表包括的内容如下：

①营业利润。其包括的内容和计算过程如下：

营业利润 = 营业收入 - 营业成本 - 税金及附加 - 销售费用 - 管理费用 - 研发费用 - 财务费用 + 其他收益 + 投资收益（ - 投资损失） + 净敞口套期收益（ - 净敞口套期损失） + 公允价值变动收益（ - 公允价值变动损失） - 资产减值损失 - 信用减值损失 + 资产处置收益（ - 资产处置损失）。

②利润总额。利润总额 = 营业利润 + 营业外收入 - 营业外支出。正数为利润，负数为亏损。

③净利润。净利润 = 利润总额 - 所得税费用。

④其他综合收益的税后净额。

⑤综合收益总额。综合收益总额 = 净利润（或亏损） + 其他综合收益的税后净额。

⑥每股收益。以净利润或净亏损为基础计算的每股收益。

11.2 编制利润表

微课：利润表的编制

11.2.1 主要栏目数据的填列

（1）“上期金额”各项数字填列方法

“上期金额”栏内各项数字，应根据上年该期利润表的“本期金额”

栏内所列数字填列。若为月报，“本年累计金额”则为当年1月至当期月份的累计数。

（2）“本期金额”或“本月金额”主要项目的填列方法

“本期金额”为年度报表的“全年数额”，“本月金额”为月度报表的当月数额。

①“营业收入”项目。反映企业经营主要业务和其他业务所确认的收入总领。本项目应根据“主营业务收入”和“其他业务收入”科目的发生额分析填列。

【案例11.1】森达物流公司20×3年度“主营业务收入”合计9 400万元；“其他业务收入”科目发生额合计600万元。请填列利润表相关项目。

【案例分析及利润表相关项目填列】

森达物流司20×3年度利润表中“营业收入”项目“本期金额”栏的列报：

营业收入本期金额=9 400+600=10 000（万元）。

②“营业成本”项目。反映企业经营主要业务和其他业务所发生的成本总额。本项目应根据“主营业务成本”和“其他业务成本”科目的发生额分析填列。

【案例11.2】森达物流公司20×3年度“主营业务成本”科目发生额合计7 500万元：其他业务成本本期金额=科目发生额（合计500万元）。请填列利润表相关项目。

【案例分析及利润表相关项目填列】

森达物流公司20×3年度利润表中“营业成本”项目“本期金额”栏的列报：

营业成本本期金额=7 500+500=8 000（万元）。

③“税金及附加”项目。反映企业经营业务应负担的消费税、城市维护建设税、教育费附加、资源税、土地增值税、房产税、车船税、城镇土地使用税、印花税等相关税费。本项目应根据“税金及附加”科目的发生额分析填列。

【案例11.3】森达物流公司20×3年度“税金及附加”科目的发生额如下：城市维护建设税合计50万元，教育费附加合计30万元，房产税合计300万元，城镇土地使用税合计20万元，消费税合计为100万元。请填列利润表相关项目。

【案例分析及利润表相关项目填列】

森达物流公司20×3年度利润表中“税金及附加”项目“本期金额”栏的列报：

税金及附加本期金额=50+30+300+20+100=500（万元）。

④“销售费用”项目。反映企业在销售商品或提供销售服务过程中发生的包装费、广告费等费用和为本企业商品而专设的销售机构的职工薪酬、业务费等经营费用。本项目应根据“销售费用”科目的发生额分析填列。

【案例11.4】森达物流公司20×3年度“销售费用”科目发生额合计数为100万元。请填列利润表相关项目。

【案例分析及利润表相关项目填列】

森达物流公司20×3年度利润表中“销售费用”项目“本期金额”栏的列报：

销售费用本期金额=100万元。

⑤“管理费用”项目。反映企业为组织和管理生产经营发生的管理费用。本项目应根据“管理费用”科目的发生额分析填列。

【案例 11.5】 森达物流公司 20×3 年度“管理费用”科目发生额合计数为 500 万元。请填列利润表相关项目。

【案例分析及利润表相关项目填列】

森达物流公司 20×3 年度利润表中“管理费用”项目“本期金额”栏的列报：

管理费用本期金额 = 500 万元。

⑥“研发费用”项目。反映企业进行研究与开发过程中发生的费用化支出以及计入管理费用的自行开发无形资产的摊销。本项目应根据“管理费用”科目下的“研发费用”明细科目的发生额以及“管理费用”科目下“无形资产摊销”明细科目的发生额分析填列。

⑦“财务费用”项目。反映企业为筹集生产经营所需资金等而发生的应予费用化的利息支出。本项目应根据“财务费用”科目的相关明细科目发生额分析填列。其中：“利息费用”项目，反映企业为筹集生产经营所需资金等而发生的应予费用化的利息支出，“利息收入”项目，反映企业应冲减财务费用的利息收入，本项目应根据“财务费用”科目的相关明细科目的发生额分析填列。

【案例 11.6】 森达有限责任公司 20×3 年度“财务费用”科目的发生额如下：银行长期借款利息费用合计 400 万元（该利息支出不符合资本化条件），银行短期借款利息费用 95 万元，银行存款利息收入合计 25 万元，银行手续费支出合计 30 万元。请填列利润表相关项目。

【案例分析及利润表相关项目填列】

森达物流任公司 20×3 年度利润表中“财务费用”项目“本期金额”栏的列报金额：

财务费用本期金额 = 400 + 95 - 25 + 30 = 500（万元）。

⑧“其他收益”项目。反映计入其他收益的政府补助，以及其他与日常活动相关且计入其他收益的项目。本项目应根据“其他收益”科目的发生额分析填列。企业作为个人所得税的扣缴义务人，根据《中华人民共和国个人所得税法》收到的扣缴税款手续费，应作为其他与日常活动相关的收益在本项目中填列。

⑨“投资收益”项目。反映企业以各种方式对外投资所取得的收益。本项目应根据“投资收益”科目的发生额分析填列。如为投资损失，本项目以“-”号填列。

【案例 11.7】 森达物流公司 20×3 年度“投资收益”科目的发生额为借方 10 万元。请填列利润表相关项目。

【案例分析及利润表相关项目填列】

森达物流公司 20×3 年度利润表中“投资收益”的列示：投资收益期末余额 = -10（万元）。

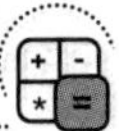

⑩“净敞口套期收益”项目。反映净散口套期下被套期项目累计公允价值变动转入当期损益的金额或现金流量套期储备转入当期损益的金额。本项目应根据“净敞口套期损益”科目的发生额分析填列；如为套期损失，本项目以“－”号填列。

⑪“公允价值变动收益”项目。反映企业应当计入当期损益的资产或负债公允价值变动收益。本项目应根据“公允价值变动损益”科目的发生额分析填列，如为净损失，本项目以“－”号填列。

⑫“信用减值损失”项目，反映企业按照《企业会计准则第22号——金融工具确认和计量》的要求计提的各项金融工具信用减值准备所确认的信用损失。本项目应根据“信用减值损失”科目的发生额分析填列。

⑬“资产减值损失”项目。反映企业有关资产发生的减值损失。本项目应根据“资产减值损失”科目的发生额分析填列。

【案例11.8】森达物流公司20×3年度“资产减值损失”科目的发生额如下所示：存货减值损失合计80万元，固定资产减值损失合计190万元，无形资产减值损失合计30万元。请填列利润表相关项目。

【案例分析及利润表相关项目填列】

森达物流公司20×3年度利润表中“资产减值损失”项目“本期金额”栏的列报：

资产减值损失本期金额＝80＋190＋30＝300（万元）。

⑭“资产处置收益”项目。反映企业出售划分为持有待售的非流动资产（金融工具、长期股权投资和投资性房地产除外）或处置组（子公司的业务除外）时确认的处置利得或损失，以及处置未划分为持有待售的固定资产、在建工程、生产性生物资产及无形资产而产生的处置利得或损失。债务重组中因处置非流动资产（金融工具、长期股权投资和投资性房地产除外）产生的利得或损失和非货币性资产交换中换出非流动资产（金融工具长期股权投资和投资性房地产除外）产生的利得或损失也包括在本项目内。本项目应根据“资产处置损益”科目的发生额分析填列；如为处置损失，本科目以“－”号填列。

⑮“营业利润”项目。反映企业实现的营业利润。按营业利润＝营业收入－营业成本－税金及附加－销售费用－管理费用－研发费用－财务费用＋其他收益＋投资收益（－投资损失）＋净敞口套期收益（－净敞口套期损失）＋公允价值变动收益（－公允价值变动损失）－资产减值损失－信用减值损失＋资产处置收益（－资产处置损失）计算求得。若为负数，即为亏损。

⑯“营业外收入”项目。反映企业发生的除营业利润以外的收益，主要包括与企业日常活动无关的政府补助、盘盈利得、捐赠利得（企业接受股东或股东的子公司直接或间接的捐赠，经济实质属于股东对企业的资本性投入的除外）等。本项目应根据“营业外收入”科目的发生额分析填列。

【案例11.9】森达物流公司20×3年度“营业外收入”科目的发生额如下：接受无偿

捐赠利得69万元，现金盘盈利得合计1万元。请填列利润表相关项目。

【案例分析及利润表相关项目填列】

森达物流公司20×3年度利润表中“营业外收入”项目“本期金额”栏的列报：

营业外收入本期金额=69+1=70（万元）。

⑰“营业外支出”项目。反映企业发生的除营业利润以外的支出，主要包括公益性捐赠支出、非常损失、盘亏损失、非流动资产毁损报废损失等。本项目应根据“营业外支出”科目的发生额分析填列。

【案例11.10】森达物流公司20×3年度“营业外支出”科目的发生额如下：固定资产盘亏损失10万元，罚没支出合计10万元，捐赠支出合计8万元，其他支出2万元。请填列利润表相关项目。

【案例分析及利润表相关项目填列】

森达物流公司20×3年度利润表中“营业外支出”项目“本期金额”栏的列报：

营业外支出本期金额=10+10+8+2=30（万元）。

⑱“利润总额”项目。反映企业实现的利润。利润总额=营业利润+营业外收入−营业外支出。正数为利润，负数为亏损。

⑲所得税费用项目。反映企业应从当期利润总额中扣除的所得税费用。本项目应根据“所得税费用”科目的发生额分析填列。

【案例11.11】森达物流公司20×3年度“所得税费用”科目的发生额合计30万元。请填列利润表相关项目。

【案例分析及利润表相关项目填列】

森达物流公司20×3年度利润表中“所得税费用”项目“本期金额”栏的列报：

所得税费用本期金额=30万元。

⑳“净利润”项目。反映企业实现的净利润。净利润=利润总额−所得税费用。正数为净利润，负数为亏损，本项目以“−”号填列。

- “其他综合收益的税后净额”项目。反映企业根据企业会计准则规定未在损益中确认的各项利得和损失扣除所得税影响后的净额。

- “综合收益总额”项目。反映企业净利润与其他综合收益（税后净额）的合计金额。

- “每股收益”项目。包括基本每股收益和稀释每股收益两项指标，反映普通股或潜在普通股已公开交易的企业，以及正处在公开发行普通股或潜在普通股过程中的企业的每股收益信息。

【案例11.12】根据上述计算结果填列的利润表见表11.4。

表 11.4　　　　　　　　　　**利润表**

会企 02 表

编制单位：森达物流公司　　　　　20×3 年　　　　　单位：元

项目	本期金额	上期金额
一、营业收入	100 000 000	
减：营业成本	80 000 000	
税金及附加	5 000 000	
销售费用	1 000 000	
管理费用	5 000 000	
研发费用		
财务费用	5 000 000	
其中：利息费用	5 250 000	
利息收入	250 000	
加：其他收益		
投资收益（损失以“－”号填列）	－100 000	
其中：对联营企业和合营企业的投资收益		
以摊余成本计量的金融资产终止确认收益（损失以“－”号填列）		
净敞口套期收益（损失以“－”号填列）		
公允价值变动收益（损失以“－”号填列）		
信用减值损失（损失以“－”号填列）		
资产减值损失（损失以“－”号填列）	－3 000 000	
资产处置损益（损失以“－”号填列）		
二、营业利润（亏损以“－”号填列）	900 000	
加：营业外收入	700 000	
减：营业外支出	300 000	
三、利润总额（亏损以“－”号填列）	1 300 000	
减：所得税费用	300 000	
四、净利润（净亏损以“－”号填列）	1 000 000	
（一）持续经营净利润（净亏损以“－”号填列）	1 000 000	
（二）终止经营净利润（净亏损以“－”号填列）		
五、其他综合收益的税后净额		
（一）不能重分类进损益的其他综合收益		

续 表

项目	本期金额	上期金额
……		
（二）将重分类进损益的其他综合收益		
……		
六、综合收益总额	1 000 000	
七、每股收益		
（一）基本每股收益		
（二）稀释每股收益		

11.2.2 编制利润表

【案例 11.13】大方物流公司 20×3 年 01 月各损益类账户的发生额资料（未结转利润前）如表 11.5 所示。其中，财务费用中利息费用 2 500 元，利息收入 500 元。该企业不符合所得税的税收减免政策，所得税税率为 25%。

表 11.5　　大方物流公司各损益账户发生额

20×3 年 01 月

账户名称	本月借方发生额	本月贷方发生额
主营业务收入		1 680 000
主营业务成本	925 000	
税金及附加	20 000	
销售费用	5 000	
管理费用	21 000	
财务费用	2 000	
投资收益	3 000	17 000
营业外收入		5 000
营业外支出	4 000	
信用减值损失	70 000	
资产减值损失	80 000	
资产处置损益		150 000

要求：根据上述损益类账户发生额填列利润表。

【案例分析及利润表相关项目填列】

表 11.6　　利润表会企 02 表

编制单位：大方物流公司　　20×3 年 01 月　　单位：元

项目	本月金额	本年累计金额
一、营业收入	1 680 000	1 680 000
减：营业成本	925 000	925 000
税金及附加	20 000	20 000
销售费用	5 000	5 000
管理费用	21 000	21 000
研发费用		
财务费用	2 000	2 000
其中：利息费用	2 500	2 500
利息收入	500	500
加：其他收益		
投资收益（损失以“－”号填列）	14 000	14 000
其中：对联营企业和合营企业的投资收益		
以摊余成本计量的金融资产终止确认收益（损失以“－”号填列）		
净敞口套期收益（损失以“－”号填列）		
公允价值变动收益（损失以“－”号填列）		
信用减值损失（损失以“－”号填列）	－70 000	－70 000
资产减值损失（损失以“－”号填列）	－80 000	－80 000
资产处置损益（损失以“－”号填列）	150 000	150 000
二、营业利润（亏损以“－”号填列）	721 000	721 000
加：营业外收入	5 000	5 000
减：营业外支出	4 000	4 000
三、利润总额（亏损以“－”号填列）	722 000	722 000
减：所得税费用	180 500	180 500
四、净利润（净亏损以“－”号填列）	541 500	541 500
（一）持续经营净利润（净亏损以“－”号填列）		
（二）终止经营净利润（净亏损以“－”号填列）		
五、其他综合收益的税后净额		

续 表

项目	本月金额	本年累计金额
（一）不能重分类进损益的其他综合收益		
……		
（二）将重分类进损益的其他综合收益		
……		
六、综合收益总额	541 500	541 500
七、每股收益		
（一）基本每股收益		
（二）稀释每股收益		

说明：根据上述损益类账户的发生额资料，在编制利润表时，大部分项目都是根据各损益账户发生额直接填列，但应注意下列项目的填列：

投资收益 = 17 000 − 3 000 = 14 000（元）；所得税费用 = 722 000 × 25% = 180 500（元）

任务训练

通过“编制备受企业关注的利润表”的教学活动，在 20 分钟的时间内，完成利润表的填列工作。

航海物流公司 20×3 年 01 月有关损益类项目的发生额如表 11.7 所示。

表 11.7　　航海物流公司各损益类账户的发生额

20×3 年 01 月　　单位：元

账户名称	本月借方发生额	本月贷方发生额
主营业务收入		1 170 000
其他业务收入		200 000
其他业务成本	50 000	
主营业务成本	835 000	
税金及附加	18 000	
销售费用	4 000	
管理费用	22 000	
财务费用	2 700	700
投资收益	1 000	17 000

续 表

账户名称	本月借方发生额	本月贷方发生额
营业外收入		3 000
营业外支出	2 000	
信用减值损失	30 000	
资产减值损失	20 000	
资产处置损益		50 000

要求：根据上述资料填列航海物流公司20×3年01月利润表（见表11.8）。该企业不满足所得税税收的减免条件，无税收减免。

表 11.8 **利润表**

会企02表

编制单位： ____年____月 单位：元

项目	本月金额	本年累计金额
一、营业收入		
减：营业成本		
税金及附加		
销售费用		
管理费用		
研发费用		
财务费用		
其中：利息费用		
利息收入		
加：其他收益		
投资收益（损失以“－”号填列）		
其中：对联营企业和合营企业的投资收益		
以摊余成本计量的金融资产终止确认收益（损失以“－”号填列）		
净敞口套期收益（损失以“－”号填列）		
公允价值变动收益（损失以“－”号填列）		
信用减值损失（损失以“－”号填列）		
资产减值损失（损失以“－”号填列）		

续 表

项目	本月金额	本年累计金额
资产处置损益（损失以“-”号填列）		
二、营业利润（亏损以“-”号填列）		
加：营业外收入		
减：营业外支出		
三、利润总额（亏损以“-”号填列）		
减：所得税费用		
四、净利润（净亏损以“-”号填列）		
（一）持续经营净利润（净亏损以“-”号填列）		
（二）终止经营净利润（净亏损以“-”号填列）		
五、其他综合收益的税后净额		
（一）不能重分类进损益的其他综合收益		
……		
（二）将重分类进损益的其他综合收益		
……		
六、综合收益总额		
七、每股收益		
（一）基本每股收益		
（二）稀释每股收益		

岗课赛证融合测试

要求：请学生在25分钟内独立完成下列测试。

一、单项选择题（将正确答案的字母填在括号内）

1. 编制利润表的主要依据是（　　）。

A. 资产负债及所有者权益各账户的本期发生额

B. 损益类各账户的本期发生额

C. 资产负债及所有者权益各账户的期末余额

D. 损益类各账户的期末余额

2. 下列各项中应列入利润表“营业收入”项目的是（　　）。

A. 提供物流服务取得的收入

B. 接受捐赠收到的现金
C. 出售专利取得的净收益
D. 出售自用房产取得的净收益
3. 下列各项中不应列入利润表“营业成本”的项目是（　　）。
A. 提供物流服务的服务成本
B. 在建工程领用产品的成本
C. 对外提供仓储服务结转的服务成本
D. 投资性房地产计提的折旧额
4. 下列各项中影响其利润表中“利润总额”的项目是（　　）。
A. 收到投资者超出注册资本份额的出资
B. 向投资者分配的现金股利
C. 向灾区捐款发生的支出
D. 确认的所得税费用
5. 我国企业的资产负债表、利润表分别采用的结构是（　　）。
A. 单步式、多步式　　B. 单步式、报告式
C. 账户式、多步式　　D. 账户式、单步式
6. 下列各项中影响利润表中“营业利润”项目的是（　　）。
A. 交易性金融资产公允价值发生的变动
B. 现金清查盘点产生的盘盈
C. 自然灾害造成的固定资产出售利得
D. 罚款支出
7. 下列关于利润表的编制表述错误的是（　　）。
A. 以营业收入为基础计算营业利润
B. 以营业利润为基础计算利润总额
C. 以利润总额为基础计算每股收益
D. 以净利润或净亏损和其他综合收益为基础计算综合收益总额
8. 下列会计科目中年末可能有余额的是（　　）。
A. 主营业务收入　　B. 营业外收入
C. 管理费用　　D. 利润分配
9. 下列各项中应记入利润表中“税金及附加”项目的是（　　）。
A. 销售自产应税化妆品应交的消费税
B. 进口原材料应交的关税
C. 购进生产经营设备应交的增值税
D. 购入土地使用权缴纳的契税

10. 下列各项中应列入一般企业利润表“营业收入”项目的是（　　）。

A. 出售专利技术净收益　　B. 出租固定资产租金收入

C. 接受捐赠利得　　D. 债券投资利息收入

二、多项选择题（下列各题中均有两个或以上正确答案，请将正确答案的英文字母填在括号内）

1. 利润表中的“营业收入”项目，应根据（　　）账户的发生额填列。

A. 主营业务收入　　B. 其他业务收入

C. 营业外收入　　D. 投资收益

2. 利润表中的“营业成本”项目，应根据（　　）账户的发生额填列。

A. 主营业务成本　　B. 其他业务成本

C. 营业外支出　　D. 税金及附加

3. 下列不应在利润表中“营业外收入”项目列示的是（　　）。

A. 出售固定资产利得

B. 存货盘盈利得

C. 企业接受股东现金捐赠

D. 无法查明原因的现金盘盈利得

4. 下列各项中应在利润表“营业成本”项目中列示的有（　　）。

A. 出租无形资产的摊销额

B. 出售不需要的原材料的成本

C. 需出售固定资产发生的清理费用

D. 固定资产盘亏损失

5. 下列各项中应列入利润表“资产减值损失”项目的（　　）。

A. 存货跌价损失　　B. 原材料盘亏损失

C. 应收账款减值损失　　D. 无形资产减值损失

6. 下列各项中既影响“营业利润”又影响“利润总额”的业务有（　　）。

A. 计提坏账准备

B. 转销确实无法支付的应付账款

C. 出售单独计价包装物取得的收入

D. 转让股票取得的收益

7. 20×3 年 1 月，某企业发生以下交易或事项：支付诉讼费用 5 万元，固定资产处置净损失 8 万元，对外公益性捐赠支出 4 万元，支付税收滞纳金 1 万元，上述业务影响该企业 20×3 年 1 月利润表项目的有（　　）。

A. 管理费用　　B. 资产处置损益

C. 营业外支出　　D. 其他收益

8. 下列各项中关于利润表项目本期金额填列方法表述正确的有（ ）。

A. 管理费用项目应根据“管理费用”科目的本期发生额分析填列

B. 营业利润项目应根据“本年利润”科目的本期发生额分析填列

C. 税金及附加项目，应根据“应交税费”科目的本期发生额分析填列

D. 营业收入项目，应根据“主营业务收入”和“其他业务收入”科目的本期发生额分析填列

9. 下列税费可能影响利润表中税金及附加项目的有（ ）。

A. 增值税　　B. 印花税

C. 所得税　　D. 消费税

10. 下列各项交易或事项会影响企业综合收益总额的有（ ）。

A. 税收罚款

B. 销售商品收入

C. 固定资产净收益

D. 交易性金融资产期末公允价值上升

三、判断题（正确的在括号中画“√”，错误的在括号中画“×”）

1. 资产负债表和利润表都是企业的主要报表，分别反映企业一定时期的财务状况和经营成果。（ ）

2. 企业出售经营用固定资产实现的净收益，应记入利润表中的“营业收入”。（ ）

3. 利润表中的营业利润项目是根据有关损益类账户发生额分析填列的。（ ）

4. 购买商品，支付货款后取得的现金折扣，应列入利润表中的财务费用。（ ）

5. 资产负债表是静态报表，利润表是动态报表。（ ）

6. 企业利润表中的“资产处置收益”“公允价值变动收益”“投资收益”项目金额可能以负号填列。（ ）

7. 企业利润表中的综合收益项目，应根据企业当年的“利润总额”和“其他综合收益”的税后净额的合计数填列。（ ）

8. 利润表的年度报表和月度报表，其结构相同，都是由“本期金额”和“上期金额”两栏组成。（ ）

9. 只要利润表中利润是正数，企业就一定能经营下去。（ ）

10. 企业作为个人所得税的扣缴义务人，根据《中华人民共和国个人所得税法》收到的扣缴税款手续费，应作为其他与日常活动相关的收益列示在“其他收益”中。（ ）

谈谈说说讲讲。结合党的二十大报告和任务11教学内容，说出“五种精神”是什么？如何理解。

任务11　学习成绩评价表

班级____　　姓名____　　任务名称____　　任务学习时间____　　任务组长____

评价项	评价内容及关键点	评价标准	评价者与评分比重			任务得分		项目得分
			教师评价（30%）	本人评价（30%）	组员评价（40%）	每项分值	任务总分值	
任务11	典型工作任务完成情况 任务训练完成情况 岗课赛证融合测试情况 谈谈说说讲讲情况							

任务12　认知其他报表，保管好会计档案

课程思政：
学习会计档案管理办法，
保管好会计档案

1. 典型任务引入

20×3年12月月末，李伟同学试用期满，红云物流公司对其进行业务考核准备签订正式录用合同。于是，主管财务的领导、人事科长、财务科长出了三个考核题，以答辩的方式对其进行了考核。

（1）企业对外报送的“会企03”和“会企04”财务报表是什么？各自的作用是什么？

（2）简述会企03现金流量表的构成，并列举两个具有代表性的交易或事项，说明该项目的含义。

（3）会计档案包括哪些？如何进行会计档案的查阅与销毁？

2. 典型任务分析

企业对外报送的报表，不仅包括资产负债表和利润表，还有会企03现金流量表和会企04股东权益变动表。会计人员除客观公允编制并对外报送会计报表外，还应熟悉会计档案保管和销毁的法律规定，做到知法、懂法和守法。了解其他报表、保护好会计档案的工作流程如图12.1所示。

3. 典型任务实施

典型任务实施过程见表12.1所示。

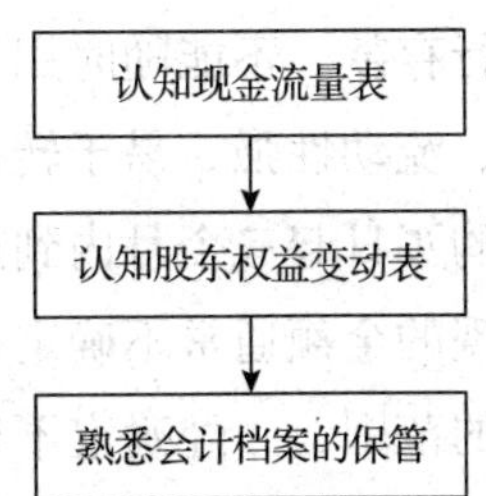

图 12.1 了解其他报表、保护好会计档案的工作流程

表 12.1 典型任务实施过程

序号	实施步骤	使用的资源	实施结果
1	认知现金流量表	现金流量表	了解现金流量表的构成
2	认知股东权益变动表	股东权益变动表	了解股东权益变动表的构成
3	熟悉会计档案的保管	会计档案管理的相关规定	熟悉会计档案管理的相关规定，做到知法、懂法和守法

4. 典型任务总结

学生通过学习活动，完成典型任务分析，并加以总结，填入表 12.2。

表 12.2 典型任务分析总结表

问题	答案
(1)	
(2)	
(3)	

任务知识和技能

12.1 认知现金流量表

12.1.1 现金流量表的结构

现金流量表是企业对外报送的第三张主要报表，是以收付实现制为基础，反映企业在一定会计期间现金和现金等价物流入和流出增减变动情况的报表。其中，现金是指企业库存现金以及可以随时用于支取的银行存款。不能随时用于支付的银行存款不属于现金。现金等价物，是指企业持有的期限短、流动性强、易于转换为已知金额现金、价值变动风险很小的投资。期限短，一般是指从购买日起三个月内到期。现金等价物通常包括三个月内到期的债券投资等。权益性投资变现的金额通常不确定，因而不属于现金等价物。企业应当根据具体情况，确定现金等价物的范围，一经确定不得随意变更。

现金流量表包括主表和附表两部分。主表由六部分组成，即经营活动产生的现金流量、投资活动产生的现金流量、筹资活动产生的现金流量、汇率变动对现金及现金等价物的影响、现金及现金等价物净增加额、期末现金及现金等价物余额。其中前三部分都分别由流入、流出和净额三部分组成。具体格式见表 12.3。

表 12.3　　　　现金流量表

会企 03 表

编制单位：　　　　年　　月　　　　单位：元

项目	本期金额	上期金额
一、经营活动产生的现金流量		
销售商品、提供劳务收到的现金		
收到的税费返还		
收到其他与经营活动有关的现金		
经营活动现金流入小计		
购买商品、接受劳务支付的现金		
支付给职工以及为职工支付的现金		
支付的各项税费		
支付其他与经营活动有关的现金		
经营活动现金流出小计		
经营活动产生的现金流量净额		
二、投资活动产生的现金流量		
收回投资收到的现金		
取得投资收益收到的现金		
处置固定资产、无形资产和其他长期资产收回的现金净额		
处置子公司及其他营业单位收到的现金净额		
收到其他与投资活动有关的现金		
投资活动现金流入小计		
购建固定资产、无形资产和其他长期资产支付的现金		
投资支付的现金		

续 表

项目	本期金额	上期金额
取得子公司及其他营业单位支付的现金净额		
支付其他与投资活动有关的现金		
投资活动现金流出小计		
投资活动产生的现金流量净额		
三、筹资活动产生的现金流量		
吸收投资收到的现金		
取得借款收到的现金		
收到其他与筹资活动有关的现金		
筹资活动现金流入小计		
偿还债务支付的现金		
分配股利、利润或偿付利息支付的现金		
支付其他与筹资活动有关的现金		
筹资活动现金流出小计		
筹资活动产生的现金流量净额		
四、汇率变动对现金及现金等价物的影响		
五、现金及现金等价物净增加额		
加：期初现金及现金等价物余额		
六、期末现金及现金等价物余额		

12.1.2 现金流量的分类

根据现金和现金等价物的流入和流出，现金流量可分为三大类：经营活动产生的现金流量、投资活动产生的现金流量和筹资活动产生的现金流量。

（1）经营活动产生的现金流量

经营活动，是指企业投资活动和筹资活动以外的所有交易和事项，包括销售商品或提供劳务、购买商品或接受劳务、收到的税费返还、支付职工薪酬、支付各项税费、支付广告费用等。通过经营活动产生的现金流量，可以说明企业的经营活动对现金流入和流出的影响程度，判断企业在不采用对外筹资的情况下，是否足以维持生产经营、偿还债务、支付股利、对外投资等。

（2）投资活动产生的现金流量

投资活动，是指企业长期资产的购建和不包括在现金等价物范围内的投资及其处置活动。编制现金流量表所指的“投资”既包括对外投资，又包括长期资产的购建与处置。投资活动包括取得和收回投资、购建和处置固定资产、购买和处置无形资产等。通过投资活动产生的现金流量，可以判断投资活动对企业现金流量净额的影响程度。

（3）筹资活动产生的现金流量

筹资活动，是指导致企业资本及债务规模和构成发生变化的活动。筹资活动包括发行股票或接受投入资本、分派现金股利、取得和偿还银行借款、发行和偿还公司债券等。通过筹资活动产生的现金流量，可以分析企业通过筹资活动获取现金的能力，判断筹资活动对企业现金流量净额的影响程度。

12.2 认知所有者权益变动表

12.2.1 所有者权益变动表概述

所有者权益变动表，是指反映构成所有者权益各组成部分当期增减变动情况的报表。既为财务报告使用者提供所有者权益总量增减变动的信息，也为其提供所有者权益增减变动的结构性信息，特别是能够让财务报告使用者理解所有者权益增减变动的根源。

在所有者权益变动表中，企业至少应当单独列示反映下列信息的项目：

①综合收益总额。

②会计政策变更和差错更正的累积影响金额。

③所有者投入资本和向所有者分配利润等。

④提取的盈余公积。

⑤实收资本或股本、其他权益工具、资本公积、其他综合收益、专项储备、盈余公积、未分配利润的期初和期末余额及其调节情况。

12.2.2 所有者权益变动表的结构

所有者权益变动表的结构如表12.4所示。

12.3 保管好会计档案

12.3.1 会计档案的内容

会计档案是指单位在进行会计核算等过程中接收或形成的，记录和反映单位经济业务事项的，具有保存价值的文字、图表等各种形式的会计资料，包括通过计算机等电子设备形成、传输和存储的电子会计档案。

表 12.4

所有者权益变动表（简表）

会企 04 表

编制单位： ____年度 单位：元

项目	本年金额										上年金额									
	实收资本（或股本）	其他权益工具			资本公积	减：库存股	其他综合收益	专项储备	盈余公积	未分配利润	所有者权益合计	实收资本（或股本）	其他权益工具			资本公积	减：库存股	其他综合收益	专项储备	盈余公积	未分配利润	所有者权益合计
		优先股	永续股	其他									优先股	永续股	其他							
一、上年年末余额																				
加：会计政策变更																				
前期差错更正																				
其他																				
二、本年年初余额																				
三、本年增减变动金额（减少以“－”号填列）																				
（一）综合收益总额																				
（二）所有者投入和减少资本																				
1. 所有者投入的普通股																				
2. 其他权益工具持有者投入资本																				
3. 股份支付计入所有者权益的金额																				
4. 其他																				

续　表

项目	本年金额										上年金额									
	实收资本（或股本）	其他权益工具			资本公积	减：库存股	其他综合收益	专项储备	盈余公积	未分配利润	所有者权益合计	实收资本（或股本）	其他权益工具			资本公积	减：库存股	其他综合收益	专项储备	盈余公积	未分配利润	所有者权益合计
		优先股	永续股	其他									优先股	永续股	其他							
（三）利润分配																						
1. 提取盈余公积																						
2. 对所有者（或股东）的分配																						
3. 其他																						
（四）所有者权益内部结转																						
1. 资本公积转增资本（或股本）																						
2. 盈余公积转增资本（或股本）																						
3. 盈余公积弥补亏损																						
4. 设定收益计划变动额结转留存收益																						
5. 其他综合收益结转留存收益																						
6. 其他																						
四、本年年末余额																						

财政部和国家档案局主管全国会计档案工作，共同制定全国统一的会计档案工作制度，对全国会计档案工作实行监督和指导。县级以上地方人民政府财政部门和档案行政管理部门管理本行政区域内的会计档案工作，并对本行政区域内会计档案工作实行监督和指导。

单位的档案机构或者档案工作人员所属机构（以下统称单位档案管理机构）负责管理本单位的会计档案。单位也可以委托具备档案管理条件的机构代为管理会计档案。

单位应当加强会计档案管理工作，建立和完善会计档案的收集、整理、保管、利用和鉴定销毁等管理制度，采取可靠的安全防护技术和措施，保证会计档案的真实、完整、可用、安全。单位可以利用计算机、网络通信等信息技术手段管理会计档案。

1. 纸质会计档案包括的内容

①会计凭证类。会计凭证类包括原始凭证、记账凭证、汇总凭证和其他会计凭证。

②会计账簿类。会计账簿类包括总分类账、明细分类账、日记账、固定资产卡片、辅助账簿和其他会计账簿。

③财务报告类。财务报告类包括月度、季度、年度财务报告，包括会计报表、附表、附注及文字说明，其他财务报告。

④其他类。其他类包括银行存款余额调节表、银行对账单、其他应当保存的会计核算专业资料、会计档案移交清册、会计档案保管清册、会计档案销毁清册。

2. 电子会计档案包括的内容

同时满足下列条件的，单位内部形成的属于归档范围的电子会计资料可仅以电子形式保存，形成电子会计档案。

①形成的电子会计资料来源真实有效，由计算机等电子设备形成和传输。

②使用的会计核算系统能够准确、完整、有效接收和读取电子会计资料，能够输出符合国家标准归档格式的会计凭证、会计账簿、财务会计报表等会计资料，设定了经办、审核、审批等必要的审签程序。

③使用的电子档案管理系统能够有效接收、管理、利用电子会计档案，符合电子档案的长期保管要求，并建立了电子会计档案与相关联的其他纸质会计档案的检索关系。

④采取有效措施，防止电子会计档案被篡改。

⑤建立电子会计档案备份制度，能够有效防范自然灾害、意外事故和人为破坏的影响。

⑥形成的电子会计资料不属于具有永久保存价值或者其他重要保存价值的会计档案。

12.3.2　会计档案的保管、查阅与销毁

1. 会计档案的保管

当年形成的会计档案，在会计年度终了后，可暂由会计机构保管1年，期满之后，应

当由会计机构编制移交清册，移交本单位档案机构统一保管；未设立档案机构的，应当在会计机构内部指定专人保管。因工作需要确需推迟移交的，应当经单位档案管理机构同意。单位会计管理机构临时保管会计档案最长不超过三年。临时保管期间，会计档案的保管应当符合国家档案管理的有关规定，且出纳人员不得兼管会计档案。

单位会计管理机构在办理会计档案移交时，应当编制会计档案移交清册，并按照国家档案管理的有关规定办理移交手续。

纸质会计档案移交时应当保持原卷的封装。电子会计档案移交时应当将电子会计档案及其原数据一并移交，且文件格式应当符合国家档案管理的有关规定。特殊格式的电子会计档案应当与其读取平台一并移交。

单位档案管理机构接收电子会计档案时，应当对电子会计档案的准确性、完整性、可用性、安全性进行检测，符合要求的才能接收。

专职保管会计档案的要员离岗、离职应当移交会计档案，办理交接手续。

会计档案的重要程度不同，其保管期限也有所不同。会计档案的保管期限分为永久、定期两类。永久档案即需要长期保管、不可以销毁的档案。会计档案的保管期限，从会计年度终了后的第一天算起。企业和其他经济组织会计档案的保管期限如表 12.5 所示。

表 12.5　　企业和其他组织会计档案保管期限

序号	档案名称	保管期限	备注
一	会计凭证类		
1	原始凭证	30 年	
2	记账凭证	30 年	
二	会计账簿类		
3	总账	30 年	
4	明细账	30 年	
5	日记账	30 年	
6	固定资产卡片	5 年	固定资产报废清理后保管 5 年
7	其他辅助账簿	30 年	
三	财务报告类		
8	月度、季度、半年度财务会计报告	10 年	
9	年度财务会计报告	永久	
四	其他会计资料		
10	银行存款余额调节表	10 年	
11	银行对账单	10 年	

续　表

序号	档案名称	保管期限	备注
12	纳税申报表	10 年	
13	会计档案移交清册	30 年	
14	会计档案保管清册	永久	
15	会计档案销毁清册	永久	
16	会计档案鉴定意见书	永久	

2. 会计档案的查阅与复制

各单位应建立健全会计档案的查阅、复制登记制度。各单位保存的会计档案原则上不得借出。但如有特殊需要，经本单位负责人批准，可以提供查阅或者复制，并办理登记手续。查阅或者复制会计档案的人员，严禁在会计档案上涂画、拆封和抽换。借出的会计档案，会计档案管理人员要按期如数收回，并办理注销借阅手续。

3. 会计档案的销毁

保管期满的会计档案，一般可按照以下程序销毁。

①由本单位档案机构会同会计机构提出销毁意见，编制会计档案销毁清册，列明销毁会计档案的名称、卷号、册数、起止年度和档案编号、应保管期限、销毁时间等内容。

②单位负责人在会计档案销毁清册上签署意见。

③销毁会计档案时，应当由档案机构和会计机构共同派员监销。

④监销人在销毁会计档案前，应当按照会计档案销毁清册所列内容，清点核对所要销毁的会计档案；销毁后，应当在会计档案销毁清册上签名盖章，并将监销情况报告本单位负责人。

需要说明的是，保管期满但未结清的债权债务原始凭证和涉及其他未了事项的原始凭证不得销毁，应当单独抽出立卷，保管到未了事项完结时为止。单独抽出立卷的会计档案，应当在会计档案销毁清册和会计档案保管清册中列明。正在项目建设期间的单位，其保管期满的会计档案不得销毁。

任务训练

通过本任务的教学活动，在 40 分钟内完成表 12.4 所有者权益变动表的填列工作。

红云物流公司 20×2 年 12 月 31 日所有者权益各项目余额如下：股本为 10 000 000 元。盈余公积为 200 000 元，未分配利润为 100 000 元；20×3 年，该物流公司获得综合收益总额为 560 000 元，（其中净利润为 400 000 元），提取盈余公积为 40 000 元，分配现金股利 200 000元。

岗课赛证融合测试

要求：请学生在25分钟内独立完成下列测试。

一、单项选择题（将正确答案的字母填在括号内）

1. 现金流量表中，现金的正确分类方法是（　　）。

A. 经营活动、投资活动和筹资活动产生的现金流量

B. 现金流入、现金流出和非现金活动

C. 直接现金流量及间接现金流量

D. 营业活动现金流量和非营业活动现金流量

2. 下列不符合现金流量表中“现金”概念的是（　　）。

A. 金库中存放的现金

B. 存在银行可以随时动用的银行存款

C. 购入的三个月内到期的债券

D. 存在银行的超过1年的理财产品

3. 下列属于经营活动的是（　　）。

A. 提供运输服务　　B. 从银行借款

C. 购买固定资产　　D. 分配股利

4. 所有者权益变动表是（　　）。

A. 主要报表且是年度报表　　B. 主要报表且是中期报表

C. 利润表的附表　　D. 资产负债表的附表

5. 下列不属于企业主要报表的是（　　）。

A. 资产负债表　　B. 利润表

C. 现金流量表　　D. 利润分配表

6. 下列资料中，不属于会计档案的是（　　）。

A. 原始凭证　　B. 汇总凭证　　C. 生产计划　　D. 记账凭证

7. 原始凭证和记账凭证的保管期限为（　　）。

A. 5年　　B. 10年　　C. 30年　　D. 25年

8. 企业单位和行政单位的固定资产卡片的保管期限为（　　）。

A. 固定资产清理报废时　　B. 固定资产清理报废后1年

C. 固定资产清理报废后2年　　D. 固定资产清理报废后5年

9. 年报中利润表和所有者权益变动表中有勾稽关系的项目是（　　）。

A. 盈余公积　　B. 综合收益总额

C. 资本公积　　D. 未分配利润

10. 下列各项中，不属于所有者权益变动表中至少应当单独列示的项目是（　　）。

A. 所有者投入资本　　B. 综合收益总额

C. 会计估计变更　　D. 会计政策变更

二、多项选择题（下列各题中均有两个或两个以上正确答案，请将正确答案的英文字母填在括号内）

1. 现金流量表中的现金是指（　　）。

A. 库存现金　　B. 银行存款　　C. 现金等价物　　D. 其他货币资金

2. 下列属于经营活动现金流量的是（　　）。

A. 提供物流服务收到的现金　　B. 支付的各项税费

C. 收到的税费返还　　D. 支付给职工的薪酬

3. 一项投资被确定为现金等价物必须具备（　　）条件。

A. 持有的期限短　　B. 流动性强

C. 易于转换为已知金额现金　　D. 价值变动风险很小

4. 下列属于永久保管的会计档案有（　　）。

A. 年度财务会计报告　　B. 会计移交清册

C. 会计档案保管清册　　D. 会计档案销毁清册

5. 下列属于会计档案的有（　　）。

A. 原始凭证　　B. 记账凭证

C. 固定资产卡片　　D. 银行对账单

6. 所有者权益变动表“本年金额”栏内各项数字一般应根据（　　）发生额分析填列。

A. 实收资本（或股本）　　B. 其他综合收益

C. 未分配利润　　D. 资本公积

7. 下列各项中，属于所有者权益变动表单独列示的项目有（　　）。

A. 提取法定盈余公积

B. 其他权益工具持有者投入资本

C. 提取资产减值准备

D. 盈余公积转增资本

8. 下列不属于会计档案的有（　　）。

A. 单位的预算　　B. 单位的制度

C. 单位的计划　　D. 单位的固定资产卡片

9. 下列属于所有者权益变动表特征的是（　　）。

A. 为财务报表使用者提供企业的资产、负债和所有者权益的状况

B. 为财务报表使用者提供所有者权益总量增减变动的信息

C. 为财务报表使用者提供所有者权益增减变动的结构信息

D. 为财务报表使用者提供所有者权益增减变动根源

10. 下列属于现金流量表主表项目的有（　　）。

A. 经营活动产生的现金流量

B. 投资活动产生的现金流量

C. 筹资活动产生的现金流量

D. 现金及现金等价物的净增加额

三、判断题（正确的在括号中画“√”，错误的在括号中画“×”）

1. 会计凭证类会计档案应当保存30年。（　　）

2. 对于保管期满但未结清债权债务的原始凭证不得销毁，应单独抽出，另行立卷，由档案部门保管到未了事项完结时为止。（　　）

3. 各单位保存的会计档案不得借出。如有特殊需要，经本单位负责人批准，可以提供查阅或者复制，并办理登记手续。（　　）

4. 收到的税费返还，属于经营活动产生的现金流量。（　　）

5. 现金流量表属于年度报表，不属于中期财务报告。（　　）

6. 支付的货款属于经营活动现金流出。（　　）

7. 所有者权益变动表，能够反映所有者权益各组成部分当期增减变动情况。（　　）

8. 所有者权益变动表中的“利润分配”反映企业当年的利润分配金额。（　　）

9. 所有者权益变动表中“未分配利润”项目的本年年末余额与本年资产负债表“未分配利润”项目的年末余额相等。（　　）

10. 所有者权益变动表中，“综合收益总额”项目反映净利润和其他综合收益相加后的合计金额。（　　）

谈谈说说讲讲。结合党的二十大报告和任务12教学内容，说说党的二十大报告中的“法治金句”有哪些？

任务12　学习成绩评价表

班级____　　姓名____　　任务名称____　　任务学习时间____　　任务组长____

评价项	评价内容及关键点	评价标准	评价者与评分比重			任务得分		项目得分
			教师评价（30%）	本人评价（30%）	组员评价（40%）	每项分值	任务总分值	
任务12	典型工作任务完成情况 任务训练完成情况 岗课赛证融合测试情况 谈谈说说讲讲情况							

项目总结

企业对外公开的报表主要包括资产负债表、利润表、现金流量表、所有者权益变动表和报表附注。

摸清家底的资产负债表。反映企业在某一特定日期财务状况的会计报表，主要包括特定日期企业拥有的资产情况、企业所承担的债务情况和所有者享有的权益情况。即资产负债表的三大要件：资产、负债和所有者权益。采用账户式结构，按流动性填列，左方为资产，右方为负债和所有者权益。该报表分为月报、季报和年报。可用于计算资产负债率和流动比率，以及评估企业的价值。

装饰面子的利润表。反映在一定的会计期间企业取得的经营成果。如果说资产负债表是企业的底子，那么利润表就是企业的面子。通过利润表查看企业赚不赚钱，赚多少钱。有利润说明企业能赚钱，对企业的印象不错，投资者对企业有信心。利润表采取多步式，即通过对当期的收入、费用、支出项目，按性质加以归类，按利润形成的主要环节，列示一些中间性利润指标，分别计算当期的净损益，以便使财务报表使用者理解企业的经营成果的不同来源。这些不同环节的利润指标具体包括营业利润、利润总额、净利润、其他综合收益的税后利润、综合收益总额、每股收益。通过利润表计算净资产收益率、总资产报酬率、市盈率及通过利润表评估企业的价值等。

过好日子的现金流量表。反映企业一定时期内现金流入和流出的情况，这个时期可以是一个月、一个季度、半年，也可以是一年。现金流量表是反映企业日子好不好过的报表，现金是企业的血液，没有现金，就无法购买原材料和支付职工工资，企业生产等会停止，企业陷入沼泽之中，动弹不得，只能干着急。因此企业的现金比利润更重要。现金流量活动的三大主“战场”：一是经营活动的现金流量，反映的是企业经营活动持续能力的好坏，一般来说越大越好；二是投资活动的现金流量，投资活动现金流量如果为负数，一般表明企业处在扩张阶段，如果现金流量为正数，表明企业收缩或扩张的速度放缓，因此可通过现金流量表中的投资活动产生的现金流量的正负，来判断企业目前发展的趋势是收缩还是扩张；三是筹资活动的现金流量，筹资活动现金流量净额的正负数，取决于经营活动产生的现金流量是否能够满足经营活动和投资活动。如果经营活动产生的现金流量为正数，可以用经营活动产生的现金流量偿还借款、分配股利、利润和偿付利息；如果经营活动产生的现金流量为负数，就需采取措施从资本市场上通过吸收投资、借款筹集所需资金。

守好家产的所有者权益变动表。所有者权益是所有者的财富，在账面上反映股东权益的项目很多，因此需要一张专门反映当期所有者权益变动情况的财务报表，以便揭示企业所有者权益总量增减变动、变动原因及变动根源。

会计期末会计工作结束后，对于形成的凭证、账簿、会计报表等资料，即会计档案要按规定正确归档和保管。当年形成的会计档案，在会计年度终了后，可暂由会计机构保管 1 年，最长不超过 3 年，期满之后，应当由会计机构编制移交清册，移交本单位档案机构统一保管；未设立档案机构的，应当在会计机构内部指定专人保管。出纳人员不得兼管会计档案。各单位应建立健全会计档案的查阅、复制登记制度。各单位保存的会计档案不得借出。如有特殊需要，经本单位负责人批准，可以提供查阅或者复制，并办理登记手续。查阅或者复制会计档案的人员，严禁在会计档案上涂画、拆封和抽换。借出的会计档案，会计档案管理人员要按期如数收回，并办理注销借阅手续。

项目 5　完成物流会计职业能力测试

项目导言

“岗”是指物流会计工作岗位，“课”是指物流会计课程体系，“赛”是指会计技能大赛，“证”是指来源于企业的“1 + X”会计职业技能等级证书和会计资格证书。为此，通过“岗课赛证”融合测试，是提升学生的“专业能力、方法能力和社会能力”的重要途径，是扎实培养学生职业核心素养，着力提升其岗位适应性和就业创业质量的重要举措。这是本项目的教学目的和初衷，请同学们积极行动起来，认真完成职业能力测试吧。

项目目标

1. 终极目标：培养爱党报国、敬业奉献、知行合一、德技并修的高素质技能人才，满足企业对人才的需求。

2. 促成目标：

（1）坚持立德树人的根本任务，提升学生的动手能力和实战能力，提升学生的学习动力，敢于面对困难和挫折，不断培养壮大高技能人才队伍。

（2）提升学生的道德品质和专业技能，促进学生的全面发展，提升学生的综合职业能力，争做堪当民族复兴重任的新时代人才。

项目任务

1. 职业能力综合测试与评估（一）。

2. 职业能力综合测试与评估（二）。

任务13 职业能力综合测试与评估（一）

本职业能力的测试时间为90分钟

一、单项选择题（本题共20小题，每小题1分，共20分。每小题只有一个正确答案，多选、错选、不选均不得分）

1. 企业在现金清查中发现溢余的现金，在未经批准之前，应贷记的科目是（　　）。

A. 营业外收入　　B. 待处理财产损溢

C. 其他应付款　　D. 其他业务收入

2. 下列对账工作，属于账实核对的是（　　）。

A. 总分类账与序时账核对

B. 会计部门存货明细分类账与存货保管部门明细分类账核对

C. 总分类账与所属明细分类账核对

D. 财产物资明细分类账账面余额与财产物资实有数额核对

3. 下列各项中，符合会计要素资产定义的是（　　）。

A. 企业报废的机器设备　　B. 融资租入的固定资产

C. 预收的款项　　D. 签订了购买合同，即将到货的设备

4. 下列账簿中，适合于“原材料”明细分类账核算采用的账簿是（　　）。

A. 多栏式明细分类账簿　　B. 三栏式总分类账簿

C. 三栏式明细分类账簿　　D. 数量金额式明细分类账

5. 下列不可能发生的交易或事项是（　　）。

A. 资产的一增一减　　B. 资产和负债的一增一减

C. 负债和所有者权益的一增一减　　D. 资产和权益同增同减

6. 原始凭证不得涂改、刮擦、挖补，对于金额有错误的原始凭证，正确的处理方法是（　　）。

A. 由出具单位重开

B. 由出具单位在凭证上更正，并由经办人员签名

C. 由出具单位在凭证上更正，并由出具单位负债人签名

D. 由出具单位在凭证上更正，并加盖出具单位印章

7. “预付账款”明细分类账中若有贷方余额，应将其记入资产负债表中的（　　）项目。

A. 应收账款　　B. 应付账款　　C. 预收账款　　D. 预付账款

8. 下列关于借贷记账法的说法中错误的是（　　）。

A. 借表示资产和成本费用的增加

B. 借表示资产的增加和负债的减少

C. 借表示收入减少和费用的增加

D. 所有的所有者权益类账户余额一定在贷方

9. 会计科目与会计账户之间的区别是（ ）。

A. 反映的经济内容不同　　B. 账户有结构而会计科目没有结构

C. 记录资产和负债的结果不同　　D. 记录资产和权益的增减变动不同

10. 下列账簿中可以采用卡片账的是（ ）。

A. 现金日记账　　B. 固定资产总账

C. 固定资产明细账　　D. 无形资产总账

11. 在会计实际工作中，会计账户期末可能有余额的是（ ）。

A. 利润分配　　B. 本年利润

C. 主营业务收入　　D. 主营业务成本

12. 企业在记录原材料、周转材料等存货时，采用的明细分类账格式一般是（ ）。

A. 三栏式明细分类账　　B. 多栏式明细分类账

C. 横线登记式明细分类账　　D. 数量金额式明细分类账

13. 在填列资产负债表时，下列各项中属于不能直接根据总分类账余额填列的项目是（ ）。

A. 应收账款　　B. 实收资本　　C. 应付票据　　D. 短期借款

14. 下列各项中，不属于会计核算方法的是（ ）。

A. 填制会计凭证　　B. 登记会计账簿

C. 编制会计报表　　D. 编制财务预算

15. 下列项目中，不属于资产负债表中存货项目的是（ ）。

A. 工程物资　　B. 周转材料　　C. 原材料　　D. 轮胎

16. 下列事项中，能引起营业利润增加的是（ ）。

A. 营业外支出增加　　B. 财务费用增加

C. 管理费用减少　　D. 营业外收入增加

17. 下列各项中，能够使企业资产总额减少的是（ ）。

A. 向银行借款　　B. 向银行借款直接偿还应付账款

C. 以银行存款偿还借款　　D. 接受投资者投入的现金

18. 下列凭证中，只用于记录不涉及现金和银行存款业务的是（ ）。

A. 收款凭证　　B. 会计凭证　　C. 转账凭证　　D. 通用记账凭证

19. 下列原始凭证，属于外来原始凭证的是（ ）。

A. 领料单　　B. 工资计算单

C. 差旅费报销单　　D. 职工出差的火车票

20. 下列会计科中属于所有者权益类的会计科目是（　　）。

A. 主营业务成本　　B. 实收资本　　C. 主营业务收入　　D. 预收账款

二、多项选择题（本题共20题，每小题1.5分，共30分。每小题有两个或两个以上正确答案，多选、少选、错选、不选均不得分）

1. 财产物资清查时，需核对的内容包括（　　）。

A. 库存现金日记账余额与库存现金实存数的核对

B. 银行存款日记账余额与银行对账单的核对

C. 存货账面余额与存货实存数的核对

D. 应收账款明细账余额与往来单位的核对

2. 下列会计科目的期末余额，应当列入资产负债表“存货”项目的有（　　）。

A. 主营业务成本　　B. 在途物资　　C. 周转材料　　D. 原材料

3. 下列会计科目，年末一般情况下无余额的有（　　）。

A. 主营业务收入　　B. 管理费用　　C. 本年利润　　D. 利润分配

4. 下列各项，属于资产必须具备的基本特征有（　　）。

A. 预期会给企业带来经济利益　　B. 被企业拥有或控制

C. 由过去的交易或事项形成　　D. 具有可辨认性

5. 需要根据若干总账科目余额分析或填列的资产负债表项目有（　　）。

A. 存货　　B. 货币资金　　C. 预收账款　　D. 短期借款

6. 即使试算平衡表实现了三栏的平衡，即期初余额平衡、本期发生额平衡、期末余额平衡，也不能说明账户记录绝对正确，下列事项中不会影响借贷双方平衡关系的有（　　）。

A. 漏记某项经济业务，将使本期借贷双方的发生额发生等额减少

B. 重记某项经济业务，将使本期借贷双方的发生额发生等额虚增

C. 某项经济业务记错有关账户，但方向没有登记错误

D. 某项经济业务在账户记录中，所有科目均记错了记账方向

7. 资产负债表中的下列项目的金额应按抵减各项减值准备项目后的余额填列的有（　　）。

A. 无形资产　　B. 应付账款

C. 固定资产　　D. 长期股权投资

8. 下列各项中，应记入资产负债表“应收账款”项目的有（　　）。

A. “应收账款”科目所属明细账户的借方余额

B. “应收账款”科目所属明细账户的贷方余额

C. “预收账款”科目所属明细账户的借方余额

D. “预收账款”科目所属明细账户的贷方余额

9. 下列情况中可采用红字登记会计账簿的有（　　）。

A. 更正错账

B. 未注明余额方向的登记负数

C. 在不设借贷等栏的多栏式账页中登记减少数

D. 会计制度规定可以用红字的会计分录

10. 原始凭证的填制必须符合的要求有（　　）。

A. 内容要完整　　B. 书写要清楚、规范

C. 记录要真实　　D. 填制及时

11. 下列各项，属于损益类会计科目的是（　　）。

A. 主营业务收入　　B. 所得税费用　　C. 财务费用　　D. 投资收益

12. 下列各项中，不符合会计要素收入定义的有（　　）。

A. 出售材料收入　　B. 出售无形资产净收益

C. 转让固定资产净收益　　D. 向购货方收取的增值税销项税额

13. 下列各项中，不会引起所有者权益总额发生变化的有（　　）。

A. 投资者投入资本　　B. “本年利润”结转“利润分配”

C. 向投资者分配股利　　D. 从净利润中提取盈余公积

14. 对账过程中，出现账实不符，不能使用“待处理财产损溢”账户的是（　　）。

A. 银行存款的核对　　B. 存货

C. 无法偿还的应收账款　　D. 无法支付的应付账款

15. 企业进行存货清查时，对于盘亏的存货，应先记入“待处理财产损溢”账户，报经批准后根据不同的原因可分别转入（　　）账户。

A. 管理费用　　B. 销售费用　　C. 营业外支出　　D. 其他应收款

16. 所有者权益的来源有（　　）。

A. 所有者投入资本　　B. 发行债券

C. 企业未分配利润　　D. 发行股票

17. 下列各项中年度终了需转入“利润分配——未分配利润”科目的有（　　）。

A. 本年利润　　B. 利润分配——应付现金股利

C. 利润分配——盈余公积补亏　　D. 利润分配——提取法定盈余公积

18. 以下各项中应记入“税金及附加”的有（　　）。

A. 印花税　　B. 出售固定资产交纳的增值税

C. 出售消费品的消费税　　D. 城市维护建设税

19. 下列各项中期末需要转入“本年利润”的有（　　）。

A. 主营业务收入　　B. 主营业务成本

C. 管理费用　　D. 待处理财产损溢

20. 下列各项中影响当期损益的有（　　）。

A. 所得税费用　　B. 应交税费　　C. 主营业务收入　　D. 投资收益

三、判断题（本题共10题，每小题1分，共10分。每小题判断结果正确的得1分，判断结果错误的扣0.5分，不判断的不得分也不扣分，本题最低得分为零分）

1. "应收账款"科目所属明细科目的期末借方余额，应在资产负债表"预收账款"项目内填列。（　　）

2. 为使银行存款日记账与银行对账单核对相符，企业应根据银行存款余额调节表来调整银行存款的账面余额。（　　）

3. 对于金额正确但其他内容错误的原始凭证，可由出具单位更正，并在更正处加盖出具单位的印章。（　　）

4. 年终结账时，有余额的账户，应将其余额直接计入新年账户余额栏内，不需要编制记账凭证。（　　）

5. 如果某项资产不能再为企业带来经济利益，即使是由企业拥有或控制的，也不能作为企业的资产在资产负债表中列示。（　　）

6. 实际工作中，企业每天要发生很多复杂的交易或事项，因此不会引起会计要素的变动，也不会破坏会计等式的平衡关系。（　　）

7. 根据总账与明细账的平行登记要求，每项经济业务必须在同一天登记总账和明细账。（　　）

8. 记账时，如果无意中发生隔页，只需画红对角线注销，加盖"此页空白"戳记，不需由记账人员签章。（　　）

9. 企业将现金存入银行或从银行提取现金，可以只编制付款凭证，不编制收款凭证。（　　）

10. 企业可以按《企业会计准则》的要求设置会计科目，也可以根据实际情况自行增设、减少或合并某些会计科目。（　　）

四、根据下列交易或事项编制会计分录（每笔分录2分，共30分）

1. 为老李海参供货公司提供运输服务，应收不含增值税服务费135 000元，货款尚未收回，增值税税率为9%。

2. 为四季水果生产企业提供运输服务，收到不含增值税收入250 000元，增值税税率为9%，价税一并转存银行。

3. 预收海燕服装厂运输款50 000元存入银行。

4. 结转老李海参供货公司、四季水果生产企业的运输服务成本分别是75 000元和150 000元。

5. 用银行存款支付广告费3 000元。

6. 用现金支付专设营销机构人员工资5 000元。（已预提记入应付职工薪酬）

7. 用现金支付公司行政部办公费 8 300 元。

8. 预提应由本月负担的长期借款利息 2 000 元（分期付息，资金用于厂部改建、扩建）。

9. 按规定计提固定资产折旧，其中运输车队折旧费 780 元，管理部门办公设备折旧费 1 200 元。

10. 从银行提取现金 800 元备用。

11. 收到投资者投入货币资金 1 000 000 元，存入银行存款户。

12. 结转本期销售收入。

13. 结转本期销售成本、销售费用、管理费用、财务费用。

14. 按利润总额的 25% 计算结转所得税（无纳税调整事项）。

15. 按税后净利润的 50% 计算应付投资者利润。

五、编制银行存款余额调节表（10 分）

宏光物流企业 20×3 年 8 月 31 日银行存款日记账的账面余额为 1 383 200 元，而银行对账单上银行存款余额为 1 363 200 元，经核对，发现有以下未达账项：

1. 8 月 25 日，企业委托银行代收运输服务收入款 8 000 元，银行已收款入账，但企业尚未接到银行已收款的通知，因而尚未入账。

2. 8 月 27 日，企业送存银行为其提供运输服务单位签发的转账支票一张，金额 30 000 元，企业已入账，银行未登记入账。

3. 8 月 28 日，企业开出转账支票支付购买材料的货款，金额 6 000 元，但持票人未到银行办理转账手续，因而银行未登记入账。

4. 8 月 30 日，银行代企业支付保险费 4 000 元，银行已入账，但企业未接到付款通知，因而未入账。

要求：根据上述资料编制银行存款余额调节表，并回答以下三个问题：

1. 企业目前银行存款的实际数是多少？

2. 是否可以用银行存款余额调节表作为原始凭证，编制记账凭证调整银行存款日记账的数额？

3. 造成银行存款日记账和银行对账单不一致的原因是什么？

银行存款余额调节表

年 月 日

项目	金额	项目	金额
企业银行存款日记账余额		银行对账单余额	
调节后的银行存款余额		调节后的银行存款余额	

任务14　职业能力综合测试与评估（二）

本职业能力的测试时间为90分钟

一、单项选择题（本题共20小题，每小题1分，共20分。每小题只有一个正确答案，多选、错选、不选均不得分）

1. 下列各项中，不符合资产会计要素定义的是（　　）。

A. 委托代销商品　　B. 委托加工物资

C. 待处理财产损失　　D. 尚待加工的半成品

2. 在月末结账前发现所填制的记账凭证无误，根据记账凭证登记账簿时，将3 579元误记为3 597元。按照有关规定，更正时应采用的错账更正方法是（　　）。

A. 红字更正法　　B. 划线更正法

C. 平行登记法　　D. 补充登记法

3. 下列账簿记录的书写方法中，不正确的是（　　）。

A. 在不设借贷栏的多栏式账页中用红色墨水登记减少数

B. 用蓝黑墨水书写

C. 用红色墨水冲销错账

D. 用圆珠笔书写

4. 下列记账凭证中，可以不附原始凭证的是（　　）。

A. 收款凭证　　B. 付款凭证　　C. 转账凭证　　D. 更正错账

5. 下列各项中，不属于原始凭证审核内容的是（　　）。

A. 原始凭证的合理性　　B. 会计科目的正确性

C. 原始凭证是否真实　　D. 原始凭证是否合法

6. 在资产负债表中的“应付账款”项目，应当（　　）。

A. 直接根据“应付账款”科目的期末贷方余额填列

B. 根据“应付账款”账户的期末贷方余额和“应收账款”账户的期末借方余额计算填列

C. 根据“应付账款”账户的期末贷方余额和“预收账款”账户的期末贷方余额计算填列

D. 根据“应付账款”账户和“预付账款”所属相关明细账户的期末贷方余额计算填列

7. 正常情况下，企业核算企业应付给职工的薪酬，应贷记的账户是（　　）。

A. 应付职工薪酬　　B. 应付账款　　C. 其他应付款　　D. 应付股利

8. 下列交易或事项中不会引起资产类账户金额一增一减的是（　　）。

A. 用银行存款购买原材料　　B. 用银行存款偿还欠款

C. 以银行存款投资购买股票　　D. 用银行存款购买公司债券

9. 会计人员对不真实、不合法的原始凭证，正确的处理方法是（　　）。

A. 不予受理并向单位负责人报告

B. 予以退回

C. 更正补充

D. 受理后提交相关领导处理

10. 按照记账凭证的审核要求，下列内容中不属于记账凭证审核内容的是（　　）。

A. 记账凭证的内容与所附凭证的内容是否一致

B. 记账凭证的金额与所附凭证的金额是否一致

C. 凭证中内容是否符合有关的计划和预算

D. 会计科目使用是否正确

11. 下列关于结账说法错误的是（　　）。

A. 月结需要画通栏单红线，年结画通栏双红线

B. 对于应收账款明细账，每次记完账随时结出余额，月结时只需在最后一笔业务下画通栏单红线即可

C. 对于“主营业务收入”明细分类账即需要结计“本月合计”，又需要结计“本年累计”

D. 对于一个月只发生一笔业务的会计事项，也需结计“本月合计”

12. 根据借贷记账法的记账规则，下列各项中应当在账户的贷方登记的是（　　）。

A. 费用的增加　　B. 所有者权益的增加

C. 负债的减少　　D. 资产的增加

13. 下列账簿中，需要设置三栏式活页明细分类账的有（　　）。

A. 银行存款日记账　　B. 应收账款明细分类账

C. 库存商品明细分类账　　D. 固定资产明细分类账

14. 下列关于“过次页、承前页”说法不正确的是（　　）。

A. 对需要结计本月发生额的账户，结计“过次页”的本页合计数应当为“自本月初起至本页末止的发生额合计数”

B. 对需要结计本年累计发生额的账户，结计“过次页”的本页合计数应当为“自年初起至本页末止的累计数”

C. 对既不需要结计本月发生额也不需要结计本年累计发生额的账户，可以只将每页末的余额结转次页

D. 对需要结计本月发生额的账户，结计“过次页”的本页合计数应当为“自本年初

起至本页末止的发生额合计数”

15. 科目汇总表账务处理程序登记总分类账簿的依据是（　　）。

A. 审核后的记账凭证　　B. 审核无误的原始凭证

C. 科目汇总表　　D. 汇总原始凭证

16. 记账后发现会计人员在记账凭证和账簿中，将应记入“管理费用”的 2 000 元误记为 20 000 元，则应采用的错账更正方法是（　　）。

A. 划线更正　　B. 红字更正　　C. 蓝字更正　　D. 补充登记

17. 下列交易或事项中，应填制转账凭证的是（　　）。

A. 用银行存款偿还应付账款　　B. 收回应收账款

C. 用银行存款支付工资　　D. 运输领用燃料

18. 下列各项中，不属于原始凭证要素的是（　　）。

A. 交易或事项发生日期　　B. 交易或事项的内容

C. 会计人员记账标记　　D. 凭证编号

19. 出纳人员可以兼管的会计工作有（　　）。

A. 会计档案保管工作　　B. 收入的登记工作

C. 报表的编制工作　　D. 财务工作负责人

20. 现金日记账应采用（　　）。

A. 活页账簿　　B. 卡片账簿　　C. 订本账簿　　D. 备查账簿

二、多项选择题（本题共 20 题，每小题 1.5 分，共 30 分。每小题有两个或两个以上正确答案，多选、少选、错选、不选均不得分）

1. 下列各项中，应记入资产负债表“存货”项目的是（　　）。

A. 原材料　　B. 工程物资

C. 待处理财产损溢　　D. 周转材料

2. 为了满足记账的基本要求，记账凭证应当具备的基本要素有（　　）。

A. 记账凭证的编号　　B. 交易或事项涉及的会计科目

C. 记账标记　　D. 交易或事项内容摘要

3. 账簿按用途分类，可分为（　　）。

A. 明细账簿　　B. 序时账簿　　C. 分类账簿　　D. 备查账簿

4. 下列各项，属于会计档案的有（　　）。

A. 会计凭证　　B. 会计账簿

C. 财务报告　　D. 预算、计划、制度

5. 下列各项中，属于所有者权益的有（　　）。

A. 资本公积　　B. 未分配利润　　C. 盈余公积　　D. 投资收益

6. 资产负债表中，需要根据有关资产类账户与其备抵账户抵消后的净额填列的项目有（ ）。

A. 长期股权投资 B. 应付账款 C. 存货 D. 无形资产

7. 会计的基本职能有（ ）。

A. 进行会计核算 B. 实施会计监督

C. 参与经济决策 D. 评价经济业绩

8. 下列账户内部关系中，正确的有（ ）。

A. 资产类账户期末余额 = 期初余额 + 本期贷方发生额 - 本期借方发生额

B. 资产类账户期末余额 = 期初余额 + 本期借方发生额 - 本期贷方发生额

C. 所有者权益类账户期末余额 = 期初余额 + 本期借方发生额 - 本期贷方发生额

D. 所有者权益类账户期末余额 = 期初余额 + 本期贷方发生额 - 本期借方发生额

9. 下列错误中，不能通过试算平衡发现的有（ ）。

A. 一项交易或事项漏记 B. 应借应贷科目的方向颠倒

C. 借方多记了金额 D. 借贷双方多记了相同的金额

10. 下列属于账实核对的内容有（ ）。

A. 现金日记账账面余额与现金总账账面余额是否相等

B. 银行存款日记账账面余额与银行对账单的余额是否相等

C. 各项财产物资明细账账面余额与财产物资实有数额是否相等

D. 债权债务明细账账面余额与对方单位的账面余额记录是否相符

11. 企业必须设置的账簿有（ ）。

A. 总分类账 B. 明细分类账

C. 日记账 D. 应收应付票据备查簿

12. 企业必须对外报送的会计报表有（ ）。

A. 资产负债表 B. 利润表

C. 现金流量表 D. 所有者权益变动表

13. 账簿在启用时，应在账簿封面、扉页上详细填列的项目有（ ）。

A. 账簿名称及编号 B. 会计主管

C. 单位名称 D. 启用日期

14. 由于交易或事项的种类和内容不同，经营管理的要求不同，原始凭证的格式和内容千差万别，原始凭证一般应当具备的基本内容有（ ）。

A. 原始凭证的名称 B. 接受原始凭证的单位名称

C. 填制单位签章 D. 经济业务内容

15. 下列符合“原材料”明细分类账登记依据的是（ ）。

A. 根据原始凭证登记原材料明细分类账

B. 根据记账凭证登记原材料明细分类账

C. 可采用三栏式账页

D. 可采用数量金额式明细分类账页

16. 资产负债表中的“其他应收款”项目，应根据下列（　　）项目的期末余额计算填列。

A. 应收利息　　B. 应收股利　　C. 其他应收款　　D. 坏账准备

17. 资产负债表中的“其他应付款”项目，应根据下列（　　）项目的期末余额计算填列。

A. 应付利息　　B. 应付股利

C. 其他应付款　　D. 应付票据

18. 就年报而言，资产负债表的年初数和年末数与所有者权益变动表的各组成部分的年初数和年末数一定相等的项目有（　　）。

A. 实收资本　　B. 资本公积

C. 盈余公积　　D. 未分配利润

19. 下列各项中应列入利润表“资产处置收益”项目的有（　　）。

A. 转让生产设备取得的收益　　B. 转让包装物取得的收入

C. 转让原材料取得的收入　　D. 转让专利权取得的收益

20. 下列各项中应列入利润表资产减值损失的项目有（　　）。

A. 原材料盘亏损失　　B. 固定资产减值损失

C. 应收账款减值损失　　D. 无形资产减值损失

三、判断题（本题共10题，每小题1分，共10分。每小题判断结果正确的得1分，判断结果错误的扣0.5分，不判断的不得分也不扣分，本类题最低得分为零分）

1. 所有交易或事项的发生，都会引起会计等式两边发生变化。（　　）

2. 只要实现了期初余额、本期发生额和期末余额三栏的平衡关系，就说明账簿记录正确。（　　）

3. 原始凭证对于交易或事项的发生和完成具有证明效力，未来交易或事项的文件不能作为记账的依据。（　　）

4. “收入 - 费用 = 利润”这一会计等式，是复式记账法的理论基础，也是编制资产负债表的依据。（　　）

5. 资产作为能够给企业带来经济利益的资源，必须企业所拥有，企业不拥有所有权的财产不能确认为资产。（　　）

6. 实际工作中，具体会计科目设置，一般是从会计要素出发，将会计科目分为资产、负债、所有者权益、收入、费用和利润六大类。（　　）

7. “本年利润”账户年末一定无余额。（　　）

8. 年度终了结账时，对有余额的账户，必须编制转账凭证，将余额结转下年。（ ）

9. 预收账款业务不多的企业，可以不设置“预收账款”账户，因此会计期末编制会计报表时，“预收账款”项目余额一定是“零”。（ ）

10. 所有的企业必须设置总分类账，总分类账的格式必须采用订本三栏式账。（ ）

四、完成下列表格的计算（8 分）

益明物流公司 20×3 年 5 月部分账户的资料如下：

单位：元

账户名称	期初余额	本期借方发生额	本期贷方发生额	期末余额
银行存款	10 000	150 000	110 000	？①
固定资产	3 500 000	？②	500 000	3 300 000
应付账款	？③	200 000	130 000	80 000
实收资本	6 000 000	0	？④	6 500 000

要求：根据上述各类账户的性质，计算并填写上列表格的未知数据。（8 分）

答案：①____；②____；③____；④____。

五、根据下列交易或事项编制会计分录（每笔分录 2 分，共 22 分）

1. 向银行借入一笔长期借款 200 000 元，款存银行。

2. 向 B 企业购买备用轮胎 50 个，每个不含税单价 1 500 元，增值税税率为 13%，货款已通过银行转账支付，材料已验收入库。

3. 王经理出差，预借差旅费 2 000 元。

4. 王经理出差回来报销差旅费 1 800 元，余额退回。其中符合增值税抵扣条件的高铁车票 1 200 元。

5. 收到投资人投入设备一台，价值 100 000 元。

6. 运输一队领用轮胎 2 个，每个价值 1 500 元。

7. 企业进行财产清查，发现盘盈包装材料 50kg，经查明属于收发计量上的差错所致，按每千克 4 元入账。

8. 计提本月固定资产折旧 20 000 元，其中运输车队固定资产折旧 12 000 元，管理部门固定资产折旧 8 000 元。

9. 分配本月职工工资 60 000 元，其中运输车队工人工资 45 000 元，车队车站人员工资 5 000 元，行政管理人员工资 10 000 元。

10. 开出转账支票一张 20 000 元，支付广告费。

11. 开出转账支票一张 2 000 元，支付交通违约金罚款。

六、编制利润表（10 分）

益明物流公司 20×3 年 12 月 31 日各损益类账户年末余额如下表所示。

损益类账户年末余额

单位：元

账户名称	余额
主营业务收入	800 000
其他业务收入	50 000
投资收益	40 000
营业外收入	3 000
资产处置损益	50 000
其他业务成本	420 000
销售费用	30 000
税金及附加	48 000
其他业务成本	25 000
管理费用	70 000
财务费用	8 000
其中：利息费用	9 000
利息收入	1 000
营业外支出	500
信用减值损失	4 000
资产减值损失	3 000
所得税费用	72 000

要求：根据上述资料，编制益明公司 20×3 年利润表（上期金额略）。

利润表会企 02 表

编制单位：　　　　　　　　____年　　　　　　　　单位：元

项目	本期金额	上期金额
一、营业收入		
减：营业成本		
税金及附加		
销售费用		
管理费用		
研发费用		
财务费用		
其中：利息费用		
利息收入		

续　表

项目	本期金额	上期金额
加：其他收益		
投资收益（损失以“－”号填列）		
其中：对联营企业和合营企业的投资收益		
以摊余成本计量的金融资产终止确认收益（损失以“－”号填列）		
净敞口套期收益（损失以“－”号填列）		
公允价值变动收益（损失以“－”号填列）		
信用减值损失（损失以“－”号填列）		
资产减值损失（损失以“－”号填列）		
资产处置损益（损失以“－”号填列）		
二、营业利润（亏损以“－”号填列）		
加：营业外收入		
减：营业外支出		
三、利润总额（亏损以“－”号填列）		
减：所得税费用		
四、净利润（净亏损以“－”号填列）		
（一）持续经营净利润（净亏损以“－”号填列）		
（二）终止经营净利润（净亏损以“－”号填列）		
五、其他综合收益的税后净额		
（一）不能重分类进损益的其他综合收益		
……		
（二）将重分类进损益的其他综合收益		
……		
六、综合收益总额		
七、每股收益		
（一）基本每股收益		
（二）稀释每股收益		

参考文献

［1］财政部会计财务评价中心．初级会计实务［M］．北京：经济科学出版社，2023.

［2］中华人民共和国财政部．企业会计准则［M］．北京：经济科学出版社，2020.

［3］财政部中国财经出版传媒集团．初级会计实务：通关题库［M］．北京：经济科学出版社，2022.

［4］财政部中国财经出版传媒集团．初级会计实务：精讲精练［M］．北京：经济科学出版社，2023.

［5］鲍新中．秒懂财报：零基础也能迅速看懂财务报表［M］．北京：北京联合出版公司，2018.

［6］企业会计准则编审委员会．企业会计准则案例讲解（2020 年版）［M］．上海：立信会计出版社，2020.

［7］严玉康，董兆明．物流企业会计［M］.5 版．上海：立信会计出版社，2021.

［8］张川，张涛，王放．物流企业会计——基于管理者视角［M］．北京：中国人民大学出版社，2017.